SOCIÉTÉ AMICALE

des

Enfants de Laroquebrou

fondée à Paris en 1905

Siège Social : [illegible], Rue Guénégaud, PARIS

ANNUAIRE

[illegible]

HISTORIQUE DU CANTON DE LAROQUEBROU

[illegible]

NOMBREUSES ILLUSTRATIONS HORS-TEXTE

[illegible]

[illegible]

SOCIÉTÉ AMICALE

DES

Enfants de Laroquebrou

Fondée à Paris en 1905

Siège Social : 27, Rue Guénégaud, PARIS

ANNUAIRE

Préface d'**Étienne MARCENAC**
Président de la Société

HISTORIQUE DU CANTON DE LAROQUEBROU
par I. CALLE, Maire de Laroquebrou

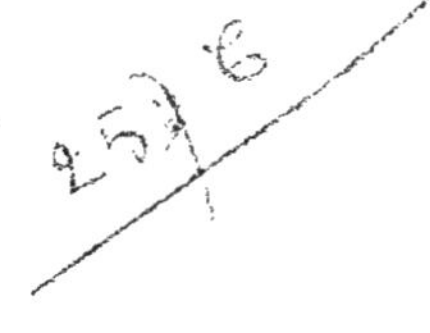

JUIN 1912

AURILLAC, IMP. RUBENS LESCURE

PRÉFACE

Laroquebrou! pays qui nous est cher entre tous, que nous trouvons le plus beau et dont le nom résonne si tendrement à nos oreilles. Laroquebrou! nom magique et lointain qui nous rappelle les plus doux souvenirs!

Lorsque nous étions enfants, tu fus notre Paris, tu eus presque tes Champs-Elysées, que dis-je, tu eus presque ta Place des Quinconces, ta Canebière, ô cher Laroquebrou!

Jusqu'au fin fond de nos communes, de nos villages les plus éloignés, on répandait tes produits si divers: exquises et succulentes pâtisseries, poumpous *et* corcolis, *dorés comme des épis de froment mûr, tartelettes aux fruits qui furent nos premiers desserts, les plus appréciés; galoches et sabots de noyer vernis pour nos jours de fête et avec lesquels tant de plantureuses filles au rire frais et chanteur ont rythmé notre bourrée ancestrale; tabliers de cuir pour nos rudes travailleurs; ustensiles de cuivre rouge, orgueil des bonnes maisons et qu'on frottait la veille des grandes fêtes; poteries primitives qui nous font penser à celles de nos ancêtres gaulois. En fallait-il davantage pour te faire aimer de nous, ô laborieuse et pittoresque cité corsetée dans tes vieilles pierres et coiffée de tuiles roses au bord de la rivière dont la chanson te berce depuis des siècles ? Certes, non!*

Devenus hommes, exilés à Paris, pour le besoin de la vie, loin de toi ou de nos villages respectifs, nous ne t'avons point oubliée. Au contraire, cet éloignement nous a fait sentir combien notre âme était intimement liée au coin qui nous a vus naître et où plonge notre racine plus profondément que celle de nos châtaigniers; combien avaient de charme pour nous nos étroits et vieux chemins où nous avons flané, enfants, et qui sont, plus que partout ailleurs, bordés de rosiers sauvages et de neigeux aubépins; combien était attirante la terre où nous nous sommes réveillés à la vie; combien s'étaient gravés au fond de nos cœurs les premiers tableaux qui se sont offerts à nos yeux émerveillés. Et que nous soyons de Rouffiac, de Cros-de-Montvert, au milieu des châtaigneraies où l'été résonne la musette des pâtres; de Siran, qui règne sur la Balbarie; de Glénat, de Saint-Gérons, qui s'étage au bord de la Cère; de Saint-Etienne-Cantalès aux odorantes pépinières; de Montvert, où passèrent tant de diligences et dont les foires, toutes parfumées de fruits, sont chères à la jeunesse; de Nieudan, au milieu des landes et des bruyères roses et des genêts casqués d'or; d'Ayrens, de Saint-Victor, juché sur sa presqu'île ; que nous soyons encore d'Arnac dont le clocher s'élance dans la nue; de Saint-Santin-Cantalès au séculaire Sully, lorsque quelqu'un d'entre nous bat le rappel, nous accourons tous pour fraterniser et t'aimer ensemble, ô vieux pays de Laroquebrou, et pour évoquer des souvenirs réconfortants.

Cette modeste publication te dira notre culte, notre amour filial; tu y vis dans le passé comme dans le présent, ton âme y palpite avec ses multiples aspects.

Qu'il me soit permis de remercier ici, à cette place d'honneur, les dévoués collaborateurs qui ont assuré le succès de notre œuvre: MM. I. Calle, l'érudit maire de la ville de Laroquebrou, l'auteur de la partie historique de notre annuaire et auquel nous devons également la reproduction des illustrations, où chacun d'entre nous reconnaîtra quelque lieu familier; Alfred Daguet, le talentueux artiste, le maître dessinateur et sertisseur de gemmes, auquel nous devons la reconstitution si artistique d'un certain nombre d'illustrations; Lacaze, l'aimable et distingué Conducteur principal des Ponts et Chaussées, qui a bien voulu faire la carte de notre canton ; MM. Louis Magne, qui fut deux fois consécutives, le distingué et dévoué Président de la Commission des Fêtes ; Louis Bastide, tous deux Vive-Présidents de notre Amicale, et dont l'inlassable concours, de ces bons amis, a contribué pour la plus grande part au succès de nos

LA ROQUEBROU

Grotte préhistorique de Rolleroc

Fouilles exécutées en 1906 par MM. Guignabert, Magne et Calle.

AVANT-PROPOS

Sachant que nous utilisions nos loisirs à des recherches d'histoire locale, M. Etienne Marcenac, le sympathique Président de l' « Amicale du Canton de la Roquebrou » à Paris, nous a demandé de vouloir bien écrire une histoire sommaire de la Roquebrou (1) et de son Canton, en vue de la publication d'un annuaire.

Nous nous sommes efforcé de répondre à ce désir. Pour cela, nous avons d'abord pris au « Dictionnaire historique et Statistique du Cantal », publié par l'Association Cantalienne, en 1851, ce qui les concernait et nous avons complété les notes qui s'y trouvent :

1° Par celles que nous avons recueillies aux archives de notre Département, mises d'une manière des plus obligeantes à notre disposition par notre savant Archiviste départemental, M. Ernest Delmas;

2° Par celles que nous avons pu découvrir dans les minutes de l'étude du notaire de la Roquebrou, une des plus riches en documents du passé de notre département, et que Mᵉ Veyrine, président de la Chambre des Notaires, a mis aussi bien gracieusement à notre disposition;

3° Par des extraits d'articles, concernant aussi notre histoire locale, parus dans la Revue de la Haute-Auvergne, publiée par la Société des lettres, Sciences et Arts « la Haute Auvergne » à laquelle nous avons l'honneur d'appartenir;

4° Enfin, par nos recherches dans les Archives de la Mairie de la Ville.

Le tout, nous en sommes persuadé, constitue encore une histoire bien incomplète de notre cher Pays.

A notre ville de la Roquebrou où nous n'avons cessé

---

(1) *S'écrivait anciennement en deux mots et actuellement s'écrit indifféremment ainsi ou en un seul.*

de résider et à l'administration de laquelle nous participons depuis 16 années. A notre Canton, avec lequel nous entretenons depuis plus de 25 ans de bonnes relations d'affaires, nous dédions ce modeste travail, désirant que le seul but qui nous a guidé se réalise, celui de les faire mieux connaître, afin de les faire aimer davantage.

La Roquebrou, le 14 Mai 1912.

I. CALLE

Maire.

ARMOIRIES DE LA VILLE DE LAROQUEBROU

D'Azur au Chevron d'or accompagné en chef de deux rocs échiquetés d'or et en pointe d'une coquille d'argent.

HISTOIRE SOMMAIRE
de la Roquebrou, du Canton
et de quelques lieux qui s'y rattachent

Temps préhistoriques

Aux temps préhistoriques, le canton de la Roquebrou a été occupé par l'homme, qui y a laissé sur plusieurs points des traces indéniables de son séjour.

C'est d'abord à quelque 1800 mètres en aval de la Roquebrou, au bord de la Cère, la station de Rolleroc comprenant une grotte et plusieurs abris sous roche, fouillée en 1906 (1), avec couches comprenant du Magdalénien à la base et du néolithique avec poterie au sommet.

C'est ensuite sur les plâteaux, entre autres à Jalêne, près de notre ville, à Montvert, à Nieudan, etc., où l'on recueille sur le sol des silex débités, lames, pointes moustériennes, grattoirs, nucléus (2) révélant la présence d'anciennes stations en plein air.

---

(1) *Par MM. Guignabert Magne et nous.* (*Communication faite au Congrès des Sociétés savantes, Montpellier* 1907).

(2) *Musée local.*

Une hâche polie et une meule néolithique ont été trouvées à Nêpes, près de Saint-Gérons, deux autres hâches polies ont été découvertes l'une à Siran (1) et l'autre à la Margide (2).

Monuments mégalithiques

Quelques-uns de ces ouvrages, élevés par les populations de la dernière période de l'âge de pierre, existaient dans notre canton. Ils ont malheureusement disparu.

Le plus important était un dolmen, dit le « roc des Capelots » qui se trouvait sur le territoire de la commune de Saint-Gérons, au bord de la Cère, vis-à-vis la propriété de Puech-Misery; il a été détruit en 1898.

Un autre monument, le roc Cobolaïre, qui portait des caractères que l'on n'a pu expliquer d'une manière suffisante, a eu le même sort.

Aux abords du hameau de Peyrelevade de la commune de Nieudan, il en existait un autre, qui, vraisemblablement a dû donner le nom à ce lieu (pierre levée). Il a été décrit par Prosper Mérimée dans ses « Notes d'un voyage en Auvergne »; il est maintenant renversé.

A Vabret, qui se trouve très rapproché, il a été découvert un bracelet celtique (3).

A la Margide, hameau dans le voisinage immédiat de Peyrelevade, il a été aussi trouvé des objets de l'âge du bronze, bracelets, médailles.

Brou

Une localité a primitivement existé à environ un quart de lieue de la Roquebrou à l'est, sur une éminence ainsi dénommée.

Un temple païen y aurait existé et ses fondations y auraient servi de base à l'église qui y fut édifiée par la suite. Sur cet emplacement coulait une fontaine dite de Saint-Martin qui, suivant notre ancien compatriote, le médecin Brieude, est du nombre de celles qui appartenaient au culte druidique; on y portait et on y lavait les enfants faibles et rachitiques (4).

Viguerie

Au IXe siècle, le gros du canton de la Roquebrou, faisait partie de la Viguerie Vertedensis, ainsi nommée parce qu'elle occupait une partie, sans doute la plus fourrée, de l'immense forêt primitive qui couvrait les marches de l'Auvergne, du Limousin, du Quercy et du Périgord.

---

(1) *Musée Rames.*

(2) *Collection de M. Charles Puech, Ingénieur.*

(3) *id.*

(4) *Dict. Hist. et St. du Cantal.* Tome 5, page 127.

Une belle monnaie romaine en or a été recueillie sur ce plateau en 1883; elle a fait partie de la collection de M. Rigal, anc. conducteur-voyer à la Roquebrou.

La viguerie de Rouffiac qui comprenait Rouffiac, Arnac, Montvert, La Roquebrou, Siran, Glénat, Saint-Saury et Pers, en fut détachée en 887 ou 895.

Elle appartenait d'abord au pays Limousin, mais revint à l'Auvergne; elle devint circonscription indépendante de 913 à 918.

Elle était bornée au Nord par la viguerie de Mauriac, à l'Est et au Sud par le Cantalès et le pays d'Authre, à l'Ouest par la viguerie d'Argentat (1).

C'est Bérulph, mort en 980, viguier de la viguerie Vertedensis, qui bâtit le château de la Roquebrou; il laissa aussi son nom à la ville qui devait s'y édifier par la suite et qui fut longtemps dénommée Rupès Bérulfi.

A la viguerie de Rouffiac succéda la baronnie de la Roquebrou.

Baronnie

Située aux confins de l'Auvergne, du Limousin et du Quercy, elle s'étendait sur les points rapprochés de ces trois provinces.

Elle ne comptait pas moins de trente-deux paroisses. Les Seigneurs de la Roquebrou, dans les actes de l'époque, s'attribuent les titres de Seigneurs et Barons des baronnies de la Roquebrou, Carbonnières, Ytrac, Glénat, Viescamp, Saint-Victor, Pouls, Saint-Julien-au-bois, Lieubayer, Saint-Pierre, Saint-Jean-Lespinasse et autres places.

C'était un fief très considérable relevant du Comté de Carladès. (Piganiol Laforce).

Guillemine de la Roquebrou, une descendante de Bérulph, apporta cette terre en mariage à Durand d'Astorg d'Aurillac, qui prit le nom de Montal, que portait son oncle Astorg de Montal en 1208.

Cette maison qui fut une des plus considérables de la Haute-Auvergne, la conserva jusqu'en 1593. A cette date, Rose de Montal, unique héritière de sa branche, transmit la terre par alliance à François de Péruse d'Escars, baron de Merville, Sénéchal de Guienne, en faveur duquel la baronnie de la Roquebrou fut érigée en marquisat, par lettres de 1614.

La Roquebrou

« La plupart des bourgs qui se formèrent au Moyen-Age étaient remplis d'habitants qui y tenaient leur demeure des seigneurs, propriétaires des fonds sous les obligations serviles de la taille (2).

---

(1) *Note de M. l'Abbé Raymond Four.*

(2) *Paul Lacroix. Vie militaire et religieuse au Moyen-âge et à la Renaissance.*

Ceux-ci avaient construit leur demeure le plus près possible du château seigneurial, dans un but de sécurité et comme il était le plus souvent édifié sur une éminence, c'est sur les pentes y aboutissant qu'ils se groupèrent.

Par la suite, le corps commun des habitants établit des travaux de défense consistant en murailles et fossés ensserrant étroitement la cité.

C'est ce qui eu lieu à la Roquebrou et c'est alors que les habitants de la bourgade primitive de Brou vinrent s'établir dans l'enceinte fortifiée, à la construction de laquelle ils avaient participé, abandonnant leur plâteau découvert où ils laissèrent toutefois l'Eglise qui durant des siècles devait continuer à être leur paroissiale.

Les anciennes reconnaissances féodales (1), établissant l'impôt de cens devant être acquitté par chaque habitation au Seigneur et en décrivant l'emplacement, en un mot détaillant la ville, nous ont permis de reconstituer entièrement l'emplacement de la cité primitive avec son pourtour fortifié.

A l'Ouest, au quartier de la Fruigière, la muraille de la ville était perpendiculaire au mur de la terrasse du château, auquel elle se joignait, le fossé (balat) était creusé en dehors.

Au midi la muraille passait dans le haut bout des jardins de M. Fargues, juge au marquisat de la Roquebrou (2) ; elle venait ensuite se joindre à la maison de la Trémolière, aujourd'hui l'Hôtel-de-Ville.

A cette époque, celle-ci était une maison forte, aux murs épais édifiés en pierres d'appareil avec des ouvertures étroites et peu nombreuses.

De l'Hôtel-de-Ville la muraille se prolongeait jusqu'au bas de la place publique et s'arrêtait au ruisseau du Négrerieu, qu'elle cotoyait ensuite en le remontant. Celui-ci, dans le parcours de la traversée actuelle de la ville, remplissait alors l'office de fossé de défense.

Dans cet espace se trouvaient trois portes de ville correspondant à trois ponts jetés sur le ruisseau.

1° Le portail « del Fort » sis au bas de la place et s'ouvrant sur la rue allant de la place à la maison de la Trémolière (3).

2° Le portail de la Barrière, situé vis-à-vis la « planque » de ce nom faisant le prolongement de la rue Damon pour aboutir à la rue allant au quartier de la Fruigière (4).

---

(1) *Reconnaissances à Gilles de Montal, Seigneur de la Roquebrou,* 18 *décembre* 1566. *Doucet et Astorgis notaires.*

(2) *Reconnaissances à Dame Elisabeth de Lastic, Veuve de Messire Bonaventure d'Escars, juillet* 1750. *Lagarigue, notaire. Actuellement la propriété de l'Hospice de Laroquebrou.*

(3) *Cette porte qui était attenante de la Maison* N° 313 *du plan cadastral (Maison Grimal), fut démolie en* 1808 *pour reconstruire avec les matériaux le pont sur le ruisseau (Registre des délibérations).*

(4) *Une partie d'un des jambages de cette porte avec l'ouverture qui recevait le verrou fait d'une pièce de charpente carrée y subsiste encore: au* N° 177 *du plan cadastral (Maison Lavergne).*

Dessin de Tudot, 1840.

LE VIEUX LA ROQUEBROU

où l'on aperçoit au devant du château le rocher portant les vestiges de la tour carrée que Charles d'Escars fit démolir en 1653 par Pierre Catineau Mre Architecte du Monastier-en-Velay pour reconstruire la « pessière » arrêtant la rivière de Cère au moulin du Seigneur marquis (1) Cette tour contenait la chapelle de N. D. du Château.

Sur la terrasse du château on y voit aussi le superbe marronnier.

(1) Minutes de Guirbal notaire.

3° Le portail del Merle après la « planque » sur le ruisseau au quartier de la ville qui porte encore ce nom (1).

Les quartiers compris dans la ville close et désignés dans les Reconnaissances féodales étaient ceux : del Fort, de la Fruigière, del Merle et del Négrerieu.

La plupart de ces agglomérations devaient forcément s'accroître en habitants et par conséquent en nombre d'habitations.

« Il y avait aussi alors le mouvement instinctif des popu-
« lations rurales qui, pour se soustraire à la tyrannie, aux exac-
« tions, aux mauvais traitements d'un maître féodal, deman-
« daient asile et protection à quelque Seigneur plus humain
« ou plus politique que les autres et venaient sur la foi d'une
« charte de commune se fixer près des remparts, le Seigneur y
« gagnait des hommes valides, artisans ou métayers, soldats au
« besoin, il y gagnait aussi un accroissement de revenus et de
« puissance (2) ».

C'est ce qui dut se produire à la Roquebrou dès le XIIIe siècle et ce surcroit de population ne put contenir dans l'enceinte primitive et s'établit en dehors, édifiant ce que l'on appelait alors des faux bourgs.

« En même temps que la population se développait ses con-
« ditions morales et matérielles s'amélioraient et le développe-
« ment de l'intelligence les conduisit insensiblement à l'exis-
« tence politique, ce furent d'abord des hommes libres, puis
« vinrent les bourgeois, ces honnêtes représentants de la classe
« laborieuse (3) ».

Les bourgeois, à la Roquebrou, se construisirent ces demeures spacieuses aux portes ogivales et aux croisées à meneaux que l'on remarque encore dans la rue Damon.

Ils durent participer largement à l'édification de l'Eglise actuelle.

Grâce à leur intelligence et à leur volonté, la Cité se développe, leur bonne gestion la rend prospère et la ville d'Aurillac ne dédaigne pas de conclure avec eux un traité d'alliance offensif (4).

Nous les verrons défendre avec énergie, contre les prétentions de leur Seigneur, les privilèges justement acquis.

---

(1) *Un des côtés de la porte et plusieurs mètres de l'ancienne muraille subsistent sur ce point.* N° 158 *du plan cadastral.*

(2) *Paul Lacroix, op. cit.*

(3) *Paul Lacroix, op. cit.*

(4) *D'après ce traité d'alliance cité ailleurs, les habitants de la Roquebrou devaient contribuer aux travaux de défense de la ville d'Aurillac puisque en 1584, à une assemblée générale des Consuls de cette ville « ils décident que les réparations aux murailles vont commencer et que les Consuls et Jurés de la Roquebrou seront poursuivis en paiement de leur cotisation pour cette réparation de la présente ville (Invent. sommaire des archives d'Aurillac, 1er vol.).*

L'Eglise

L'Eglise actuelle était la collégiale de la Communauté des prêtres de la Roquebrou; elle était sous le vocable de Notre-Dame de Miséricorde, l'église paroissiale était alors à Brou distant d'un quart de lieue.

Ce n'est que vers 1700 que cette dernière s'étant écroulée, la collégiale de N.-D. de Miséricorde, après accord entre les prêtres communalistes et le corps commun des habitants devint l'église paroissiale (1).

Cet important ouvrage d'architecture gothique semblerait remonter au XIIIe siècle.

En 1294, Géraud de Montal, chanoine de l'Eglise de Mende y fonde la chapelle de Montal (2).

Avant 1348, Géraud de la Trémolière, le fondateur de la Communauté des chapelains de ce nom, y fait construire la chapelle Saint-Jacques, pour y fonder sa sépulture et celle des chapelains.

Ces deux chapelles sont les plus rapprochées du chœur et étant plus profondes que les autres, forment le transept de la croix dont l'Eglise affecte la forme.

La nef a de belles proportions. Son éclairage est parfait, les nervures soutenant la voûte élancée sont d'un bel effet. Les grandes croisées éclairant le chœur et la rosace de la façade sont remarquables.

Primitivement le clocher était bâti sur un porche dont on voit la naissance des voûtes sur la façade. On présume qu'il a été détruit par les protestants, lors de l'occupation de la ville.

Les Seigneurs de la Roquebrou avaient leur tombeau dans une crypte qui est située sous le chœur.

Cette crypte était surmontée d'un monument, (mausolée) Jehanne de Balzac le désigne dans son testament; il y a lieu de présumer que c'est elle qui l'avait fait édifier par ces artistes qui lui ciselèrent son château de Montal en Quercy (3).

Dans la chapelle Saint-Jacques, le tombeau qui s'y trouvait, était recouvert d'une grande dalle sur laquelle était sculptée une statue représentant un prélat couché ayant les cheveux bouclés. C'était à n'en pas douter la statue du fondateur, Géraud la Trémolière.

En 1643, le curé Savy y fit construire une habitation sise extérieurement entre deux contreforts pour y loger les prêtres de la Communauté de l'Eglise en temps de troubles (4).

---

(1) *Archives Départementales, dossier des Chapelains de la Trémolière.*

(2) *Dict. Hist. et Stat. du Cantal. Article la Roquebrou.* T. 5, page 122.

(3) *Ce qui constitue aussi une présomption, c'est que plusieurs pierres du dallage de l'Eglise, que l'on croit venir de ce monument, sont de même nature que celles ayant servi pour les sculptures de Montal. Ce monument et celui de la chapelle Saint-Jacques furent brisés à la Révolution.*

(4) *Minutes de Guirbal, notaire.*

LA ROQUEBROU

L'Eglise et le centre de la ville

Les armes de l'Eglise consistaient en un cierge et une épée en sautoir, occupant le centre l'écu et en exergue la légente S. Beate Marie Rupis Brou.

Le Château

Placé sur un rocher dominant la ville, le château en clôturait une partie de l'enceinte au nord.

Amaury de Montal, seigneur de la Roquebrou, disait aux habitants, en 1449 : « que son château de la Roque était moult-beau, et qu'il fallait se garder de le laisser prendre, car il ne serait pas facile de le reprendre sur les ennemis » (1).

Par sa position, il gardait l'entrée des défilés des « Gorges de la Cère ».

De grands murs de soutènement y ont été construits pour élargir la plate-forme supportant le château et les terrasses.

Celui-ci était formé de deux ailes de bâtiment disposées en triangle.

Dans l'aile du midi, au rez-de-chaussée, se trouvait la grande Salle où se passaient les actes importants de l'ancienne vie seigneuriale, contrats, hommages, transactions, etc...

Au troisième étage de l'autre aile, à l'est, était la Salle d'Armes, qu'un inventaire du 22 juillet 1644 (2) nous montre, étant alors un véritable arsenal militaire, avec trente-sept armures dont une complète d'homme et de cheval, émaillée et dorée, des fauconneaux, grenades, mortiers, arquebuses et fusils à roc et à rouet.

De cette salle une porte et quelques degrés donnaient accès au chemin de ronde qui faisait le tour extérieur des bâtiments.

Le château avait en outre sept tours rondes, dont quelques-unes étaient dénommées, savoir :

1° Le Donjon qui était la plus importante en dimensions, elle contenait au rez-de-chaussée le salon qui faisait suite à la grande Salle.

L'étage au-dessous était la prison à laquelle on avait accès par un passage souterrain. Au pied du mur de la terrasse, en contre-bas de cette tour, se trouvait une porte aujourd'hui murée qui communiquait avec cette prison. C'est par celle-ci qu'étaient introduits les prisonniers qui évitaient ainsi de paraître sur les terrasses et dans l'enceinte du Château.

2° La tour del Négrerieu, sise vis-à-vis le ruisseau de ce nom et était attenante à la chapelle.

3° La tour d'Ouest où les légendes locales veulent qu'aient été les oubliettes du Château.

4° La tour de l'escalier construit en pierres venues des carrières de Carennac (Lot).

5° La tour del Moussou, séparée des autres constructions et

(1) *Dict. Hist. et Stat. du Cantal.* 5e vol., p. 121.
(2) *Minutes de Guirbal, notaire royal à la Roquebrou.*

placée à l'entrée de la terrasse, vis-à-vis le rocher qui supporte la Vierge.

Enfin deux tourelles reliées par un grand mur, barraient le couchant.

Toutes ces tours, dont quelques-unes sont encore très élevées, ont été surbaissées d'un étage construit en charpente et en auvent, c'est-à-dire débordant les murs et muni de garde-fous, percés de meurtrières (1).

Du côté extérieur opposé à la terrasse, on avait accès à l'intérieur par une poterne défendue par un fossé et surmonté d'un machicoulis.

Ce passage franchi, l'assaillant était arrêté par une herse en fer glissant dans une rainure que l'on voit encore aux parois du couloir.

Enfin, en dernière ressource, une ouverture pratiquée à l'extrémité de la voûte du long passage et située auprès d'une cheminée de l'étage supérieur, permettait de faire tomber sur les assiégeants, de l'eau, de l'huile bouillante ou autres matières meurtrières.

En 1574, les célèbres reliques de Saint-Mary de Mauriac, ainsi que les archives du monastère de cette ville, par mesure de sécurité, furent transportées au château de la Roquebrou (2). Les archives n'en furent retirées qu'en 1665 (3).

Au XIVe siècle, les compagnies anglaises, ayant été expulsées des environs de Murat, tournèrent Aurillac, surprirent la Roquebrou et s'en emparèrent; mais le Château résista. En 1562, M. de Brezons, gouverneur d'Aurillac, y fit mettre une garnison, composée de 60 hommes de pieds, commandés par le capitaine Morel, et de 20 hommes de cavalerie, sous le commandement du Sr de Miramont.

La ville de la Roquebrou étant tombée aux mains des Huguenots, en 1574, le gouverneur du haut pays d'Auvergne, reçut la mission spéciale de la reprendre. Cette fois encore, le château ne fut point livré (4).

A ce dernier siège fut tué (étant à la suite de M. de Montal, lors gouverneur pour sa Majesté, un frère germain de Guy de Veyre) le glorieux capitaine d'Aurillac (5).

---

(1) *Acte du 8 juillet* 1644, *minutes de Guirbal, notaire (prix fait pour réparations au château).*

(2) *Histoire des guerres religieuses en Auvergne, par Imberdis.*

(3) *Minutes de Devarrauste, notaire à la Roquebrou* (3 décembre 1665).

(4) *Dictionnaire Hist. et Stat. du Cantal.* 5 vol.

(5) *Invent. sommaire des arch. de la Commune d'Aurillac.* 2e vol., page 231.

Dessin de MM. Tourtoulou et Calle.

Le Château autrefois, d'après un ancien plan jadis à l'hospice et divers états des lieux relevés dans des actes.

ARMOIRIES DE L'EGLISE ET DE LA COMMUNAUTÉ
des Prêtres de Notre-Dame de Miséricorde

La Communauté des Prêtres de la Roquebrou

Par son testament de l'an 1294 et son codicille de 1297, Géraud de Montal (1), chanoine et sacristain de l'Eglise de Mende, a fondé quatre chapellenies dans l'église de Brou, qu'il avait d'abord placées en 1294, sous le patronage des Seigneurs de la Roque et qu'il mit en 1297 sous celui d'autres membres de sa famille.

Il affecte à cette fondation, pour constituer l'avoir des Chapelains, des setiers de grains à prendre sur les menses de différentes paroisses, Camps en Limousin, Rouffiac, Goulles, Lacapelle-Viescamp, Marcolès.

Il dispose d'un capital pour une chapelle à construire sur son tombeau, dans l'église de Brou (2).

Nous pensons que c'est là l'origine de la Communauté des prêtres de l'Eglise de la Roquebrou.

Celle-ci dotée par la suite par les Seigneurs du lieu, tel Amalric de Montal qui à sa mort leur légua deux mille écus d'or (3) et aussi par d'autres, ayant grandi, délaissa la modeste et ancienne église de Brou et fit construire la collégiale de Notre-Dame de Miséricorde.

C'est à cette dernière et non à Brou que fut édifiée la cha-

(1) *Testament original communiqué par M. de Ribier.*
(2) *Entre autres dispositions il lègue 200 livres à son neveu Durand de Montal pour le couvrir des frais de guerre.*
(3) *Arch. Dép.. Dossier des Chapelains de la Trémolière.*

pelle de Géraud de Montal que les Seigneurs de la Roquebrou ont entretenue jusqu'à la Révolution, disant qu'elle avait été bâtie par un de leurs prédécesseurs (la clef de la voûte porte leurs armes (1).

Au XIVe siècle, la Communauté s'augmenta des Chapelains de la Trémolière, qui en plus de jouir des bénéfices à eux laissés par leur fondateur, participèrent à ceux de prêtres communalistes.

La Communauté fut définitivement constituée par acte du 7 décembre 1465 (2).

Comme la plupart des institutions religieuses d'alors, elle fut éprouvée lors des guerres de religion et entre autres pertes eut à déplorer celle de tous ses titres de fondation et autres (3).

La Communauté était gérée par deux prêtres (bayles) qui exerçaient annuellement à tour de rôle, après inventaire du mobilier et des archives. En 1590, ces dernières étaient assez importantes. En fait d'objets on n'y trouve mentionné qu'un calice d'or et cinq d'argent, tous avec leurs patènes, le sceau de l'église avec sa chaîne en argent. Par contre, dans la « Désignation des objets servant à l'exercice du culte dans l'église N.-D. de Miséricorde », leur collégiale, en 1648, il y est indiqué des objets certainement précieux, savoir :

« Un réliquaire ayant une petite statue, le tout d'argent et contenant les reliques de saint Jacques et de sainte Catherine ».

« Un autre en fer et cristal, ayant une parcelle de la sainte éponge ».

« Une boîte en argent « surdorée », ayant les côtés gravés de vieux caractères et garnis de pillers aussi surdorés ».

« Une petite croix en argent dont se servait anciennement pour les offrandes, ayant de petites cellules garnies de pierres de verre ».

« Plusieurs plats et une coupe aux armes de l'Eglise aussi en argent, trois ciboires, etc... »

En 1693, le montant du revenu de leurs obligations et cédules s'élevait à la somme de 5.569 livres (4).

En 1720, la Communauté perdit un fonds en billets de banque, de 3.000 livres et souffrit de plusieurs banqueroutes (5).

En 1791, lors de la déclaration de leurs revenus, conformément a la loi, ceux-ci ne s'élevaient qu'à 3.989 livres (6).

Au XVIIe et XVIIIe siècle, la Communauté comptait quatorze prêtres; à la Révolution elle n'était composée que des cinq Chapelains de la Trémolière, le Curé et le Vicaire.

---

(1) *Minutes de Denevers, not. royal.*

(2) *Archies départementales.*

(3) *Mention faite dans Ordre de Mgr de Noailles, Evêque de Saint-Flour, aux prêtres communalistes de la Roquebrou* (13 décembre 1623). Inventaire 1er février 1770 (Denevers, notaire).

(4) *Arch. départementales. Dossier des prêtres Communalistes et des chap. de la Trémolière.*

(5) *Minutes de Denevers, notaire à la Roquebrou* (1er février 1770).

(6) *Aéchives départementales.*

ARMOIRIES DES CHAPELAINS DE LA TRÉMOLIÈRE

D'Azur au Chevron d'or accompagné en chef de deux rocs échiquetés d'or et en pointe d'une rose.

Le pape Clément VI, dont Géraud de la Trémolière était l'Aumônier, avait ses armoiries composées de roses en orle (1). (C'est à cela que l'on doit attribuer la présence de la rose dans celles de la Trémolière).

L'Hôtel-de-Ville

L'Hôtel-de-Ville de la Roquebrou est l'ancienne maison collégiale de la Trémolière, que fit bâtir Géraud de la Trémolière, prêtre, originaire de la Roquebrou, chanoine en Portugal, puis aumônier du pape Clément VI, à Avignon (2).

Par son testament du 12 janvier 1343 et son codicille du 5 avril 1348, reçu par Etienne Visi, notaire public, dans la maison de l'Aumônerie du Seigneur pape, Géraud lègue sa maison et sa fortune à une communauté de trois chapelains qui devront être originaires de la Roquebrou.

Suivant sa volonté, ces Chapelains devaient prendre cinq clercs parmi les enfants pauvres de la ville., les instruire, les nourrir, les vêtir et les changer de 4 ans en 4 ans. A certaines dates fixées, ils devaient distribuer aux pauvres des mesures de seigle; trois lits devaient toujours être disposés dans la maison pour y recevoir trois pauvres. Ils devaient en outre donner à manger à tous ceux de passage.

---

(1) *Ecusson qui se trouve à l'entrée du palais des papes à Avignon.*

(2) *C'est ce dernier qui a fait construire le célèbre palais des papes de cette ville et qu'on a dénommé le pontife bâtisseur. Il était originaire du bourg des Roziers en Limousin; il se nommait Pierre Roger.*

Il réserve pour le transport de son corps d'Avignon à la Roquebrou pour y être enseveli dans la chapelle qu'il avait fait construire cent florins d'or (1).

En 1382, une quatrième chapellenie fut fondée par Jean de Blado, prêtre du diocese de Saint-Flour et cousin de Géraud de la Trémolière. Mathieu Bardet, prêtre, originaire de la Roquebrou, recteur de l'Eglise paroissiale de Aquaviva (Espagne) en 1367 et Jean Vital, marchand à la Roquebrou, en 1414, en fondèrent chacun une autre.

Les 4 premiers chapelains étaient à la nomination des Consuls et échevins de la ville d'Aurillac; le 5e était nommé par les autres quatre.

Ils jouissaient de revenus considérables consistant en cens et rentes sur un grand nombre de paroisses, ils possédaient des prés à la Roquebrou et un vignoble à Planèze, près Saint-Céré. A l'origine les redevances étaient de 120 setiers de seigle et de 20 livres tournois.

Au XVIIIe siècle, ces revenus s'étaient accrus considérablement, mais à cette époque ils soutinrent contre J.-B. Joseph Brieude, docteur et auteur de la topographie médicale de la Haute-Auvergne, un important procès qui dura près d'un demi-siècle et leur occasionna des frais considérables. A la Révolution leurs revenus s'élevaient à 3.817 livres, 9 sols, dont les charges à déduire pour aumônes et entretien d'une lampe dans l'église, étaient de 981 livres, 8 sols.

Bâtiment

L'ancienne résidence des Chapelains est un vaste bâtiment formant un quadrilatère, contenant une cour intérieure que les chapelains appelaient « le Cloître ». Le portail d'entrée, de style ogival, a de belles proportions. Au départ de l'ogive, se trouve une frise bien fouillée. Il est surmonté, à l'étage supérieur, d'une échauguette qui a été récemment restaurée. Le large couloir aboutissant à l'ancien cloître, était naguère pourvu de chaque côté de bancs de pierre fixés aux parois, où s'asseyaient les pauvres pour recevoir la nourriture que leur faisaient servir les chapelains conformément au testament du fondateur. La salle des délibérations de la municipalité est l'ancienne salle capitulaire.

L'Hôpital

La fondation de cet établissement remonte en l'an 1300 (2). De cette époque il en subsiste deux belles portes à ogive et une

(1) *Il lègue aux chapelains son grand bréviaire, son missel et une Bible (le tout évidemment manuscrit), et des ornements sacerdotaux, un calice d'argent, etc... (C'est M. l'abbé R. Four qui nous a traduit cet acte). (Archives départementales).*

(2) *Archives de la ville.*

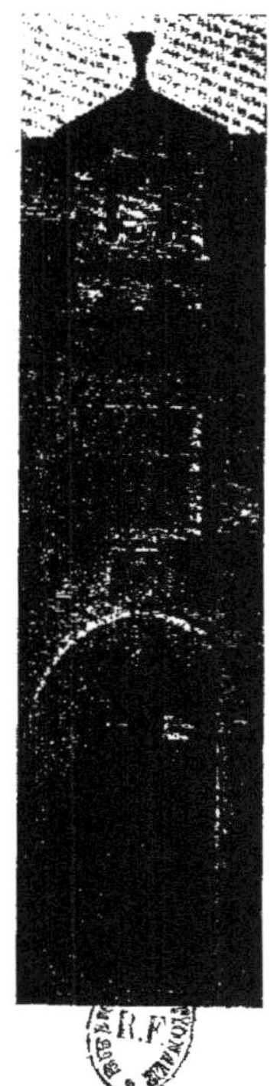

Le Portail de l'Hôtel-de-Ville précédant la Cour gothique

(*ancien cloître*)

et surmonté de l'Echauguette.

chapelle de même style. Dans une niche de la façade se trouve une curieuse statuette de saint.

En 1693, Etienne Fargues, président en l'élection de la ville d'Aurillac, fils de Géraud Fargues, juge au Marquisat de la Roquebrou, lui légua les propriétés que l'établissement possède encore.

En 1705, le corps commun des habitants et les syndics se sont réunis pour demander la confirmation de cet hôpital, attendu que « les anciens titres et papiers le concernant, ont été perdus « et égarés par les malheurs des temps et troubles des héréti- « ques, dont le pays ne fut pas exempt. » Par mandement, daté de Versailles, le 1er septembre de cette même année 1705, signé de la main du Roi et revêtu de son sceau, Louis XIV « approuve, confirme et autorise ledit établissement ».

Le Reclusage

Une pratique habituelle à un grand nombre de localités au Moyen-Age, s'est exercée à la Roquebrou, celle du reclusage. Voici en quoi elle consistait :

Un petit réduit, placé le plus souvent sur un cours d'eau, était destiné à contenir un habitant, homme ou femme, qui consentait à s'y faire enfermer à vie, afin de prier constamment le Ciel d'éloigner les calamité de la Cité.

Les Consuls de la ville votaient quelques subsides au reclus pour assurer sa subsistance, à la conclusion des marchés il était réservé le denier du reclus et il y avait aussi les personnes charitables qui y pourvoyaient. A sa mort, il se présentait toujours nombre de candidats pour lui succéder et les Consuls délibérant avec les prêtres, choisissaient ceux que désignaient le mieux leurs vertus.

Une fois admis au reclusage, le reclus ne devait point en sortir; les archives de la ville de Saint-Flour citent le cas de celui du faubourg Sainte-Christine qui lors de la visite du pape Urbain II, venant dù Concile de Clermont, obtint par faveur spéciale d'assister à la messe que le Saint Père célébra dans la cathédrale, il réintégra le reclusage aussitôt après (1).

Par la suite, à certains de ces édifices, on adossa des chapelles où étaient dites des messes de fondation que le reclus pouvait entendre par le moyen d'une ouverture pratiquée dans le mur contigu (2).

Le reclusage de la Roquebrou était situé à l'extrémité de la ville, à l'est, sur le cours d'eau qui porte encore le nom de ruisseau du Reclus; il confrontait avec le chemin de Pontus et l'ancien chemin de la Roquebrou à Aurillac, passant par la rue Damon.

---

(1) *La recluserie du faubourg Ste-Christine, à Saint-Flour, par Marcellin Boudet. Revue de la Haute-Auvergne.* Tome 3, p. 335

(2) *Papier Lakairie d'Aurillac. Inv. sommaire des arch. com.* Tome 2, p. 332.

La chapelle qui y était attenante était sous le vocable de Saint-Martial, le service de deux messes par semaine y était assuré par un acte de fondation du 11 mai 1415, par lequel un Pierre Cabanes lui attribuait des cens et rentes sur plusieurs villages de la paroisse de Siran.

La chapelle s'étant écroulée en 1773, et à cette date, depuis sans doute longtemps, le reclusage n'étant plus habité, une requête des Consuls et des principaux habitants fut adressée à Monseigneur l'Evêque de Saint-Flour, pour qu'il veuille bien accorder que les messes de la fondation Cabanes soient transportées à la chapelle de l'Hôpital (1).

Bâtiments pieux

En plus des Eglises paroissiale et collégiale, Saint-Martin de Brou et N.-D. de Miséricorde, les bâtiments pieux abondaient à la Roquebrou.

1° La Chapelle Sainte-Elisabeth avec sa frairie qui était située sur le pont (2).

2° La Chapelle Notre-Dame du Château, bâtie au sommet du rocher qui porte la Vierge et qui était au XVIIe siècle un lieu de pèlerinage (3.

3° La Chapelle Saint-Raymond au territoire del Cambon.

4° La Chapelle de l'Hôpital.

5° La Chapelle Saint-Martial du reclusage.

6° La Chapelle Saint-Nicolas, au Château.

7° La Chapelle claustrale de la Trémolière, où avaient lieu les abjurations d'hérésie calviniste (4).

Le Pont

Dans la charte de la Roquebrou de 1281, Durand de Montal autorise les habitants à s'imposer des tailles pour la construction du pont.

Ceux-ci s'empressèrent d'user de cette faculté et vingt ans après, le pont était édifié. Ceci fait, un certain nombre d'habitants y élevèrent des constructions devant consister en échoppes ou boutiques, comme il en existait alors sur les anciens

---

(1) *Minutes de Denevers, notaire.*

(2) *La chapelle existait encore en* 1810. *En outre de cette frairie il y avait celle de Saint-Eutrophe et du Saint-Sacrement. Elles possédaient des biens dont le revenu servait à leur fonctionnement.*

(3) *Reg. de l'état civil. Acte ce juillet* 1637 (*archiv. de la Roquebrou*).

(4) *Les protestants peu nombreux à la Roquebrou au XVIIe siècle, se faisaient ensevelir au cimetière de ceux de la religion réformée, situé au Cabanet* (*ancien enclos Cabanes*).

LA ROQUEBROU

Le Pont

ponts de la Capitale et tel de nos jours le pont couvert de Florence (Italie).

Comme il restait encore de l'espace inoccupé, le Seigneur Durand de Montal manifesta l'intention d'y construire, à son tour, mais les habitants protestèrent disant que le pont « appartenait en commun aux habitants de la Roquebrou ».

Devant leur ferme intention de plaider, le Seigneur en vint à une transaction, en février 1301, d'après laquelle le Seigneur abandonne ses prétentions, mais qui règlemente la circulation sur ce passage.

Le pont, à cette époque, n'avait guère que la moitié de la largeur qu'il a aujourd'hui (1), les bâtisses en question devaient singulièrement la réduire encore; aussi y est-il spécifié « que ceux qui ont des constructions sur le pont ne pourront rien acquérir en dehors de l'enceinte qu'ils occupent. Que devant celles-ci on ne pourra mettre ni tables ni sièges, ni aucun objet qui puisse causer quelque embarras; qu'on ne pourra pas faire de la fumée, ni établir d'atelier ni de forge ».

Il y est enfin dit « que ceux qui possèdent des maisons près du Redols de la Descargue (2) devront élever des palissades et des barrières pour retenir le bois et les pierres qui pourraient tomber de la montagne (3) ».

Au XVIIIe siècle, il y était perçu un droit de « péage », qui fut confirmé par le Conseil d'Etat du roi, le 21 avril 1744 (4) et qui ayant été supprimé fut rétabli le 14 Messidor, an 12. Le produit retiré était affecté aux réparations qu'il nécessitait.

Le 20 février 1791, une requête est adressée à MM. les Administrateurs du département, par les officiers municipaux de la Roquebrou, de Rouffiac, Cros, Nieudan, Montvert et autres, demandant l'établissement d'une brigade de gendarmerie à la Roquebrou. Ils exposent « que cette ville est limitrophe du Rouergue, du Quercy et du Limousin, que les habitants de plus de quarante paroisses du district d'Aurillac, une grande partie de celui de Mauriac sont forcés de passer dans cette ville, attendu qu'il n'y a point d'autre pont jusqu'au confluent de cette rivière de Cère, avec la Dordogne; qu'on voit souvent des particuliers habitant d'une distance très éloignée passer la nuit sur le pont pour y arrêter les voleurs et les brigands » (5).

Si le château a provoqué la création de la ville sur ce point, il y a tout lieu de supposer que par la suite le pont a largement contribué à son développement.

---

(1) *Il a été élargi vers* 1852.

(2) *Ce nom s'est un peu modifié. Cette montagne est aujourd'hui appelée le Rhodes.*

(3) *Archives départementales.* E. 219. *Fonds Pérusse d'Escars. En* 1448 *les habitants semblent avoir eu des différents avec Amaury de Montal à ce même sujet; son chancelier, Jean de Philippe, a fait un « vidimus » de cette transaction. (C'est cette pièce qui se trouve aux archives déparmentales).*

(4) *Invent. des archives du Château de la Roquebrou,* 1746. *Denevers (not. royal).*

(5) *Registre des délibérations. La brigade fut accordée le* 3 septembre 1791.

ARMOIRIES D'ARMAURY DE SERMUR
qui a fait édifier le Château de Messac
sculptées sur une cheminée de l'intérieur.

Le Château de Messac

Ce château sis au nord de la ville, est composé de deux ailes ayant la même disposition qu'avaient celles du château de la Roquebrou. Une seule tour contenant l'escalier, en occupe le centre. Lors de la Révolution il fut abaissé d'un étage.

Les murs ont une grande épaisseur et sont percés de belles fenêtres renaissance; dans l'intérieur se trouvent aussi quelques jolies cheminées.

Au-devant est une belle terrasse, dominant de grands jardins et une vaste prairie avec un bosquet de haute futaie attenant, le tout constituant un des plus ravissants sites du Cantal (1).

En 1403, il appartenait à Louis de Messac Damoiseau (2). Noble Amaury de Sermur, propriétaire de Messac en 1480, manifesta le désir d'élever son château de trois étages et d'un grenier au-dessus; comme vassal du seigneur de la Roquebrou il devait solliciter et obtenir cette autorisation. Guillaume de Montal, alors seigneur, la lui refusa, finalement ils prirent pour arbitre le baron de Castelnau. Par sa sentence du mois d'août de cette

(1) *Le tour de France* (juin 1907) *Louis Farges.*

(2) *Astorg de Messac aussi damoiseau, a été en* 1294, *témoin dans un des procès entre l'Abbé et les habitants d'Aurillac. Inv. Som. FFL.*

Château de Messac

année, celui-ci conclut à ce que le Seigneur de Montal accorde la permission sollicitée (1).

Au XVIIe siècle, il était la résidence des de Palach. Anne de Palach, décédée en 1620, l'a apporté en dot à Jean de Beauclair.

Un Jean de Beauclair, fils du seigneur de Messac, était en 1642, prieur du prieuré Saint-Jean-de-Griffeuille, paroisse de Montvert;

Un autre, Pierre de Beauclair, était aussi prieur du même prieuré, en 1701 (2).

Il se pourrait que c'est cette nomination de plusieurs membres de cette maison, au titre de prieur de Griffeuille, qui a fait écrire par divers auteurs que le château de Messac avait été la propriété des Bénédictins de Griffeuille.

Avant 1851, des archives importantes y auraient été découvertes accidentellement dans un cabinet, dont la porte était murée. Il y en avait six chars qu'on transporta à Aurillac, le Dictionnaire hist. et stat., qui rapporte ce fait, dit qu'on n'a jamais su exactement de quoi il s'agissait, mais qu'on a cru que c'étaient les archives du couvent de Griffeuille.

Une tradition qui a cours, veut que les seigneurs de la Roquebrou et de Messac, dont les châteaux se font vis-à-vis par-delà la colline profonde où coule le Négrerieu, aient été souvent en différends.

Un des premiers aurait manifesté un certain mécontentement, de ce que son vassal aurait mis à exécution un projet ayant eu pour résultat de placer des lieux d'aisance sur la façade regardant son château; et comme représaille, il lui aurait imposé une punition inhumaine, ayant trait au délit reproché.

En 1482, Guillaume de Montal et le Seigneur de Sermur étaient encore en procès (3).

Les Seigneurs de Messac étaient aussi seigneurs de la Grillère (paroisse de Siran) et coseigneurs de Glénat (4). M. de Beauclair était emprisonné à Aurillac; sous la terreur, cette maison s'est éteinte avec le Comte Charles de Beauclair, ancien préfet d'Aurillac, en 1814.

Leurs armoiries étaient « d'or et trois chevrons de gueules au chef d'argent chargé de cinq mouchetures d'hermine de sable ».

Messac appartient aujourd'hui à M. Dacier, qui l'a restauré avec goût.

---

(1) *Invent. sommaire des archiv. de la Commune d'Aurillac* HH71.

(2) *Minutes de Frégeac not. royal.*

(3) *Invent. som. des archiv. d'Aurillac.* HH72.

(4) *Voir brochure « Hébrard aux honnêtes gens ».*

ARMOIRIES DES DE GAIN DE MONTAGNAC
SEIGNEURS DE CAVAROQUE

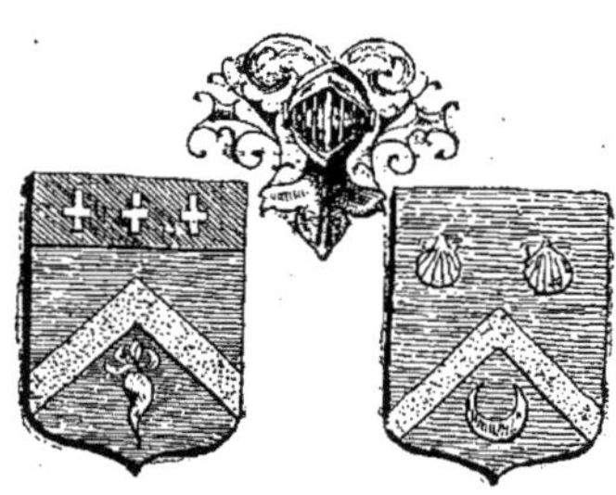

Reproduction d'un panneau en chêne sculpté, appendu dans la Chapelle du Château du Bruel

Ces armoiries ont trait à une des alliances de cette maison, probablement avec les de Cebier.

Château de Cavaroque

Ce château est à l'est de la Roquebrou et à moins de 1800 mètres; il est situé non loin de la route nationale n° 120, passant par Montvert.

C'est l'ancienne résidence des de Gain de Montagnac, seigneurs de Cavaroque, du Bruel et autres places.

Des membres de cette Maison illustre, originaire du Limousin, ont pris part aux Croisades, un a été évêque de Tarbes, deux ont eu les titres de chanoines-comtes de Lyon; on y trouve aussi une choinesse-comtesse de Remiremont et enfin huit chevaliers de Malte (1).

Jean-Baptiste de Gain de Montagnac, le dernier de ce nom, qui fut propriétaire de Cavaroque, fit partie de l'assemblée de l'élection d'Aurillac en qualité de député de la Noblesse, de 1787 à 1789. Il avait épousé en premières noces, en 1758, Anne de Cébier, fille de Charles de Cébier, seigneur du Bruel et en secondes noces, quatorze ans plus tard, Madeleine de Montal, fille de Pierre de Montal, ancien officier au régiment de Gesvres et de Clermont-Tonnerre.

---

(1) *Bouillet, Nobiliaire d'Auvergne.*

Château de Cavaroque

Un inventaire du mobilier du château, en 1792, y mentionne une chapelle; l'inventaire des archives comprend un vieux livre couvert de parchemin, contenant la liève de la baronnie de la Roquebrou, en 1400 et un autre contenant les minutes des actes reçus par Pradal, notaire, de 1563 à 1567 et des actes sur parchemin, relatifs à l'acquisition des rentes foncières dues au prieuré de la Séglatière, sur le domaine de Cavaroque, faites en conséquence de la permission du Roi et du « Saint-Père le Pape » en 1574, reçus par Frégeac, notaire.

Deux maires de la Roquebrou ont résidé à Cavaroque.

En 1790, le Comte de Gain de Montagnac.

De 1838 à 1842, M. Toussaint Rivière, chef de bataillon en retraite.

Le château a été reconstruit; sa belle exposition, de beaux jardins en terrasse, ornés de jolies charmilles en font une des agréables résidences de ce canton.

Il est actuellement la propriété de M. Joseph Sclafer, de Chabrinhac, avocat et ancien maire de Rouffiac.

ARMOIRIES DES SEIGNEURS DE LAROQUEBROU

Ecu écartelé au quartier dextre au chef et au quartier semestre de pointe, trois fleurs de lys, ce qui est de Bourbon Malauze.

Au quatrième semestre du chef et au quartier dextre de pointe, quartier partie avec croix et partie avec trois coquilles d'argent, ce qui est des Montal; le tout avec écu de gueules au pal de vair, ce qui est des Pérusse d'Escars, Couronne de Marquis. (Musée local).

Généalogie des Seigneurs de La Roquebrou

Guillemine de la Roquebrou, descendante de Bérulphe, épousa Durand d'Aurillac, neveu d'Astorg VI, baron d'Aurillac, qui prit le nom de Montal. Elle mourut en 1251. Géraud de Montal, leur fils, épousa une fille de Rigaud de Carbonnières, qui lui apporta la moitié de la terre de ce nom, en 1281.

Durand de Montal, deuxième de nom baron de Montal et de la Roquebrou, seigneur d'Yolet, de Carbonnières et autres lieux, testa en 1297. De Marie de Turenne, fille de Raymond V, Vicomte de Turenne et d'Alnodie, de Malemort, épousée en deuxièmes noces, il n'eut qu'une fille, mariée à Malfred, Seigneur de Caltelnau.

Bertrand de Montal, d'abord coseigneur de Viescamp, son frère, continua la postérité. Il succéda à son frère en 1297; il avait épousé avant 1280 Gonie de Cambon. Il laissa 8 enfants. Il testa en 1322.

Géraud de Montal, Seigneur de la Roquebrou, de Carbonnières, Glénat, Saint-Victor, Viescamp et Saint-Julien, épousa en 1301 Hélène de Barase, fille d'Arnaud de Barase, Seigneur de Béduer, en Quercy, et d'Agnès de Melun. Il vivait encore en 1347. Il laissa 4 enfants.

Bertrand II de Montal, Seigneur de Montal et de la Roquebrou, épousa le 31 juillet 1348, Gaillarde de Sévérac. Il vivait en 1368. Il eut 5 enfants.

Amalric de Montal seigneur de La Roquebrou

Ruines de la forteresse de Miremont
dont le siège en 1576 causa la mort de Gilles de Montal
seigneur de La Roquebrou

Jean de Montal, épousa en 1370, Jeanne-Louise de Villemur, il mourut en 1418, laissant 3 enfants.

Louis II de Montal, bailli des montagnes d'Auvergne, de 1422 à 1433, mourut sans postérité.

Jean II de Montal, frère du précédent, écuyer de Charles VII, épousa en 1418, Jeanne de Malemort, il eut 4 enfants.

Guillaume Alias Gille de Montal, succéda à son frère, Amaury, en 1473, il testa en 1487; d'Alix d'Estaing, qu'il avait épousée en 1452, il laissa 6 enfants.

Amaury Alias Amalric de Montal, gouverneur de la Haute-Auvergne, épousa Jehanne de Baylac, il texta en 1496, il eut 5 enfants.

Dorde ou Dieudonné de Montal, succéda à son frère Robert, mort en Italie. Il épousa le 6 février 1531, Catherine de Castelnau. Il eut 9 enfants.

Gilles de Montal, Chevalier, baron de la Roquebrou, gouverneur et lieutenant-général de la Haute-Auvergne, commanda les troupes catholiques de ce pays. Il mourut en 1576, des suites d'une blessure reçue au siège de Miremont, près Mauriac, de la main, disent certains chroniqueurs, de Madeleine de Saint-Nectaire.

Gilles de Montal avait épousé, en 1571, Catherine d'Ormessan, il ne laissa qu'une fille, Rose, qui en 1583, étant sous la tutelle de sa mère, fut confiée à Antoine de Ribier de Lavaur, pour l'accompagner à Paris, à la Cour (1); elle épousa, le 19 septembre 1593, François de Péruse d'Escars (2).

Maison d'Escars

François de Péruse d'Escars, marquis de Merville, sénéchal de Guienne, gouverneur de Bordeaux, eut de Rose de Montal, 2 enfants. Il est mort en 1606. Jacques d'Escars, son fils, lui succéda, il fut marquis de la Roquebrou et de Merville, baron de Montal, Ytrac et autres places. Il épousa, en 1620, Madeleine de Bourbon. Il fut tué à Paris en 1631, en résistant à son arrestation pour sévices graves exercés en Auvergne; il eut de pompeuses funérailles à la Roquebrou. Françoise d'Escars, sa sœur, épousa en 1625, François d'Hautefort, de Saint-Chamant.

Jacques d'Escars laissa deux enfants.

Charles d'Escars, né en 1630, hérita de son père de la Seigneurie et terre de la Roquebrou, il épousa, en 1663, Françoise de Bruneau de la Rabattillière. Sa sœur, Rose d'Escars, épousa le marquis de Monsales. Charles d'Escars, mort en 1704, n'a laissé qu'un fils qui lui succéda.

François d'Escars, né en 1656, qui épousa en 1696 Louise de Lafon, Marquise de Tauriac, veuve du seigneur marquis de Mévialle. Ils eurent 4 enfants:

---

(1) *Louis de Ribier.*

(2) *Les archives d'Agen conservent série B, N° 28, le contrat de ce mariage.*

Marie-Anne d'Escars, qui épousa son cousin, Jacques-François de Sales de Saint-Chamant, Françoise-Thérèse d'Escars, qui épousa Simon de Garric de Montastruc, Charles-Gabriel d'Escars, mort en 1734 et Bonaventure d'Escars. François d'Escars est mort à Paris, en 1704.

Bonaventure Polycarpe d'Escars, son fils, le remplaça; il est né en 1703; il épousa en 1732, Elisabeth de Lastic de Lieuzac; ils eurent 4 enfants.

Thérèse-Françoise d'Escars, qui épousa son cousin Bonaventure Polycarte de Garric, Jacques-Charles d'Escars, mort en 1740, à l'âge de cinq ans. Marie-Madeleine et Marie-Anne d'Escars et Françoise-Marie d'Escars. Bonaventure d'Escars est mort au château de la Roquebrou, en 1746 (1).

François-Marie d'Escars, son fils, lui succéda; il est né en 1738; il épousa en 1764, Marie-Françoise de Polignac. Ils eurent 4 enfants, Alexandre-François-Marie d'Escars, Sophie d'Escars, Charles-François d'Escars et François-Alexandre d'Escars. François-Marie d'Escars est mort au château de Saint-Chamant, en 1770.

François-Alexandre d'Escars, qui devait lui succéder, fut tué à Paris le 10 août 1792. Il était né en 1765. Avec lui s'est éteinte la branche des seigneurs de la Roquebrou.

La maison d'Escars descendait en ligne droite de Jean d'Escars, prince de Carency, dont la sœur Susanne d'Escars avait épousé Geoffroy de Pompadour, Vicomte de Comborne, l'un et l'autre enfants de François d'Escars, seigneur de Lavaudan et d'Ysabeau de Bourbon, princesse de sang royal, fille et unique héritière de Charles de Bourbon, seigneur de Carency et de Catherine d'Allègre, qu'il avait épousée en 1493. Ce Charles de Bourbon, seigneur de Carency, descendait en ligne droite de Jean de Bourbon, seigneur de Carency en Artois, troisième fils de Jean de Bourbon, comte de la Marche et frère de Louis de Bourbon Ier Comte de Vendôme, trisaïeul d'Antoine de Bourbon, roi de Navarre, père d'Henry le Grand (2).

La maison d'Escars a fourni un grand maréchal de l'Eglise, en 1359, plusieurs chambellans et conseillers de différents rois, des sénéchaux et gouverneurs de province, des lieutenants-généraux et des maréchaux de camp, un évêque, duc de Langres, pair de France de 1569 à 1614, un évêque de Mende, Comte de Gévaudan, en 1457, un évêque de Lisieux, créé cardinal en 1596, des ducs et pairs de France. Cette maison est aujourd'hui représentée par les descendants d'Amédée-François-Régis de Péruse d'Escars, créé duc et pair de France, le 30 mai 1852. Il était lieutenant-général et commanda une des divisions qui prirent Alger, en 1830 (3).

---

(1) *Mort d'une apoplexie le* 6 *janvier* 1746. (*Mémoire Textoris d'Aurillac*). *Inv. sommaire.* 2e vol., p. 280.

(2) *Lefèvre d'Ormesson* (*intendant*).

(3) *Cette généalogie a été faite d'après le Nobiliaire d'Auvergne, les archives de la Roquebrou et les minutes de l'étude du notaire.*

Jacques d'Escars de la Roquebrou et ses funérailles

(Nous croyons intéressant pour nos lecteurs de produire ici un extrait de la Revue de la Haute-Auvergne, relatif à ce personnage).

« Jacques II de Pérusse d'Escars, marquis de Merville, qui fut sénéchal de Guienne et gouverneur de Bordeaux, après son père et son grand-père, gouverneur aussi de Mauriac et de Maurs, eut de la succession de Rose de Montal, les baronnies de Montal, de la Roquebrou, de Carbonnières, la seigneurie d'Ytrac et d'autres encore. Mari enfin de Madeleine de Bourbon, issue d'Henri II de Bourbon et de Marie de Chabannes, il était certes un grand et puissant seigneur.

Il fut aussi un grand coupable et il va très bien nous faire comprendre Richelieu.

Implacable ennemi des Noailles, ses compatriotes limousins, dont une branche était également établie en Haute-Auvergne, il trouva dans le Marquis de Montclar, cadet de Noailles, un homme aussi peu respectueux que lui, des ordonnances royales interdisant les guerres privées. Ils enrolèrent des bandes de souaards ou des tributs d'asiatiques, de slaves, de nomades danubiens, à moitié sauvages, que les procès-verbaux de gendarmerie de l'époque, dressés par les prévots Lacarrière, appellent des « bohêmes».

Au mois d'août 1624, Montclar et lui, à la tête de leurs mercenaires, allaient se ruer l'un sur l'autre devant les officiers royaux, lorsque le vicomte de Pompadour, leur compatriote, parvint à les accommoder. Le mois suivant, Montclar sortait d'Aurillac pour aller se battre avec cet ennemi effrené; des amis communs réussirent encore à éviter le choc. Mais le 21 mars 1625, apprenant que l'aîné des Noailles, François, bailli des Montagnes et lieutenant-général du roi, en Haute-Auvergne, allait se rendre d'Aurillac à Saint-Flour, en compagnie de son frère, Charles, évêque du diocèce, de Merville s'embusqua sur la route, dans un repli de terrain, près de Maussac et d'Arpajon, avec 50 cuirassiers et son ami, le baron de Conros.

Les de Noailles n'étaient escortés que par le prévôt Jean Lacarrière et une faible escouade d'archers. La vie des deux Noailles, sur la tête de qui reposait la plénitude de l'autorité royale, militaire, civile et religieuse dans le pays, paraissait être cette fois entre ses mains. Ils semblaient perdus. Mais, en les apercevant, Lacarrière se jeta dans les champs pour ne pas se laisser entourer. Leurs adversaires crurent que les archers allaient leur couper la retraite; la panique se mit dans leurs rangs, si bien que d'Escars et son ami durent franchir la Cère et se rabattre sur Conros. Ce n'était qu'un coup manqué.

En 1628, l'évêque de Saint-Flour ne pouvait se rendre au château de Pénières, propriété de sa famille (commune de Cros-de-Montvert) sans se faire protéger par une solide escorte, comme en pays ennemi. Et de fait, Jacques d'Escars était plus roi que le roi, dans ce canton. Pendant toute sa vie, il y entretint à sa solde une nombreuse troupe de gens armés, à la barbe des prévôts, des archers, des procureurs et officiers du roi et de ses tribunaux paralysés.

Depuis un peu plus d'un siècle, les de Montal de la Roquebrou considéraient abusivement les biens du doyenné de Mauriac comme un domaine personnel.

La commende, cette grande faute de la monarchie, au siècle précédent, qui permettait au roi d'attribuer les bénéfices monastiques à des gens d'église, non résidents, sous condition d'assurer, à leurs frais, l'exercice des fonctions religieuses, auxquelles correspondait la mense, conduisait les monastères à la ruine; le commendataire étranger surveillait peu ou point, se contentait d'encaisser les produits; la discipline se perdait et le monastère se fondait chaque jour plus apauvri. Les guerres de religion achevèrent l'œuvre néfaste, commencée par cette ingérence du pouvoir civil; elles précipitèrent la décadence complète du monastère de Mauriac, autrefois florissant. Bâtiments qui s'écroulent, plus de clôtures, plus d'offices réguliers, des moines dévoyés et sans ressources, en vêtements laïques, se faisant marchand pour vivre ou traînant dans les rues une vie parfois scandaleuse, voilà ce qu'en avaient fait du monastère les derniers de Montal, pendant l'anarchie des guerres de religion.

Leur procédé était simple pour usurper la meilleure partie des biens du couvent et ruiner le surplus. Le premier d'entre eux qui avait obtenu du roi le doyenné de Mauriac était d'église (1), relevé ensuite de ses vœux et marié, lui, et ses héritiers après lui avaient conservé les revenus des bénéfices en y préposant comme doyens en titre, de pauvres clercs de leur choix, auxquels ils abandonnaient une minime « pension » à prélever sur les produits; et en leur faisant souscrire d'avance un acte de résignation au profit d'un successeur, dont la note et le nom laissés en blanc leur permettaient de faire nommer à la place du titulaire qui bon lui semblait et à l'époque où il leur plaisait; de telle sorte que ce doyen « confidentiaire » ainsi les nommait-on, était complètement entre leurs mains laïques, fussent-elles indignes ou huguenotes, et comme cet homme de paille habitait à la Roquebrou, ne s'occupait nullement de ce qui se passait à Mauriac, tout dépérissait au monastère. Seuls quatre dignitaires du couvent, dont le cellérier Jean Grenier, étaient restés fidèles à leurs devoirs de bénédictins.

En 1626, le conflit s'engagea entre l'honnête cellérier et Jean Bertrand, doyen confidentiaire de M. de Merville « pauvre misérable » qu'un acte nous dit être « son domestique », c'est-à-dire un familier pauvre tout à sa merci. Sommé de produire ses titres à la « pension » qu'il prélevait, l'homme de Montal répondit ne le pouvoir, « la ville dé Mauriac ayant été prise et pillée par ceux de la Religion prétendue réformée par deux diverses fois, ledit monastère et église brûlée et tous les papiers et jugement concernant les fruits et revenus du doyenné détruits ».

(1) *Dorde de Montal, second fils de Jehanne de Balzac et d'Almaric de Montal.*

Cet acte découvert, est une procuration donnée par Jean Bertrand, suivant acte de Guirbal, notaire à la Roquebrou, le 31 juillet 1626. A défaut de la décision des administrateurs de la mense, dont se prévalait l'homme des Montal, il produisait des quittances justifiant sa possession.

Les moines fidèles ne se découragèrent pas. Ne trouvant pas de protecteurs contre la cupidité des Montal tout puissants, ils se donnèrent à la réforme austère de Saint-Maur (4 août 1627) et le 15 juin suivant, des lettres patentes du roi établissaient la congrégation des Mauristes à Mauriac. Jacques d'Escars, qui considérait comme sa chose les biens temporels du doyenné, première fonction du couvent, envoya des soldats pour les empêcher de prendre possession. Il les fit enfermer dans leur cellerie, et les dispersa ensuite hors de la ville. Ils revinrent munis d'une nouvelle ordonnance royale (29 octobre) et réoccupèrent leur couvent. Les soldats de d'Escars reparurent pour les en chasser; mais les habitants de Mauriac, indignés à la fin, refusèrent d'ouvrir leurs portes aux gens de l'usurpateur, qui entreprit alors d'affamer les moines. Il fit enlever par ses valets le marchand Grenier, neveu du céllerier réformiste, uniquement coupable de les ravitailler (14 décembre 1629). Il l'incarcéra dans son château de la Roquebrou, le 16, puis, pour plus de sûreté, le fit transporter dans un château du Périgord.

Au moment où il se conduisait ainsi, chose à peine croyable, il venait d'être condamné à mort pour deux meurtres, dont l'un, particulièrement odieux, celui de son parent, Vincent de Montal, de Salvanhac, tué dans un guet-apens. Il venait même d'être exécuté en effigie, le 6 octobre, à Aurillac, par ordre du parlement de Toulouse, à qui le roi l'avait déféré à cause de la terreur qu'il inspirait aux magistrats locaux.

Le meurtre de M. de Montal avait fait un bruit énorme dans le pays.

Il ne paraît pas avoir formé opposition à cet arrêt et ne prenait même pas grand soin de se cacher. Que pouvaient contre lui la quinzaine d'archers de la prévôté d'Aurillac? Sa condamnation à la peine capitale n'en était pas moins une menace terrible dont il voulut se débarrasser par des lettres de rémission. Il se rendit donc à Paris pour les obtenir, de la faiblesse de Louis XIII.

Le 7 janvier 1631, il y fut tué par les archers de la capitale, chargés de son arrestation, auxquels il voulut résister.

Assurément, il serait injuste de juger l'homme et les événements, en les isolant de l'époque et du lieu. Ils sont le résultat de deux ou trois générations de guerres civiles, de la manifeste insuffisance de la police, de l'absence de sanction. Les querelles de familles, d'intérêts, de religion, ont semé bien des haines dans les cœurs. Ceux que la société ne peut plus défendre, se croient en droit de se faire justice eux-mêmes; la civilisation a reculé vers la conception barbare de tous les temps révolutionnaires. Le guet-apens en est venu à paraître aussi licite contre l'ennemi privé, qu'il l'est entre nations se faisant la guerre. Tout le monde est armé et ce serait une bien grave erreur de croire que les gentilshommes aient alors monopolisé la violence. Cet état révolutionnaire des esprits est celui de toutes les classes. Les chefs de parti politiques avaient donné l'exemple, le massacre de la Saint-Barthélemy, dont on parle toujours, avait été précédé par le massacre des catholiques, à Vassy, dont on ne parle guère. Les procès-verbaux des chevauchées, des prévôts Lacarrière, maître documents pour l'époque et le pays, nous montrent les paysans ameutés et les communes en armes, massacrant comme les autres; une prodigieuse quantité de meurtres et d'assassinats particuliers, dont un bon nombre imputables aux membres de la plus honorable bourgeoisie. Les gens qui se guettent et s'arquebusent en pleine paix, y portent des noms bien connus dans la meilleure magistrature du pays (1).

Les vendettas héréditaires des Tournemire et des d'Anjony, pendant deux siècles, à part quelques duels féroces, mais corrects, sont pleins de coups de surprise. La vie a perdu de son prix; une fois la guerre déclarée, de famille à famille, ou d'homme à homme, tout est permis; c'est à l'adversaire de se garder. Mêmes scènes rappelées rétrospectivement dans les arrêts des grands jours de 1666. Ajoutons que beaucoup de ces violents furent d'excellents chefs de famille, des âmes généreuses, parfois même des hommes séduisants, aussi chauds amis qu'ennemis redoutables, et que de cette rude période sortit une des générations les mieux trempées et les plus glorieuses de notre histoire.

Tenez donc pour certain que, dans l'opinion des partisans de M. d'Escars de Merville, tuer un adversaire, même par surprise, n'était pas un aussi grand crime que de nos jours, et qu'aux yeux de sa femme, de famille Calviniste, si je ne me trompe, sa conduite, au regard des moines de Mauriac, ne parut pas devoir lui être imputée à mortel déshonneur. Toutefois cette série d'attentats avait véritablement dépassé la mesure

Il eut la malchance d'arriver à Paris au moment où Richelieu venait de reconquérir le pouvoir dans toute son étendue et rétablissait l'ordre dans le royaume avec la nécessaire sévérité que l'on connaît (2). De plus grands seigneurs que de Merville, en connurent les effets, et le roi n'était plus rien.

La famille fit imprimer un mémoire justificatif, dont un exemplaire, aujourd'hui disparu, existait encore dans les archives municipales de la Roquebrou. Je ne le connais pas; mais l'admission à l'audience royale, avait sans doute apporté l'espérance d'une grâce prochaine, à tout le moins celle d'une sauvegarde provisoire. Et c'est à ce moment que l'ex-sénéchal de Guienne tombait percé de coups par les archers royaux de Paris, comme un vulgaire assassin. Cette fin tragique frappa les siens de stupeur.

Madeleine de Boubon, atteinte dans son orgueil, dans ses

---

(1) De 1832 à 1840 *on ne relève pas moins de quatre morts violentes, dont deux par l'épée, dans les registres paroissiaux de la Roquebrou.*

(2) *La journée des dupes est du* 11 *novembre* 1630 *et de* 1631 *le renvoi de la reine Mère. L'année suivante tombait la tête de Montmorency.*

affections de femme et ses espoirs de jeune mère, fit apporter à la Roquebrou et déposer dans la chapelle du château, le corps sommairement embaumé de son mari (17 janvier 1631). Il y était encore le 21, anniversaire de leur mariage, célébré il y avait onze ans jour pour jour. Elle différa les obsèques d'un mois, les voulant somptueuses. A la grande publicité comme à la solennité exceptionnelle, dont la cérémonie fut entourée, on devine son dessein de leur donner le caractère d'une protestation. Ainsi devait faire l'année suivante, avec plus d'éclat encore, la duchesse de Montmorency, à Moulins, après la décapitation de son mari, moins coupable que de Merville comme homme privé.

Le condamné à mort eut de princières funérailles, le 17 février. Au milieu du cortège de plus de cent prêtres ou religieux, des troupes de cheval et de pied, des municipalités, des paroisses, leur croix en tête, des gentilshommes de la province, partisans ou amis du défunt, suivis d'une grande foule de peuple, attirée par la curiosité ou le désir d'honorer, dans la dépouille de son fils, la mémoire de la dernière des Montal de la Roquebrou. On voyait les Consuls et les Juges de la ville d'Aurillac, précédés de flambeaux et de panonceaux aux armes de leur ville. Jadis un seigneur de la Roquebrou était accouru au secours d'Aurillac en danger et il avait péri pour son salut.

Dans l'élan de leur reconnaissance, les habitants d'Aurillac s'étaient engagés à députer perpétuellement leurs magistrats aux obsèques de ses successeurs (1). Les villes de Mauriac et de Maurs s'étaient associées à cette décision.

Cette fois par exemple, Mauriac n'assista pas à celles de M. de Merville, Maurs n'y est pas signalé non plus (2). Les Montal, de la vallée de la Cère, n'avaient pas à suivre le convoi du meurtrier et les principaux officiers du roi, dans le Haut Pays, pas davantage. Malgré cela, l'affluence était considérable, lorsque le pompeux cortège se rendit du château à l'Eglise Notre-Dame-de-Miséricorde.

Jusque là tout s'était bien passé et la jeune veuve pouvait être contente des honneurs rendus à son mari, mort dans de pareilles conditions.

Mais la cérémonie s'acheva comme la vie de M. de Merville, d'une façon tragique.

Suivant une touchante et immémoriale coutume, legs du moyen-âge, Madeleine de Bourbon avait fait convier les pauvres du pays. Indépendamment des cent pauvres de la seigneurie, vêtus de noir, à ses frais, qui précédaient le clergé, un cierge

---

(1) *Les anciens registres paroissiaux de la Roquebrou mentionnent toujours la présence des Consuls et juges de la ville d'Aurillac aux obsèques des Seigneurs de la Roquebrou. Cette coutume était déjà observée en* 1558. (*Archiv. municip. d'Aurillac B.B. Adm. Communale*) *et en* 1789. (*Reg. municip. de la Roquebrou*).

(2) *En* 1631, *le Seigneur de la Roquebrou avait conduit ses gens saccager l'abbaye de Maurs.* (*Voir Dict. hist. et statistique, article Maurs*).

à la main, il en vint (plus de quatre mille) de toute la région, attirés par l'aumône qu'il était d'usage de distribuer en semblable circonstance. La presse fut si grande, dans les rues étroites, et les remous si terribles que, sans parler des blessés, dix-huit ou dix-neuf de ces malheureux, y furent écrasés; et le même soir, ce monceau de cadavres rejoignait dans la tombe, la dépouille du marquis de Merville; comme si, en ajoutant à ses propres victimes celles de ses funérailles, le ciel avait voulut en marquer la pompe inopportune (1).

MARCELLIN BOUDET.

Voici l'acte des registres de la Roquebrou que nous avons communiqué à M. Boudet, Président de la Société de la Haute-Auvergne, et qui lui a inspiré l'article magistral que l'on vient de lire.

Le septième jour du mois de janvier 1631, Haut et puissant Seigneur, Noble Messire Jacques d'Escars et de Montal, marquis de la Roquebrou et de Montal étant allé à Paris, ville capitale du royaume, et ayant été vu amiablement de sa Majesté, fut attaqué dans son logis par des gens armés portant la livrée du Roy, en laquelle attaque il fut tué et son corps porté depuis Paris en la présente ville de la Roquebrou où il arriva le vendredi au soir, vingt-quatrième du mois de janvier et a été déposé en la chapelle Saint-Nicolas, du château dudit Roquebrou, depuis ledit jour, attendant que les apprêts des honneurs funèbres soient faits, suivant le désir de Haute et puissante Dame Noble Madeleine de Bourbon, veuve dudit seigneur.

Où ledit corps repose encore, plaise à Dieu tout puissant donner bon repos à l'âme d'y celui au Ciel.

✝

Le dix-septième jour du mois de février 1631, le corps de Monseigneur le Marquis de Montal et de Merville a été apporté solennellement de la chapelle Saint-Nicolas en l'Eglise Notre-Dame de Miséricorde de la présente ville, avec grand concours et assemblée de noblesse de gentilshommes vassaux et autres et spécialement de Messieurs les Consuls et juges de la ville d'Aurillac, avec quatre grands flambeaux et armes de ladite ville, que lesdits sieurs Consuls faisaient porter pendants auxdits flambeaux et encore sur le drap mortuaire de velours noir qui couvrait le corps et marchaient lesdits consuls portant la livrée du Roy, avec les premiers qui portaient le deuil. Assistaient Monseigneur de Saint-Chamant (2) et les valets des Consuls avec leurs bâtons de noblesse et ordres pendants.

Item étaient assistants les officiers de justice des châteaux

(1) *Revue de la* Haute-Auvergne, *tome* 11, *page* 243.

(2) *D'Hautefort, baron de Saint-Chamant en Limousin, beau-frère du Seigneur défunt.*

voisins du mondit feu Seigneur, tenant leur rang d'un côté avec Messieurs les Consuls dudit Roquebrou de l'autre.

Des ecclésiastiques au nombre de quatre-vingt-dix-huit, sans compter les religieux de divers ordres.

Le corps a été porté par onze prêtres revêtus de surplis et le drap mortuaire, par quatre gentilshommes vasseaux.

La Cavalerie, l'Infanterie, avec trompettes et tambours, précédaient avec deux chevaux bardés. Cent pauvres, vêtus de noir, avec un flambeau allumé chacun, à la main, allaient devant le clergé. Les curés des paroisses voisines suivaient avec leurs croix. La présente paroisse venait la dernière avec sa croix couverte d'un grand voile noir, moi curé indigne faisant la levée du corps et tenant rang de curé avec mes prêtres.

Monseigneur l'Abbé de Gramond (1), crossé et mitré avec quatre de ses religieux revêtus de surplis et de dalmatiques de velours noir. accompagnaient le corps et fit l'office avec autant de solennité qu'un archevêque.

†

Le dix-sept février 1631, jour de l'enterrement du corps du mondit Seigneur le Marquis, grande quantité de pauvres étant venus prendre l'aumône qu'on distribuait grassement sur le pont dudit Roquebrou, à cause de la grande foule et presse desdit pauvres, qu'on estimait être supérieure à quatre mille, y furent occis, suffoqués ou alanguis de faim, qui restèrent morts sur le tard, au nombre de quinze, lesquels ont été ensevellis au cimetière susdit.

Plus ont été apportés au cimetière Saint-Martin-de-Brou, autres trois pauvres garçons étrangers et y ont été ensevelis.

Les autres pauvres étant morts ont été transportés ailleurs en leurs paroisses.

Est estimé, le nombre de pauvres qui sont morts dans ladite presse, environ dix-huit ou dix-neuf, lequel on n'a pu vérifier certainement à cause du soudain transport qu'on a fait d'eux en paroisses circonvoisines.

Plaise à Dieu mettre leurs âmes au repos éternel.

SAVY, *Curé* (2).

Charte de La Roquebrou

Des différends s'étant élevés entre noble Durand de Montal, chevalier seigneur de la Roquebrou, et les habitants de sa châtellenie, les parties choisirent pour arbitres Guérin de Selve,

(1) *Monseigneur de Gramond, abbé, chef-ordre de l'Abbaye de Gramond, en Limousin.*

(2) *Pierre Savy, curé de la Roquebrou, de* 1623 à 1643, *parent d'Etienne Fargues, président en l'élection d'Aurillac et qui fut son héritier.*

hôtelier du monastère Saint-Géraud, d'Aurillac, Astorg d'Alboy, chevalier, Pierre Asnière et Géraud de Négremont, qui rendirent la sentence suivante (13 février 1281).

I. — Les habitants de La Roquebrou jouiront paisiblement, comme par le passé, des droits de dépaissance, de chasse et de pêche, dans les forêts qui les avoisinent;

II. — Ils jouiront de même des fours et moulins, sauf les droits des fourniers et meûniers;

III. — Quand ils voudront faire garder leurs récoltes, le seigneur de La Roquebrou, sur leur demande, nommera un garde et fixera une amende. Dès qu'ils le voudront, le seigneur révoquera le garde et l'amende;

IV. — Lorsqu'il sera fait une vente sur laquelle le seigneur percevra les droits de lods, il ne lui sera rien payé pour l'apposition de son sceau; dans les autres actes où le seigneur n'a rien à prendre, le prix de l'apposition du sceau sera modéré;

V. — Qu'il y ait plainte ou non, le seigneur recevra vingt sols, pour les blessures graves; mais si la blessure grave a été faite par un père ou une mère, à son enfant, par les enfants entre eux, par un maître à l'un de ses serviteurs ou à un mercenaire habitant momentanément sa maison, les vingt sols ne seront dus au seigneur qui s'il y a plainte portée devant lui;

VI. — Il en sera de même si un mari faisait une blessure grave à sa femme;

VII. — Pour des coups de poing ou des soufflets, s'il y a plainte, le seigneur aura sept sols; il n'aura rien, s'il n'y a pas de plainte;

VIII. — Pour les égratignures et les saignements de nez, le seigneur n'aura rien, à moins que le nez ou les joues n'aient été mises en sang par un coup de poing ou un soufflet, auquel cas, s'il y a plainte, il recevra sept sols ;

IX. — Pour chaque plainte, le seigneur aura deux sols; pour chaque défaut dix-huit deniers tournois. Il n'en jugera pas moins la coutumace;

X. — S'il y a quelques perquisitions à faire dans l'étendue de la châtellenie, le seigneur appellera deux prud'hommes qui y assisteront pour éloigner tout soupçon seulement, car le jugement appartient au seigneur;

XI. — Dans les causes soumises à la cour du seigneur de La Roquebrou, dont la valeur ne dépassera pas trente sols, le seigneur recevra six deniers tournois de chaque partie pour chaque jour employé au procès. Dans celles dont la valeur ne dépassera pas quinze livres, il recevra de chaque partie, pour chaque jour employé au procès, douze deniers tournois. Au-delà de quinze livres, il aura deux sols de chaque partie, sans pouvoir exiger autre chose ni pour le juge ni pour les assesseurs, ces dépens seront payes à la fin du procès. Mais dans les causes d'appel, de duel, de gage de bataille, il se fera payer médéremment, suivant la qualité des parties et la nature de la cause, sans attendre la fin du procès;

XII. — Si un habitant de la châtellenie est arrêté sous la prévention d'un crime, il ne pourra être détenu que dans la prison du château; il sera jugé et condamné s'il y a lieu, dans la châtellenie même; mais, s'il est condamné, le seigneur exécutera la sentance où il le voudra;

XIII. — Les habitants de la châtellenie ne pourront être traduits en justice hors de la châtellenie sans leur consentement, à moins que le dédit ou la nature de la cause n'emporte d'autres juges;

XIV. — Ils auront le droit d'imposer des tailles sur eux-mêmes pour l'église, le pont, les chemins et toutes les améliorations qu'ils jugeront convenables et de contraindre au paiement ceux qui auront consenti à leur établissement. En conséquence ils pourront convoquer le peuple soit par messagers, soit par publications; mais dans ce dernier cas, on publiera le nom du seigneur avant ceux des convocateurs;

XV. — Ils ne seront pas tenus de fournir, dans leurs maisons, des lits aux hôtes du seigneur, si cela ne leur convient pas;

XVI. — S'il leur arrive de suivre le seigneur en armes, hors de la châtellenie, celui-ci devra leur fournir des vivres, tant qu'ils seront hors de la châtellenie, de loin ou de près; si le seigneur les conduit lui-même au-delà de ses châtellenies de Glénat, Viescamp, Saint-Victor, Pouls et Carbonnières; il devra, à leur retour à La Roquebrou, leur fournir encore un repas;

XVII. — Pour quelque cause que ce soit, ils ne peuvent être tenus, contre leur gré, de prêter ou de donner de l'argent au seigneur;

XVIII. — Pour aller et revenir avec leurs marchandises et pour les envoyer ou bon leur semble, ils ne peuvent être astreints à aucun péage, sauf les droits du marché de Montvert;

XIX. — Si l'on porte des fruits, du vin, de l'huile ou d'autres comestibles pour les vendre dans la châtellenie, il sera permis de les faire publier, même en en proclamant le prix;

XX. — Lorsque les habitants de la châtellenie marieront leurs filles, petite-filles ou autres parents, ils pourront sans rien payer au seigneur, leur assigner des dots sur leurs biens, meubles ou immeubles; néanmoins si les choses données étaient estimées, les droits de lods seraient dus (parce que l'estimation en transférerait la propriété au mari);

XX. — Les choses données en gages ou nantissement, par le seigneur ou son baile à quelque habitant qui aura fourni en retour des comestibles, pourront être vendus par lui, si elles ne sont pas retirées dans les deux mois; si c'est un particulier qui a déposé le gage, il sera vendu, faute par lui de l'avoir retiré dans le mois;

XXII. — S'il s'élève des difficultés entre des habitants de la châtellenie sur les bornes de leurs héritages, ils auront le droit de les soumettre à des arbitres et s'ils ne peuvent terminer ainsi la cause à l'amiable, elle sera portée à la cour du seigneur;

XXIII. — Tout habitant qui se servira d'un faux poids, d'une aune fausse ou d'une fausse mesure, sera puni chaque fois de trois sols d'amende au profit du seigneur;

XXIV. — Quand il sera nécessaire de réparer les fossés du

château, les habitants feront manœuvre, porteront le fer et l'acier et paieront les ouvriers;

XXV. — Quand aux palissades, lorsque le seigneur voudra les faire refaire ou réparer, les habitants confectionneront à leurs frais les pieux, le seigneur les fera porter sur place et les habitants les planteront;

XXVI. — Si le seigneur fait saisir les biens ou la personne d'un habitant de la châtellenie, il sera tenu de rendre la liberté au prévenu ou de lui donner main levée de la saisie, si suivant sa fortune il donne caution de se présenter devant la justice, à moins que la cause ne soit telle que la loi ne permette pas de recevoir sa caution;

XXVII. — S'il se présente quelque cas nouveau, non prévu dans cette sentence, le seigneur sera tenu de prendre le conseil de deux ou trois notables habitants et de juger suivant leur avis ou, s'il l'aime mieux, en suivant les règles du droit;

XXVIII. — Les parties suivront inviolablement et à toujours ce qui vient d'être décidé, sauf au seigneur le domaine direct et mixte, et aux habitants leurs bons usages et libertés.

Cette charte sur parchemin (1) contenant 118 lignes d'écriture, en latin, est scellée de treize sceaux; il n'y reste que treize cordons, trois sceaux entiers et les fragments de quatre autres.

Cet acte important fut découvert dans la maison Merle, à la Roquebrou, par M. Jean Frégeac, huissier, qui le retira des mains d'une ménagère s'apprêtant à le découper pour en recouvrir des vases quelconques.

Cette maison (actuellement maison Dubus) est l'ancien presbytère vendu par la Commune en 1835, cet acte y avait été abandonné dans le grenier avec sans doute d'autres intéressant la ville.

En 1910, nous avons découvert une copie de cette charte, produite au XVIIe siècle par les habitants, au cours d'un procès avec le seigneur d'Escars. M. Delmas, archiviste départemental, à qui nous l'avions confiée pour la traduction, ignorant ce qu'elle contenait, nous dit en nous l'apprenant, que ce serait une véritable trouvaille si l'original n'en avait pas été connu.

M. Frégeac a remis l'original à M. le baron Delzons, qui la traduisit et la commenta dans son manuscrit inédit sur les « Annales d'Aurillac ». Le Dictionnaire historique et statistique du Cantal l'a reproduite avec la traduction ci-dessus à l'article la Roquebrou (5e vol., page 123).

M. Roger Grand (2) ancien archiviste du département, l'a publiée in-extenso dans le bulletin historique et philologique du Comité des travaux historiques (année 1902, page 199), sous le titre de Chartes de la Roquebrou (1281) et de Conros (1317).

---

(1) *Mesurant* 0 m 60 *sur* 0 m 48.

(2) *M. Grand en a déposé un exempaire broché aux arvhives de la Roquebrou.*

Différents entre les habitants de la Roquebrou et leurs Seigneurs

La charte du 13 février 1281, octroyait aux habitants, des droits et des franchises, elle comportait bien quelques obliques obligations envers le seigneur, telle celle des réparations à effectuer aux fossés et clôtures du château, mais il y a lieu de considérer, qu'en retour au cas de danger le château devait les défendre, peut-être même leur servir d'asile, ce qui lors de ces équoques troublées, devait constituer une compensation (1).

Une deuxième transaction entre les habitants et Durand de Montal intervint en 1301, comme nous l'avons vu plus haut, pour régler le différent au sujet du pont.

Un procès important, pendant devant la cour du parlement de Paris, entre Amalry de Montal, seigneur de la Roquebrou et les habitants, non seulement de ce lieu, mais de toute l'étendue de la baronnie, fut terminé par une autre transaction du 25 août 1487 et établie sous le scel de Guillaume Fromenthal, juge royal au contrat des bailliages des montagnes d'Auvergne, pour le Roi.

Aux termes de cet accord, se trouve stipulé « que s'il se trouve des habitants pourvus de plus grand moyens ceux-ci seront quittes de la taille perpétuellement, s'ils consentent à payer la somme de 60 livres tournois de monnaie ».

« Que les habitants seront tenus de faucher et faner tous les prés nécessaires au seigneur situés dans sa terre et métairie de la Roquebrou, qu'ils devront amener le foin au château avec leurs bœufs et charrettes toutefois aux dépens du seigneur, touchant le pain, vin et companage ».

« Qu'ils devront charroir et mener chaque an, au château, le nombre et quantité de deux cents charrettes de bois et de leurs propres pour le chauffage et dépense du seigneur ».

« Qu'ils devront charroir en une fois le vin nécessaire pour la dépense du seigneur, ne provenant de lieu plus loin que la rivière de Dourdonio (Dordogne) aux dépens du seigneur comme ci-dessus ».

« Qu'ils seront tenus à porter tous leurs blés et rentes par eux dûs au lieu de la Roquebrou et que les cens et rentes seront acquittés en monnaie tournoi courante ».

« Qu'ils devront doubler le cens et l'argent, au cas des quatre quarts comme ils suit » :

« Le premier quart toutes et quantes fois que le seigneur de la Roquebrou mariera ses filles légitimes et autres descendants dudit seigneur ou entreront en religion ».

« Le second quart au cas ou ledit seigneur ou son aîné seront prisonniers de guerre, pour payer leur rançon ».

« Le troisième quant le seigneur ou son premier fils naturel et légitime, feront le saint passage de Jérusalem, pour visiter le Saint-Sépulcre ».

---

(1) *C'est aussi l'opinion de M. le Baron Delzons, exprimée dans son commentaire de la charte.*

« Le quatrième quant le seigneur ou premier fils naturel et légitime, prendront l'ordre de chevalerie ».

« Lesdits habitants fairont le guet au château ou paieront suivant la forme et teneur des ordonnances royales faites par le feu roi Louis, de bonne mémoire ».

Par cette transaction, le seigneur quitte et remet aux habitants la somme de 1300 livres tournois et se contente de celle de 100 livres pour laquelle lesdits habitants devront faire accord entre eux (1).

En 1665, les Consuls intentent un procès à Charles d'Escars, baron de Montal, seigneur de la Roquebrou, au sujet des redevances et autres servitudes mentionnées ci-dessus, ils exposent leurs griefs au Parlement et fournissent des titres à l'appui (2).

L'arrêt du parlement de Paris, rendu en 1668, contre Charles d'Escars « accusé cy devant prisonnier ès prisons de la conciergerie du Palais «, dit que lesdits habitants seront assignés en ladite cour pour prendre communication des titres produits par leur seigneur comme preuves de ses droits sur les corvées, manœuvres, vinades, bouades, fournitures, chariots, gendrages (3) et autres servitudes sur lesdits habitants et jusqu'à ce que tout ait été réglé par la cour de Parlement, il est fait défense audit seigneur de lever et exiger ces prétendus droits.

Ledit arrêt le prive du droit et de la justice à lui appartenant sur la terre de la Roquebrou, lui fait défense d'avoir aucune prison dans son château, et lui enjoint d'en faire construire une, hors du château, à la place qui sera indiquée par le lieutenant-général de la maréchaussée d'Aurillac « dont les cachotz ne seront que à rais de chaussée ». Ledit d'Escars est condamné « d'aulmosner au pain des pauvres prisonniers de la conciergerie du Palais, la somme de 1200 livres, de laquelle 300 livres seront distribués aux pauvres des paroisses de la Roquebrou et de Carbonnières ». L'arrêt met les habitants de ces paroisses sous la protection et sauvegarde du roi dudit d'Escars et de ses gens (4).

En 1670, les habitants et leur seigneur, étaient encore en désaccord, l'arrêt de 1668 n'avait point tranché leur différent; le 2 janvier 1670, les Consuls se sont présentés au château et ont dit par défense « que par contrat en forme de transaction passée entre leurs prédécesseurs et les auteurs dudit Seigneur Marquis de Merville, le 13 février 1281, les habitants demeurent déchargés et quittes de tous les droits seigneuriaux prétendus et demandés par ledit Seigneur, Marquis, bouades, vinades, manœuvres et autres servitudes personnelles.

Qu'il leur était permis et loisible de pêcher dans la rivière de Cère et autres ruisseaux du Marquisat et même de chasser, de bâtir à volonté des moulins et fours sans être tenus d'aucun droit envers le Seigneur.

(1) *Archives de la ville de la Roquebrou.*

(2) *Archives départementales* E 919.

(3) *Droit perçu par le Seigneur et proportionné à la dot.*

(4) *Archives départementales, fonds Pérusse d'Escars. Série* E, 919.

Qu'ils ne sont sujets et tenus à payer que les droits de lods et ventes au douzième denier, seulement étant dans les 4 croix de l'enclos de l'enclave et en la possession et jouissance de tous les droits, franchises, jouissances, privilèges, immunités et exceptions à eux accordés par ledit contrat dont ils auraient jouis sans troubles de la part des auteurs du Seigneur Marquis ».

« Sur quoi les parties désirant vivre en paix et bonne intelligence et éviter des frais, ont convenu et arrêté ce qui suit :

Savoir que le Seigneur Marquis, après lecture qui lui a été faite du contrat ci-dessus, narré par les notaires royaux, a consenti que ladite transaction du 13 février 1281, aurait son plein et entier effet, que les habitants jouiraient paisiblement comme par le passé des avantages, privilèges et exemptions portées par ladite transaction à la réserve faite par le Seigneur, des droits à lui appartenant et contenus en ycelle » (1).

Cette même année 1670, le 21 octobre, Charles d'Escars fit apposer par Pompidou, sergent, à la porte de l'Eglise, un « placard » faisant « assavoir à tous les habitants de la ville de la Roquebrou, possédant fonds dans l'enceinte d'ycelle, soit maisons, granges, jardins et autres propriétés quelconques, qu'ils aient à venir le 3 novembre prochain au château de Montal, par devant ledit Seigneur ou Mre Jacques Canet, docteur et avocat au parlement de Toulouse, ayant charge et pouvoir expresse d'y celui pour en faire les hommages et reconnaissances que de raison, leur prétextant qu'au cas de refus, il sera contre eux procédé comme il appartiendra. En foi de quoi et afin qu'ils n'en puissent prétendre cause d'ignorance, avons signé, scellé de nos armes et placardé sur la porte de l'Eglise de ladite ville » (2).

Au lieu de se conformer à cet avis « les habitants adressent une requête à M. Lecamus, chevalier, conseiller du roi et commissaire départi pour l'exécution de ses ordres en la province et généralité d'Auvergne, sur ce que le sieur de Montal, voulant faire renouveler ses hommages, a commis pour ce faire, le nommé Canet et trois personnes étrangères qui, abusant de son autorité, exigent, des habitants, des sommes considérables qui ne sont pas dues. Les suppliants prient l'intendant de défendre audit marquis d'employer, à l'avenir, des étrangers, et de percevoir, pour chaque reconnaissance, plus de cinq sols » (3).

Ce différent ne devait se trancher que trois ans plus tard. En 1673, d'Escars intente aux habitants un procès au sujet de ces reconnaissances et des droits qu'il prétend avoir sur les maisons, jardins et autres héritages de la ville et enclave des 4 croix, en faisant le contour.

Le 15 mars 1673, le corps commun des habitants réunis devant la grande porte de l'église paroissiale, à l'issue de la grand'messe, les Consuls et notables ont représenté auxdits

---

(1) *Archives de la Roquebrou.*

(2 *L'original offert par M. Jean Delmas est exposé dans la salle de la Mairie.*

(3) *Archives départementales. Inventaire série E* 919.

habitants « que ce procès est d'une grande discussion et longueur et occasion de grands frais et en danger d'être porté devant le Parlement, à Paris et qu'il serait mieux de traiter par la voie, d'accord avec le Seigneur Marquis ».

Cette proposition, ayant été acceptée, le dernier jour de ce même mois, les syndics nommés par les habitants et deux notaires royaux, se sont trouvés au château, le Seigneur Marquis y étant présentement.

Les syndics nommés, parlant au nom des habitants, ont dit « que ledit Seigneur, ayant voulu faire renouveler son terrier, sur le refus fait par les habitants, il les avait fait assigner devant le sieur bailly d'Aurillac, pour se voir condamner suivant les anciennes reconnaissances pour les maisons, jardins et héritages de ladite ville et enclave, que les habitants, après avoir pris connaissance des titres, auraient dit pour leur défense, que les seigneurs devanciers du Seigneur Marquis auraient, par leur autorité, contraints et induits les auteurs des habitants à faire lesdites reconnaissances au préjudice de ce qu'ils doivent d'après les plus anciens terriers et titres, que les maisons et héritages qui sont mouvants de ladite enclave ne dépendant pas du seigneur, si non en fief, hommage et justice et sont affranchis des cens, droits de et autres redevances et qu'à part de rendre hommage ils étaient en voie de congé de la demande et prétention du Seigneur Marquis ».

Messire Charles d'Escars leur a représenté « qu'il paraissait de quantité d'anciens titres authentiques, reconnaissances, quittances de lods, ventes et permutations faites par les habitants que les maisons, jardins et héritages de l'enclave de la ville sont mouvants en seigneurie directe, censive et justice dudit seigneur et que lui et ses devanciers ont toujours jouis de ces droits sur les habitants et que lesdits titres étaient hors de toute apparence de contrainte, vu même la qualité de la seigneurie, terre qui est une grande seigneurie, et que les habitants n'ont de leur part aucun privilège qui puisse induire le contraire ».

Le seigneur a remis à leur réquisition tous ses terriers et a affirmé n'en cacher d'autres.

D'un commun accord, pour éviter un grand procès, les partis ont accordé la transaction irrévocable comme il suit :

« Savoir que les habitants de la ville de la Roquebrou seront tenus et obligés et leurs syndics le promettant pour eux, de faire reconnaissances nouvelles au Seigneur Marquis, de tout ce qu'ils tiennent mouvant de lui en directe justice et censive, maisons, jardins et autres héritages compris dans la ville et dans l'enclave contenue dans les 4 crois qui sont le contour du territoire de la ville : l'une des croix étant à la Descargue sur le chemin de Saint-Céré, l'autre à la Teulière sur le chemin d'Aurillac, la troisième à la devèze du Seigneur Marquis, allant au village de Coudert et la dernière près de l'étang de Messac, sur le chemin de Salers.

De plus, les droits de lods, justice haute, moyenne et basse et autres droits mentionnés aux reconnaissances du terrier de 1501 et autres titres anciens et modernes.

De plus, le Seigneur accorde aux habitants la faculté de mettre, à l'avenir, dans la halle et place de la ville, telles mesures de pierre et user de tels poids qu'ils voudront pour l'utilité publique; toutefois lesdits poids devront être marqués des armes du seigneur et talonés et vérifiés par ses officiers de justice. Les habitants prendront les droits et émoluments qui en parviendront. Les droits perçus par eux, réglés selon l'usage, seront baillés à l'afferme après publication du prône, de l'autorité desdits officiers et le prix provenant du bail sera reçu par les Consuls et employés à la réparation de la halle et autres ouvrages publics.

Toutefois les amendes qui pourraient être adjugées pour raison des poids et mesures, demeurent au Seigneur ».

Ainsi demeure confirmé et ont promis les parties et juré » (1).

Etaient présents, Noble Jean de Servières, écuyer et lieutenant en la compagnie de cavalerie du Seigneur, Laurent Poussié, valet du Seigneur, les sieurs Sarrauste et Lacombe, syndics des habitants, de Sarrauste et Frégeac, notaires royaux et Charles d'Escars, qui ont signés.

Les habitants paraissent avoir vécus en bon accord avec les deux seigneurs qui se sont succédés après Charles d'Escars, François d'Escars et Bonaventure d'Escars; les hostilités reprirent avec François-Marie d'Escars.

En 1766, les habitants étant réunis en assemblée générale, les Consuls et Syndics leur ont exposé « qu'ils ont été avertis que le Commissaire à terrier du marquis d'Escars, fait chaque jour des entreprises capables d'anéantir leurs privilèges, franchises et immunités. Ceux-ci décident de nommer deux syndics pour veiller à la conservation de leurs droits établis non seulement par l'usage, mais encore par tous titres déposés dans les archives de la maison de la Trémolière et autres, leur donnant tous pouvoirs de retirer leurs titres, d'en donner connaissance au marquis d'Escars et de les faire valoir en toutes juridictions; promettant en outre de fournir aux frais qu'ils seront tenus de faire et d'approuver toutes les poursuites qu'ils engageront ». Antoine Cambon et Antoine Pagès sont désignés comme syndics.

Assignation est ensuite donnée à la requête des habitants par François Grognier, premier huissier au baillage d'Aurillac, au marquis d'Escars, de comparaître devant le bailly d'Auvergne pour voir ordonner que les transactions passées entre lui et les habitants, soient exécutées; afin que 1° les habitants soient maintenus dans la perception des droits provenant des poids et mesures; 2° dans l'immunité et franchise de tout droit de guet, garde, manœuvres, vinades, bouades, corvées et autres servitudes personnelles; 3° dans le droit de faire fours et moulins dans l'étendue de la paroisse, et d'aller moudre leurs blés où bon leur semblera, sans le consentement dudit seigneur, ni payer aucun droit; 4° dans le droit de pêcher et de chasser dans l'étendue de la terre de Montal et ses dépendances; 5° plus, que ledit marquis soit condamné à justifier les

(1) *Archives de la Roquebrou.*

titres qu'il prétend lui donner droit de taille, corvées, gendrages, manœuvres, vinades, fournitures, charrois et autres servitiudes, et se voit condamné à la restitution de ce que les habitants justifieront avoir indûment payé; 6° qu'il soit condamné à mettre ses prisons hors du château et au rez-de-chaussée, à cet effet les faire raser et combler jusqu'au niveau du terrain et y établir un geôlier pour le service et sûreté des prisonniers, sinon, à faute de ce faire, dans tel délai qui sera fixé par la cour, voir ordonner qu'il sera déchu de toute justice et juridiction dans la ville de Roquebrou et se voir en autre condamné aux dépens (1).

L'année suivante, 1767, les syndics se sont consultés à Aurillac et il leur est transmis un avis signé Textoris et Déaura, déclarant que les demandes des habitants de la Roquebrou sont fondées; ils ont aussi connaissance des moyens de défense qu'oppose le marquis d'Escars à leurs prétendus droits.

Ils répliquent à ces défenses qui disent-ils, « sont dérisoires. Si M. le Marquis d'Escars a des moyens à opposer à la demande des habitants, qu'il les propose, malgré l'air de confiance qu'il affecte dans ses défenses, on est assuré qu'il ne pourra se soustraire à l'exécution des transactions ».

L'arrêt du lieutenant-général Crozet d'Hauterive (1768), donne gain de cause sur tous les points aux habitants de la Roquebrou et condamne le marquis d'Escars, faute de se soumettre à l'arrêt, à y être contraint par les voies de droit et sous les peines portées par l'arrêt de 1668 (2).

Ce procès entre les habitants et le seigneur ne fut point le dernier, puisque en 1789 les officiers municipaux écrivent à M. le Marquis d'Escars alors à Paris, en lui manifestant leur désir de voir terminer promptement le procès pendant devant le bailliage d'Aurillac, entre feu le Marquis, son père, et la Ville, au sujet des poids et mesures et d'autres franchises acquises par les habitants, par les actes des 13 février 1281, 5 juin 1670, 4 mars 1673 et qui dure depuis 1784.

Dans sa réponse, M. le Marquis d'Escars dit « que son plus grand désir est de faire le bien des habitants de ses terres, qu'il sera majeur à la fin de l'année et qu'alors il compte régler à l'amiable le différent qu'il a avec les habitants (3). »

L'abolition des privilèges, à la nuit du 4 août, les termina définitivement.

Justice et Police. — Les Grands Jours d'Auvergne

Le Seigneur de la Roquebrou avait dans toute l'étendue de la baronnie, le droit de justice à tous les degrés (4).

---

(1) *L'arrêt du parlement de Paris de 1668, relatif aux prisons du château, n'avait point été mis à exécution.*

(2) *Archives départementales* E. 921.

(3) *Registres de la Municipalité de la Roquebrou.*

(4) *Haute, basse, moyenne, etc., d'après les anciens actes.*

L'exercice de ce droit lui était facilité par un procureur d'office, qui instruisait les affaires, faisait les enquêtes, etc., puis par un juge qui rendait les sentences dans la maison de justice du Marquisat (1).

Ce tribunal était l'équivalent de nos justices de paix (2).

Pour les affaires graves, les délinquants avaient à répondre devant la police prévôtale siégeant à Aurillac, dont les trois Lacarrière, de 1586 à 1666, y remplirent la fonction de vice-bailli.

« Ce fonctionnaire était un commandant de gendarmerie en même temps qu'un officier de guerre investi d'un pouvoir judiciaire spécial et de quelques-unes des attributions judiciaires du bailli.

Comme chef d'un corps de police à cheval, le vice-bailli devait battre la campagne, veiller à la sécurité publique, poursuivre, combattre, arrêter les malfaiteurs quelconques, les conduire dans les geôles, verbaliser, aviser les autorités supérieures ou le roi lui-même directement, quant la chose en valait la peine. Comme prévôt, chef de gendarmerie de la province, le vice-bailli était tenu de faire des tournées ou « chevauchées » dans sa circonscription. Elles avaient lieu aux termes d'une ordonnance, quatre fois par an dans les villes, à raison d'une chevauchée par trimestre.....

Les villes où ils les faisaient régulièrement, étaient Saint-Flour, Allanche, Murat, dans a prévôté de Saint-Flour, Vic, la Roquebrou, dans la prévôte d'Aurillac, Mauriac, Salers, dans la prévôté de Mauriac, Maurs et Marcolès, dans la prévôté de Maurs » (3).

Les procès-verbaux des « chevauchées » des Lacarrière, qui se trouvent au château de Comblat, mentionnent plusieurs opérations accomplies par eux dans notre ville.

Une première fois, le 15 janvier 1590, Lacarrière, avec ses archers à cheval, a passé à la Roquebrou, accompagnant l'amiral de Châtillon, allant en Languedoc (4).

Le 11 mars 1597, Jean Lacarrière a prononcé la sentence de mort contre le capitaine Trizac, coupable de pillage et de meurtres chez le marquis d'Escars de Merville et il l'a fait rouer vif sur la place d'Aurillac (5).

En 1628, Jacques Lacarrière, qui avait succédé à Jean, dans sa fonction de vice-bailli, instruisit le procès de Jacques d'Es-

---

(1) *Située sur la place publique, près le pont du Merle.*

(2) *Suivant le cas après condamnation, les prisons du château recevaient les coupables. Le 22 mai 1762, au château de la Roquebrou, sous le guichet des prisons dudit Marquisat, où se trouve détenu Jean Valadou, fermier à la Balbarie, suivant acte d'écrou, fait par le ministère de Dausset, huissier, en date du 19 du présent mois, pour le racheter et le délivrer desdites prisons, son épouse, par devant Me Denevers, notaire royal, a déclaré devoir la somme de 331 livres à son créancier.*

(3) *La justice et la police prévotales, par Marcellin Boudet*, p. 3.

(4) *Op. cit., page* 26.

(5) *Ibid., page* 37.

cars, marquis de Merville, dont il est parlé ailleurs dans cette monographie.

En 1636, Paul de Lacarrière, qui à son tour avait cette même année remplacé son père Jacques, parvient, par un coup d'audace, à saisir, au milieu de ses troupes, un commandant de reitrés coupable de pillage encore chez le marquis d'Escars (1). Ces vice-bailli, au cours de leur carrière judiciaire, eurent aussi à intervenir dans des cas d'enlèvement. Dans l'un d'entre eux, la demoiselle volage est venue se réfugier à la Roquebrou; dans un autre, l'événement s'est produit dans un château du voisinage.

« Dans son procès-verbal récapitulatif de l'année 1591, Jean Lacarrière note sans détails l'aventure de Mademoiselle Madeleine de Miremont, fille d'Henri de Bourbon, marquis de Malauze, baron de Miremont près Mauriac, l'un des plus fidèles et des plus braves partisans d'Henri IV, elle avait pour grand' mère paternelle et marraine, cette Madeleine de Saint-Nectaire, dame de Miremont, célèbre dans tout le pays et à la cour, qui portait l'armure, commandait un escadron de 61 gentilshommes et chargeait à leur tête toujours à vingt pas en avant d'eux. Ce fut sur la dénonciation du père lui-même, dirigée contre Jean Passefont d'Aurillac, que Lacarrière eut à s'en occuper et aussi en vertu d'un arrêt du parlement de Tours. Jean Passefont fut arrêté; il était le 28 juillet 1591, dans les prisons d'Aurillac, où le vice-bailli instruisait l'affaire et le 8 octobre une sentence du présidial, rendue sous sa présidence prévôtale, ordonnait la séquestration de Mlle de Miremont. On alla la chercher à la Roquebrou, d'où un archer préposé à sa garde, la conduisit au château de Montal (2).

Evocation, rémission, transaction au mariage, l'affaire sortit alors des mains de Jean Lacarrière » (3).

« L'année suivante, Pierre de la Trémolière enlève à Messac, Jehanne de Palisse (4). Une soigneuse information, dans laquelle Mre Sarrauste (5), conseiller au présidial d'Aurillac, assista Jean Lacarrière dans l'interrogatoire de Jehanne de Palisse, démontra la connivence de la mère. Par sentence du 17 septembre 1592, Jean Lacarrière, eu avis, sur ce, des officiers du présidial, ordonne la mise en liberté de la jeune fille, avec défense à la mère de la marier sans l'assentiment des tuteurs et parents. L'accusée fut relachée; mais cette affaire assez mystérieuse, ne fut sans doute pas étrangère au meurtre de la Trémolière, tué au commencement de 1594.

Lors de ces époque troublées, les vice-baillis étaient sur les

(1) *Chevauchées des Lacarrière, par le Comte Bernard de Miramon.*

(2) *Il s'agit du château de la Roquebrou appelé aussi de Montal. Lez la Roquebrou.*

(3) *Justice et Police prévotales, op. cit,* page 53.

(4) *Ibid.,* page 53.

(5) *Les Seigneurs de Messac étaient à cette époque les de Palach la mauvaise écriture du scribe d'alors a dû dénaturer le nom.*

dents, les seigneurs n'étaient pas seuls à s'entre-tuer, la violence était en vigueur dans toutes les classes et les meurtres étaient très communs.

Voici pour un laps de temps assez court, ceux que nous avons relevés dans les anciens registres paroissiaux de la Roquebrou (1).

Le 15 janvier 1589, Mre Loubières reçoit les testament de Jean Frégeac, cordonnier, blessé à mort de plusieurs coups d'épée (2).

« Le 23 janvier 1630, un serviteur du vicomte de Lavedan, surnommé l'Alouette, a été trouvé mort dans la ruelle de Veyrières, frappé de trois coups d'épéc ».

« Le 1er septembre 1633, le nommé Doigne, âgé de 25 ans, étant frappé d'un coup d'épée au cœur, mourut de mort violente et soudaine ».

« Le 5 mars 1638, Jean Urinoque, cordonnier, qui venait de s'enroler dans la compagnie du comte de Zuapha, est décédé de mort violente ».

« Le 4 du mois de juin 1640, Jean Prieuret a été trouvé mort, ayant été meurtri à grands coups de pierre, devant la porte du moulin de Pierre Esteyries, le long du ruisseau de Négrerieu ».

Beaucoup de ces meurtres restaient impunis, parfois le meurtrier était un trop grand personnage ou était redouté; si bien que le scandale de l'impunité s'étalait particulièrement dans les provinces du centre de la France.

C'est cette situation fâcheuse qui étant venue à la connaissance de Louis XIV lui fit envoyer en 1665, une commission extraordinaire du parlement de Paris, pour siéger à Clermont-Ferrand.

C'est la juridiction extraordinaire des Grands Jours d'Auvergne, narrée par Fléchier.

Au nombre des seigneurs qui eurent à comparaître devant ce sévère et redoutable tribunal, se trouva le « seigneur de la Roquebrou, Charles d'Escars, marquis de Merville, dont le nom paraît bien souvent dans les procès-verbaux de Jean et de Jacques Lacarrière et qui fut banni de France pour neuf ans, et condamné en outre d'une forte amende, à la peine plus humiliante de restituer à ses vasseaux les sommes qu'il leur avait extorquées. Il exerçait une infinité d'exactions sur les habitants de la Roquebrou, Carbonnières et autres lieux. Il fut astreint à représenter à bref délai, un lieutenant-général d'Aurillac, pour être communiqués aux habitants les prétendus titres sur lesquels il se fondait; mais la Cour avait une si médiocre confiance en lui qu'il lui fut fait défense en attendant de lever ces droits suspects. C'est le conseiller Lepelletier qui instruisit cette affaire sur place » (3).

(1) *Ces registres constituent un intéressant journal relatant des événements locaux. En plus de détails sur la fin du décédé, on y trouve des observations météorologiques; il y est signalé des grandes chutes de neige, froids, inondations, tremblements de terre, etc...*

(2) *Cet acte appartient aux minutes du notaire.*

(3) *Justice et police prévotale, op. cit., page* 128.

Ce jugement montre abondamment que les griefs exposés par les habitants dans d'autres actes contre ce seigneur, étaient justifiés.

La vie au Château

Les seigneurs de la Roquebrou menaient, au château, une existence assez fastueuse qui nous est révélée par la nomenclature du nombreux personnel qui y était attaché.

En 1651, Charles d'Escars qui n'était pas marié, avait son train de maison composé comme il suit :

Deux gentilshommes suivants.
Un page d'honneur.
Un maître d'hôtel.
Quatre laquais.
Un homme de chambre.
Un sommeiller et son substitut.
Un cuisinier et son marmiton.
Deux palefreniers.
Un mulatier.
Un jardinier.
Un portier.
Un grangier.
Deux femmes lingères (1).

Dans d'autres actes, nous trouvons aussi mentionné, un féodiste ou homme d'affaire, qui était chargé de la rentrée des redevances, qui résidait au château, de même que l'aumônier de la chapelle.

Le seigneur marié, ce personnel s'augmentait de dames suivantes de la châtelaine.

En 1665, Géraud de Carbonnières, seigneur de la Barthe, a épousé Charlotte de Moles, une des demoiselles suivantes de la Marquise d'Escars.

Les châteaux étaient alors des foyers intellectuels; des poètes, troubadours et musiciens allaient agrémenter de leur talent, l'existence des châtelains; ils étaient reçus et y séjournaient.

En 1652, l'un d'entre eux, nommé Sainte-Colombe, joueur du luth, tomba malade étant au château de la Roquebrou, et y mourut. Le seigneur, voulant honorer en sa personne l'art qu'il pratiquait, « l'a fait ensevelir avec honneurs dans un tombeau de la chapelle Saint-Pierre, de l'Eglise N.-D. de Miséricorde » (2).

Des peintres artistes, la plupart d'origine italienne, y peignaient les portraits des châtelains, brossaient des toiles pour décorer les appartements ou exécutaient des fresques sur les parois, telles celles de Branzac et de Pestels, récemment découvertes; le plafond d'une pièce d'une tour de celui de la Roquebrou en montre des restes.

Une telle existence ne devait pas être sans charmes.

---

(1) *Registre paroissial (archives de la Roquebrou).*
(2) *Registre paroissial (archives de la Roquebrou).*

Ancien poinçon de la fabrication des cuirs à la Roquebrou.
(Musée local).

L'Industrie et le Commerce à la Roquebrou

L'article XVIII de la Charte, dit que les habitants pourront aller et venir avec leurs marchandises, sans être astreints à aucun péage, sauf les droits du marché de Montvert.

Au XIIIe siècle, il y avait donc déjà des marchands à la Roquebrou et ce furent ceux-là même que nous avons vu édifier en 1301 leur boutique sur le pont.

Si en effet, l'on considère les ruelles étroites et obscures qui existent encore de l'ancienne ville close, telle la rue « du fort », on comprend que ces marchands aient saisi avec empressement l'occasion de venir s'établir sur un point qui devait être alors forcément passager, le pont en question étant peut-être le seul qui exista alors sur tout le parcours de la Cère (1).

Au XVIIIe siècle, les commerçants de la ville composaient une communauté.

« Le 1er décembre 1771, à l'issue de la grand'messe, au-devant de la porte principale de l'Eglise paroissiale, ont comparus Marc-Antoine Devaluex, de Salvanhac, Pouget, marchand bourgeois, Charles Lombard, chirurgien et aubergiste, François Mespoulhès, Géraud Dabernat, Antoine Pagès, marchands teinturier, Antoine Chablat, marchand, Pierre Dausset, aubergiste, Jean-Antoine et Pierre Lavergne, marchands selliers, Joachin Lavergne, potier de terre et Jean Céret, boulanger, faisant tant pour eux que pour les autres commerçants du présent lieu absents. Lesquels, de leur bon gré, ont constitué pour leur procureur général, Pierre Four, marchand bourgeois auquel, ils donnent pouvoir de pour eux et en leur nom, toucher, percevoir et fournir quittance à qui ils appartiendra, d'une rente sur la recette des tailles de la ville d'Aurillac, comprise dans l'état du roi au chapitre des nouveaux gages au denier vingt,

(1) *En 1790, depuis l'embouchure, il fallait remonter jusqu'au Bex, près d'Aurillac, pour en rencontrer un autre.*

attribué aux corps et communautés d'arts et métiers créés héréditaire par édit du mois de février 1745 » (1).

Cette délibération démontre que les commerçants de la ville de la Roquebrou formaient alors un corps constitué régulièrement, suivant un édit royal auquel était attaché quelques avantages.

Une industrie qui y fut prospère au temps passé, c'est celle de la tannerie.

Au XVIIe siècle, les maisons se livrant à la préparation des cuirs, y étaient nombreuses, certaines acquittaient à la régie une somme de 1.500 livres par année. Un fonctionnaire, dénommé « l'employé de la régie des cuirs » percevait cet impôt et apposait sur les produits préparés un sceau à empreinte (2).

Un livre terrier, de 1743, y mentionne 8 tanneries en activité (3). Jacques Daslosse, contrôleur du 20e dans ses observations de 1780, en porte 7 (4).

Cette industrie a décliné au XVIIIe, nous trouvons en effet, exposé par la municipalité, dans son cahier des doléances du 11 mars 1789, adressé à sa Majesté, « que la fabrique des cuirs, qui était auparavant d'une vigueur honnête, est déjà tombée de plus de la moitié, par la ruine entière de plusieurs fabricants, à cause des droits excessifs sur la marque des cuirs » (5).

Le livre terrier de 1743, y mentionne en outre, des potiers de terre et d'étain, des arquebusiers, des boutonniers (faisant des boutons), des blanchers (finissant la toile).

On trouve également, dans les observations de Jacques Daslosse, que la Roquebrou comptait en 1780, 120 maisons et 3 moulins à grain, qu'en plus des tanneurs il y avait 6 marchands, 6 cabaretiers, 1 boucher, 1 sellier, 1 maréchal, 1 forgeron, 1 teinturier, 3 cordonniers, 8 potiers de terre. Il dit aussi qu'on y avait établi des marchés, mais que cela n'eut point une longue suite, étant donné qu'ils étaient médiocrement fournis, que les gens vont s'approvisionner en grains aux marchés d'Aurillac ou de Saint-Céré, en Quercy. Il n'y mentionne que 3 foires, en mai, août et décembre.

A la Révolution, il y fut créé un atelier national pour produire le salpêtre, destiné à la fabrication des poudres de guerre. 12 prisonniers de guerre Autrichiens, cantonés dans la localité, avec des journaliers requis, étaient employés à recueillir les mauvaises herbes, qui étaient brûlées pour cet objet (6).

Cet atelier fut supprimé par le Directoire, qui fit vendre

---

(1) *Minutes de M. Denevers, notaire royal à la Roquebrou.*

(2) *Le musée local possède la matrice de ce sceau, don de M. Picard, d'Aurillac.*

(3) *Archives de la Roquebrou.*

(4) *La Haute-Auvergne à la fin de l'aicien régime (Esquer), Revue de la* Haute-Auvergne, *tome* 9.

(5) *Arch. du greffe de Saint-Flour communiqué par M. Jean Delmas.*

(6) *Registre des délibérations.*

aux enchères les chaudières, vases et ustensiles ayant servis pour cette fabrication (1), le 21 frimaire, an 5.

En 1824, l'ensemble de la commune, comptait 239 maisons et 1.321 habitants. M. Derribier, du Châtelet, dit que ceux-ci sont industrieux et soutiennent la célébrité de leur poterie qui est solide.

Actuellement, la principale industrie qui s'y exerce, est celle de la cordonnerie, ses produits solidement confectionnés, en plus de répondre aux besoins locaux, sont exportés principalement à Paris et à Bordeaux.

Contribution Militaire

D'après l'article XVI de la Charte, le seigneur pouvait exiger que les habitants de la Roquebrou l'accompagnent en armes, même hors de la châtellenie. A son tour, il était tenu de contribuer au ban.

Le ban était le service des vassaux directs et l'arrière-ban était celui des sujets médiats.

D'après un de ces rôles publié le 31 mars 1554, on voit que le vicomte de Carlat et de Murat devait fournir 8 chevaux-légers, le baron d'Apchon 4, et que douze seigneurs devaient en fournir 2, au nombre de ces derniers se trouve le baron de Montal et d'Ytrac, seigneur de la Roquebrou.

Celui-ci a présenté, pour remplir cet office, Noble Olivier Brossanhac, de Saint-Sac (Sansac) et Jean Lassalle, de Saint-Santin, qui ont été reçus et ont fait le serment requis.

Le seigneur de Sédaghe et celui de Messac, devaient à eux deux fournir un cheval-léger et celui de Viescamp un autre; celuici a présenté Noble Guy de la Panouze, son fils (2).

Par ordonnance de sa Majesté et de Monseigneur Lefèvre d'Ormesson, Conseiller du roi et Intendant de la province, la paroisse de la Roquebrou devait fournir, en 1701, 9 hommes de cinq pieds de haut pour le service de sa Majesté (3); les autres paroisses, Siran 2, Glénat, Saint-Gérons et sans doute toutes celles du Marquisat, chacune, 1.

Par une ordonnance de 1557, une contribution des frais de 50.000 hommes de pied, fut mise sur les villes closes du haut pays d'Auvergne (4).

En application de celle-ci, en 1567, les Consuls d'Aurillac et le Gouverneur décident que les soldats du capitaine Lacoi-

(1) *Archives départementales. Registre des délibérations de l'Administration Municipale du canton de la Roquebrou.*

(2) *Revue de la* Haute-Auvergne. *Rôle des Nobles sujets au ban et arrière ban, par A Bruel, tome* 1, *page* 57.

(3) *Minutes de l'étude de la Roquebrou. Délib. des habitants.* (*Frégeac, not.*), (21 *février* 1701).

(4) *Inventaire des Archives communales d'Aurillac*, 1er vol., pages 77.

gnière seront répartis: 30 à Glénat, 20 à Marcolès, 30 à Maurs, 20 à Calvinet, qui étaient des villes closes (1).

En 1649, trois compagnies de cavalerie furent mises en garnison pendant le quartier d'hiver, à la Roquebrou, à Salers et Anglards.

Une des plus lourdes charges qui pesaient alors sur le pays était le passage des régiments, l'obligation de les loger, la contribution dite des gens de guerre et les rapines auxquelles les soldats ne manquaient pas de se livrer. On voyait, au printemps, passer les régiments et la mauvaise saison les ramenait sur nos plâteaux, où ils prenaient leur quartier d'hiver. Maurs, Saint-Constant, Marcolès, Montsalvy, toutes les communes avoisinant Aurillac, *la Roquebrou,* Saint-Cernin, Salers, étaient de véritables villes de garnison (2).

En 1690, les habitants de la Roquebrou furent remboursés par M. de Charlève, des tailles des deniers, par eux consentis aux troupes de sa Majesté, au cours de 1690.

En 1793, le registre des inscriptions de volontaires, désirant se consacrer à la défense de la patrie, déposé durant trois jours à la mairie, n'ayant pas reçu d'inscriptions, la commune fut taxée d'avoir à fournir le chiffre de 15 volontaires qui furent désignés le (18 juin 1793) par l'Assemblée des citoyens, réunis dans l'Eglise.

Nomenclature des rues et places de la Roquebrou

Place de l'Eglise, au bas de laquelle était la maison Fargues, lieutenant au Marquisat, plus tard le presbytère (maison Dubus) n° 296 du plan cadastral.

Place de Sabathier, près le pont où demeuraient Bourrieu, bourgeois (maison Dr Four) n° 303; de Valuech, sieur de Salvauhac, (maison Colomb) n° 302.

La rue Damon, anciennement del terrier, où était la maison de Nèpes (ancien couvent) n° 95, et celle de Robert de Prallat, seigneur de Bélestat.

La rue de la Davalade, prenant de la rue Damon et passant derrière l'église.

La rue de Veyrières, qui allait de la rue Damon à la place de l'Eglise et où était la maison de Veyrières (maison Briges) n° 197.

La rue de la Barrière ,descendant de la rue Damon à la place de l'Eglise.

La rue de Négrerieu, remontant de la Barrière au chemin allant au château.

Place publique, au-devant la cour de justice du Marquisat (maison Maroncles), n° 162.

---

(1) *Inventaire des Archives communales d'Aurillac*, 1er vol., page 77.

(2) *Bernard de Miramon.*

La rue de la Font-Salade, où demeurait Vialesoubrane, le doyen du monastère de Mauriac.

La rue de la Fruigière.

La rue del Nègre, allant de la place Sabathier à la Cère.

La rue du fort, allant de la place au Merle.

La rue de la Trémolière, allant de cette maison à la place de l'Eglise.

La rue de Conrotz, qui cotoyait le cimetière, parallèlement à la façade du midi de l'Eglise (1).

La rue du Colombier, qui était le prolongement de celle de la Davalade et qui descendait à la rivière pour venir ensuite au pont.

La rue de Sabathier, qui allait de la place de l'Eglise au pont et où résidaient MM. de Commarques (maison Fontanges) n° 286; Jean Dubois, seigneur de Vals et d'Arnac (maison Calle) n° 289; de Gain de Montagnac (terrasse; Delzort, de Labarthe (maison Calle) n° 291.

Après le pont, la rue de la Descargue, où passait le chemin allant à Saint-Céré, où était la maison de Montal (2) (maison Traissac) n° 451; la rue de Clavières, avec fontaine de ce nom.

La rue du Cambon, où résidait Charles d'Escars, de Saint-Hilaire (maison Denevers) n° 454) et Dubois, juge au marquisat (maison F. Four (n° 457).

Il y avait alors à la Roquebrou 120 maisons qui suivant l'ordonnance royale de Mars 1768, étaient pourvues de numéros, afin d'y faciliter le logement des gens de guerre de passage d'étapes.

Comme on le voit dans la nomenclature ci-contre, la plupart des châtelains de la région avaient une résidence à la Roquebrou; c'est ce qui provoquait le mécontentement des Consuls.

Ceux-ci, disaient-ils, « ont maison montée à la ville, y assistent à toutes messes de paroisse, processions, passent même à leur tour aux charges publiques comme syndics, luminiers et bailles des frairies et n'y acquittent aucun impôt, ayant transporté leurs cottes personnelles aux paroisses voisines où sont leurs propriétés » (3).

La Communauté des habitants

Aucun des noms des habitants, mentionnés dans la charte de la Roquebrou, de 1281 et dans l'accord de 1487, n'y subsiste aujourd'hui, par contre un certain nombre de ceux mentionnés dans les transactions du XVIIe siècle y ont des rejetons qui les continuent.

---

(1) *C'est en 1789 que ce cimetière fut désaffecté et remplacé par celui qui fut édifié dans une partie des jardins Fargues, cédés par l'hospice et qui a été aussi désaffecté en* 1900.

(2) *De Montal, Salvanhac de Montvert, qui avait épousé Suzanne Frégeac.*

(3) *Délibération du corps commun des habitants* (13 septembre 1761), *Denevers, not.*).

Voici ceux qui furent consentants à l'accord du 30 mars 1673 :

« François Astorgis; Durand Auzelier; Jean Lacombe, et Jean Murat, consuls; Antoine Imbert, curé; Nicolas Ladurantye, prêtre; Jean Dubois; Jean Esteyries, et Antoine Debosco, aussi prêtres de la communauté de la ville; Jean de Carbonnières, écuyer; sieur d'Orgon; Pierre Sarrauste, docteur en médecine; Philippe Dubois; Jean Esteyries, bourgeois; autre Ph. Dubois; By et Jean Imbert, frères; Jean et By Sarrauste, aussi frères; Pierre Malzac; Nicolas Four; Louis Teulière; Pierre Escoubeyroux; François Bonnot; Ant. Ladurantie; Pierre Lageale; Jean Pradel; Ant. Dilhac; Léonarde Martin; Ant. Ronzières; Jean Galaup; Bernard Roudet; Jean Bach; Nicolas Destan; By Couderc; Pierre Prieuret; Pierre Sarrauste, notaire; Pierre Ausset, hostelier; Jean Vialle; Guill. Calvanhac; Jean Bertrand, clerc; Gaston Gilibert; Jean Barthélemy; Etienne Dabernat; autre Jean Bertrand; Pierre Guirbal, greffier; Pierre Boscas; Jean Bach; Hugues Doullès; Géraud Bennet; Louis Prieuret; Jean Boisset; Jean Villeneuve; Jean Persoyre; Pierre Auzelier; Jean Lagealle; Pierre Vernis; Jean Cécède; Catherine Dilhac; Jean Gellina, maçon; Jean Maurel; Pierre et Guill. Four; Jeanne Couderc; Pierre Roudet; Ant. Puech; Pierre Bennet; Jeanne Frouziols, veuve; Jean Masdelbos; Bach, tailleur; Jeanne Delcamp, veuve; Blanche Roau, aussi veuve; Nicolas Ser; Bertrand Ronzières; Catherine Cavanet; Jean Dilhac; Helips Puechmisiry, aussi veuve; Jean Iquilhes; Hugues Doulhès; Jean Pradel; Anne Dauzelier; Marguerite Dabernat; Marguerite et Fleurette Roau, sœurs; Pétro Denevers; Jean Robert; Jeanne Dilhac; Delphine Bossac, veuve; Bernard Bories; Guilhen Buc, et Françoise Debories, tous habitants de la ville et faisant la plus grande partie et quasi toute la communauté des habitants de la ville » (1).

Les Consuls de la Roquebrou au XVIIe et XVIIIe Siècles

Le Consulat était une des charges les plus lourdes qui pesaient sur l'ancienne bourgeoisie, les nobles en étaient exempts.

Les Consuls, en plus de gérer les intérêts de la Cité, devaient percevoir à leurs risques et périls les deniers de l'impôt royal.

Pour y parvenir, ceux de la Roquebrou ont eu à engager contre des contribuables récalcitrants, de nombreux procès, soit à la cour du bailliage d'Aurillac ou en appel à la cour des Aydes de Clermont.

Nous publions comme il suit une liste des consuls ayant exercé cette fonction en cette ville, de 1626 à 1788 :

1626 Jean Dubois, Mre Bonal de Val notaire, Jean Bonnafoux;

1633 Nicolas Desteyries, docteur en médecine; Pierre Desteyries; Jean Clamagirand et Jean de Beauregard;

1635 Jean Bourrieu; Jean Boscas; Raymond Rozières; Pierre Braunugue;

(1) *La finale laisse entendre qu'il y avait en outre quelques récalcitrants.*

1639 Philippe Duboyer; Jacques Pradal; Durand Frégeac et Jean Vach;

1641 Pierre Esteyries; François Pouget; Astorg Delevers et Barthélemy Bertrand;

1646 Bourrieu; Gourlat; Lacoste et Pompinhac;

Cette année, Bourrieu, bourgeois, fut emprisonné à Aurillac et ses bestiaux furent saisis pour n'avoir pas fait en temps et lieu la levée de l'impôt de son quartier.

1648 Pierre Frégeac; Antoine Boysset; Jean Colomb; Jean Estaillou;

1671 François Astorgy; Durand Auzelier; Jean Lacombe et Jean Murat;

1688 Jean Sarrauste, docteur en médecine; Boisset, marchand; Lagiale, marchand gantier;

1712 Annet de Nevers; François Dabernat; Jean Lherm;

1718 François Bousquet; Jean Barthélemy;

1724 Bernard Four; Jean Lavergne; Bertrand Robert;

1728 Joseph Brieudes; Dabernat; Excoubeyroux, tailleur;

1729 Jean Gilibert, chirurgien; Jean Lherm, marchand; Jean Laguarinie; Philippe Aladières;

1731 Jean Boysset; Joseph Brieudes; Jacques Bertrand, notaire;

1756 Boysset, licencié en droit; Pierre Pradal, marchand; Conrier Joseph;

1765 Raymond Lacombe, docteur; Hugues Brieude, marchand; Pierre Four; Joachim Lavergne; Julien Galy;

1766 Jean Lapeyre, chirurgien; Jean Four; Jean et Pierre Moulinet;

1767 Raymond Lafon, docteur en médecine; Pierre Four, marchand; Antoine Imbert; Antoine Chablat; Pierre Mespoulier;

1769 Pierre Pouget, bourgeois; Jean-Baptiste Lherm, marchand chaudronnier; Pierre Lacaze, tireur de laine;

1770 Bernard Conrié; Guillaume Dausset; Dominique Galy et Jean Lavernhe;

1771 François Four, marchand;

1775 Antoine Imbert;

1787 Jean Denevers; Pierre Four, marchand; Jean-Antoine Boysset; Lombarts, maître-ez-arts; Bernard Denevers (1).

C'est le 15 août 1789 que les citoyens de la ville furent extraordinairement convoqués pour nommer le premier conseil municipal, composé de onze personnes électives, choisies à la pluralité des voix et un président dont l'avis n'empêchait dans aucun cas la prépondérance.

Ces premiers Conseillers Municipaux de la Roquebrou ont été : Jean Denevers, notaire royal; Marc-Antoine de Valuech, de Salvanhac; Géraud Boisset, prêtre chapelain de la Trémolière; Jean-Antoine Boisset, avocat en parlement; Joseph-Bernard Denevers Duverdier, notaire royal; Pierre-Hilaine Denevers, avocat et notaire royal; Joseph-Charles Lombard, maître-ez-arts et en chirurgie; Pierre Pouget, bourgeois; J.-B. Vieille Lacroix, marchand; J.-Anet Four, marchand; J.-B. Chablat, teinturier.

(1) *Cette liste des Consuls de la Roquebrou sera, nous le désirons, complétée un jour.*

Sceau de la Société populaire de la Roquebrou à la Révolution.
(La formation des Sociétés populaires et certaines publications augmentèrent la fermentation des esprits dans le Cantal)
(Musée local). (Don de M. PICARD). Louis FARGES.

La Roquebrou à l'époque de la Révolution
La Grande Disette

La disette des grains qui d'après nombre d'historiens fut une des principales causes qui provoquèrent les troubles de cette époque, se fit particulièrement sentir dans cette localité.

Les années qui précédèrent 1789, n'avaient donné que des récoltes mauvaises, or cette année le blé étant déjà rare, la municipalité écrit à M. le Marquis d'Escars, à Paris, alors le principal propriétaire foncier de la région, de donner l'ordre à son régisseur de ne vendre son grain que par petites mesures (1).

En 1790, après un hiver exceptionnellement doux, les blés furent emportés par le froid, en mai (2).

En 1793, la situation s'est encore aggravée, le blé manque totalement à la Roquebrou, des proclamations de la municipalité mettent en demeure les propriétaires détenteurs de blé, à l'apporter sur le marché, des perquisitions sont faites chez ceux qui sont soupçonnés d'en recéler.

Toutes ces mesures n'ont servi qu'à gagner un peu de temps. Le 25 avril de cette même année, la municipalité termine une pétition adressée aux Administrateurs du Département, par ces lignes pressantes : « C'est au nom de l'humanité souffrante que nous réclamons de votre bonté ordinaire un secours provisoire de grains ou farine pour apaiser les cris de ces misérables ».

(1) *Registres de la Municipalité.*

(2) *Manuscrit des archives d'Aurillac, 2e vol., p. 294, de l'Invent. som.).*

L'Administration a fait parvenir à la municipalité 1.000 quintaux de grains, plus elle lui accorde autres 400 quintaux à aller prendre au magasin national de Souillac (Lot).

Ces subsistances n'ont duré que quelques mois, en novembre suivant, la situation est aussi critique, la munncipalité autant par crainte que par compassion cherche les termes les plus persuasifs pour toucher les Administrateurs du Département et obtenir de nouveaux secours. Ils écrivent : « Nous craignons de voir arriver le terme fatal ou le fléau destructeur, la misère va comprendre au nombre de ses victimes, la plus grande partie des citoyens de cette commune. Nous venons déposer dans votre sein nos craintes et nos alarmes, persuadés que ces cris de souffrance vous pénétreront au fonds de l'âme et vous porteront à venir à notre secours pour assurer l'existence à ces malheureux ».

Ils décident en outre que des commissaires choisis dans les corps constitués et dans la « Société populaire » seront invités de suite, à travailler avec ardeur à découvrir la cause de cette disette alarmante et à procéder au recensement des grains.

Les Administrateurs accordent encore un secours de grains en même temps qu'à la commune de Maurs; la quantité n'est point mentionnée dans le registre; elle ne devait pas être bien importante, car deux mois après, le 29 ventose « ils les prient de leur accorder encore telle quantité qu'ils jugeront convenable pour la subsistance de quatre cents habitants qui sont réduits à la famine ».

L'Administration réduit ses secours, elle n'envoie que trente quintaux de grains.

Le 4 prairial ils répondent « que ces trente quintaux ont à peine suffi pour dix jours et que s'ils n'accordent pas autres cent quintaux pour arriver à la récolte, les 400 citoyens de la commune entièrement dépourvus vont éprouver l'horrible faim ».

La récolte attendue dût être abondante et mit fin à cette situation critique.

La Grande Peur

Cet affolement qui fut général dans toute la France en 1789, se manifesta dans notre région, le souvenir s'en est même transmis et il n'y manque pas d'anciens qui ont ouï parlé dans leur jeune âge de l'*onnado dé lo poou.* Les registres municipaux de la Roquebrou confirment que ce sentiment s'est manifesté chez les habitants de cette ville et y a provoqué certaine démarche que nous allons narrer; auparavant nous allons encore emprunter à la plume magistrale de M. Marcellin Boudet, quelques lignes relatives à ce sujet.

« On sait que la peur, la Grande Peur est nom conservé par l'histoire au phénomène étrange et formidable d'affolement qui congestionna la France entière dans la seconde moitié du mois de juillet 1789. On l'avait confondu parfois, mais il y a beau temps qu'on ne la confond plus, avec la Terreur....

La prise de la Bastille, pendant l'émeute populaire du 14 Juillet 1789, fut la principale cause occasionnelle de l'immense panique, prélude de la fièvre chaude, dont la France allait bientôt subir les atteintes. « La Grande Peur, dit un de nos compatriotes, qui a le plus étudié ce temps, M. Francisque Mège, nous apparaît comme l'effet d'un déséquilibrement général provoqué en grande partie par la disette, mais surtout par l'émotion qu'avaient fait naître les événements vraiment prodigieux, dont la France était alors le théâtre...

Il ne fallut plus qu'un choc pour que, sous l'étincelle jaillissante, l'embrasement se produisit. Ce qui détermina ce choc, ce fut l'annonce de la prise de la Bastille, survenant au moment de la disgrâce des ministres qui passaient pour partisans de la cause populaire, au milieu des rumeurs d'arrestations de députés, au milieu enfin des bruits d'invasion étrangère et des récits de châteaux incendiés dans la province ».

La prise de la Bastille, célébrée par le peuple de Paris, comme une glorieuse victoire considérée, par ses chefs, dès le premier jour, comme un symbole, les uns sincèrement, d'autres par procédé pour en voiler les côtés odieux, fut pour la masse dans la province un contagieux exemple. Il n'était pour ainsi dire pas une province de France qui n'eût une Bastille dont les maîtres avaient tout à craindre; la violence impunie n'allait-elle pas jeter de pauvres paysans ou ouvriers que guettait la famine sur les bourgs et les villes, greniers tentateurs? On le redoutait. Aux malfaiteurs de droit commun, le trouble général offrait, en outre, des occasions sans pareilles.

La défiance, les vieilles rancunes, la misère, la frayeur, grossissaient démesurément les moindres faits; la possibilité devenait la certitude qui s'aggravait en passant de bouche en bouche. La poussière que soulevaient les troupeaux, sur la route, la marche des brigands; une réunion quelconque de gens du pays, c'était les brigands eux-mêmes; et plus sûrement encore les groupes de paysans allant à leur rencontre, armés de vieux fusils; et l'on courait prévenir les villages voisins; des courriers partaient ventre à terre, d'une ville à l'autre. On se pendait aux cordes des clochers et de, tocsins en tocsins sonnés de jour, de nuit, la nouvelle franchissait en quelques heures d'énormes distances dans les directions les plus divergentes. En deux jours et deux nuits, peut-être en trente heures, elle pouvait venir de Paris en Auvergne » (1).

Dans l'angoisse qui les étreint, les villes songent à renouveler les anciennes alliances qui les liaient jadis dans les temps troublés. Le 25 juillet c'est la Municipalité de Maurs qui a envoyé à celle d'Aurillac une députation chargée « de renouveler dans les circonscriptions critiques où se trouvait le royaume, l'ancien traité d'union qui avait longtemps existé entre les deux villes et d'offrir en même temps pour la défense des libertés communes toutes les contributions d'hommes et d'argent que les facultés de la ville de Maurs pourraient lui permettre » (2).

---

(1) *Revue de la* Haute-Auvergne, *tome* 11, *page* 6.

(2) *Archives municip. d'Aurillac. Registre des délibérations.*

A la Roquebrou, le même jour, 25 juillet 1789, la Municipalité et les notables étant réunis, M. Denevers, père, notaire royal et syndic de la municipalité, propose que « vu les circonstances fâcheuses où se trouvaient toutes les provinces du royaume » il était utile d'envoyer une députation à Aurillac, chef-lieu de l'Election pour « renouveler l'alliance offensive et défensive qui ont subsisté de tout temps entre les villes d'Aurillac et de la Roquebrou ».

Il a été arrêté, d'une voix unanime, qu'on adhérait à cette proposition et séance tenante quinze membres pris dans l'assemblée sont élus pour porter cette proposition d'alliance. Ce sont : MM. Delzorts de Labarthe, lieutenant-général criminel du bailli d'Aurillac; Destanne de Bernis, lieutenant-principal en l'élection d'Aurillac; Denevers père et Larmandie, notaires; Denevers frère, notaire et avocat; Boysset, avocat; Four, de Bourrieu et Dubuisson, médecins; Téret, huissier; Pouget, Clamagirand, Cimpeyre et Vieille-Lacroix, bourgeois; Reyt, aubergiste et Picard, vitrier.

Le lendemain ils se sont présentés, accompagnés d'un détachement de la milice bourgeoise de la Roquebrou, à l'hôtel-de-ville d'Aurillac et la délégation a été aussitôt conduite dans la salle où le Conseil était réuni en assemblée générale pour ls recevoir.

M. de la Barthe, chef de la mission, a témoigné « au nom des citoyens de la Roquebrou » de leur dévouement « pour la défense de la patrie et le bien de la liberté prêts à sacrifier pour elle jusqu'à la dernière goutte de leur sang. Nous venons, Messieurs, nous joindre à vous, pour nous opposer aux ennemis de l'Etat, et assurer la gloire et le bonheur de notre auguste Monarque. A votre exemple nous avons rendu l'hommage le plus éclatant à la noble fermeté des communes qui a opéré la réunion des Ordres que nous désirions depuis longtemps.

M. de Lorus, (1) président de l'assemblée, répond « qu'il est infiniment sensible aux témoignages d'amitié que la ville de la Roquebrou veut donner à cette ville qu'il accepte avec empressement la proposition qui lui est faite de renouveler l'ancienne alliance et que leurs annales leur ont transmis le souvenir de services signalés que dans un danger pressant les braves habitants de la Roquebrou, conduits par leur Seigneur, rendirent à la ville d'Aurillac, que le Seigneur y perdit la vie et que pour perpétuer l'hommage de sa reconnaissance, la ville d'Aurillac est dans l'usage d'assister par ses représentants aux honneurs funèbres des Seigneurs de la Roquebrou (2). Que jamais l'union des différentes villes du royaume n'eut de plus grand et de plus noble objet ».

---

(1) *De Lorus d'Auze, ancien capitaine de cavalerie en retraite, Maire d'Aurillac, marié à Mlle Ladurantie de Labro (commune de Saint-Etienne-Cantalès.*

(2) *Cette coutume se pratiquait déjà en* 1558. (*Inventaire des archives communales d'Aurillac*)*; les anciens registres paroissiaux de la ville mentionnent toujours la présence des Consuls d'Aurillac, aux obsèques des seigneurs de la Roquebrou.*

Les députés de la Roquebrou sont invités à venir le lendemain prendre séance et signer avec les Consuls d'Aurillac, au registre.

A cette même époque la ville conclut un traité de même nature avec la commune de Rouffiac et M. le Marquis d'Escars a prêté au corps commun des habitants quatre pièces de campagne « pour la défense publique, tant de la ville que du château, au sujet des alarmes du royaume et des brigands, dont on est menacé ».

Les brigands ne se montrèrent point et toutes ces mesures de précautions n'eurent point heureusement occasion d'être utilisées.

En plus de ces documents, nous avons comme preuve de cet affolement dans notre région, le témoignage d'un contemporain et ancien compatriote, J.-B.-Antoine Dubuisson, (1) le fils du maire qui a administré la Roquebrou lors de la période la plus critique, de 1792 à 1796. Voici ce qu'il en dit dans un abum manuscrit commencé par lui en 1797, alors qu'il prenait des leçons de dessin chez M. Lalié, ingénieur en chef à Aurillac, qui fut l'architecte de l'Hôtel-de-Ville et de la Préfecture.

« Des brigands, armés de piques, avaient parus dans toutes les émeutes, ils avaient commis des assassinats et voici qu'une terreur subite se répand dans Paris, puis dans toute la France, par le moyen de courriers ou d'émissaires, employés par on ne sait qui, et bientôt pour faire face à ces brigands qui sont partout et qu'on ne rencontre jamais, toute la France se trouve sous les armes. C'est de là, que l'année 1789 est désignée sous le nom de l'année de la peur, j'avais alors neuf ans, je commençais mes études à la Balbarie, anexe de Siran, auprès de l'abbé Fel et dans nos promenades sur les hauteurs de la Grillière nous étions sur nos gardes, etc... »

Emeutes, Séditions

Dans son album manuscrit de 1797, J.-B.-Antoine Dubuisson dit aussi avoir « vu des émeutes à la Roquebrou et à Aurillac, la dévastation des églises, les sociétés populaires, les temps de misère (2), etc. »

Nous retrouvons dans les registres municipaux quelques-uns des événements auxquels il est fait allusion.

---

(1) *Antoine J.-B. Dubuisson, né à la Roquebrou, le 1er mai 1780, fut expert-géomètre à Aurillac où il est mort en 1826. Il est l'auteur d'un ouvrage sur les anciennes mesures et a peint un des grands tableaux de l'église de la Roquebrou (Ascension).*

(2) *Il a vu, le 22 juillet 1791, étant à Aurillac, sur la place devant la boutique de Reyt, orfèvre, au moment d'un orage, tomber la tête de Madame de Laronade, ainsi que celle de M. de Latour, pour lequel l'exécuteur dut reprendre à deux fois. Ce manuscrit appartient à M. Gustave Castanier, d'Aurillac.*

Le 26 juillet 1791, les administrateurs du Directoire d'Aurillac écrivent à la Municipalité de la Roquebrou qu'ils ont été instruits qu'une insurrection avait eu lieu dans leur ville, le 24 du mois et que les rebelles ont en outre planté un may sur la place, malgré l'avis du Directoire qui le défend.

Vous voudrez bien, leur dirent-ils, nous rendre compte des moyens que vous avez pris pour l'enrayer, si vous avez requis la garde nationale, si vous avez publié la loi martiale. Le Directoire se propose de ne pas laisser ce crime impuni et d'en poursuivre les auteurs suivant la rigueur de la loi.

Ce même jour, les officiers municipaux répondent à la lettre de MM. les administrateurs du Directoire. Ils leur disent que l'insurrection fut de courte durée, qu'ils n'eurent pas le temps de s'assembler à la Maison commune. Ils les prient de vouloir bien oublier les écarts d'un peuple indigent dont la position est malheureuse.

Ils ont donné ordre au capitaine commandant de la garde nationale de faire enlever le may par des gardes nationaux.

Le soulèvement de la population, le 25 mars 1792, prétexté par un louable motif, la conservation du château menacé par les terroristes arpajonais finit par dégénérer en actes regrettables.

Après les dégradations commises dans l'Eglise, dont il est question autre part, ce fut un transport au château où furent brisés les écussons et où l'on enleva les girouettes des toitures (1).

Le château de Messac reçut ensuite la visite des émeutiers; le régisseur de M. de Beauclair, réussit à les calmer au moyen de quelques libations comme l'avait fait aussi celui du château de la Roquebrou.

Pour cette demeure de Messac, il n'est mentionné ni ce jour, ni d'autres, aucun dégât commis, elle ne fut ni confisquée ni vendue à cette époque (2).

En quittant Messac, toujours suivis de la Municipalité « qui n'a point quitté l'attroupement dans le but de prévenir de plus graves excès », ils s'en furent exercer des représailles contre des habitants de Sanhaboux, motivées soi-disant par le procès alors en cours, au sujet du partage des communaux; représailles que la Municipalité dut ensuite réparer.

Etant données les rivalités, les discordes, qui existaient entre localités, entre communes, c'était surtout les jours de foire qu'éclataient les émeutes, aussi des mesures sévères étaient-elles prises.

---

(1) *Le droit de girouettes sur les toitures était un privilège qui n'appartenait qu'aux maisons nobles, le geste des Rocquais était sans doute une protestation.*

(2) *Le dictionnaire historique et statistique du Cantal dit que Messac fut abaissé d'un étage à la Révolution, nous n'y trouvons point en effet les trois étages et le grenier qu'y fit édifier Armaury de Sermur, ce château n'a été diminué que par un de ses propriétaires.*

« Les jours de foire, une garde supplémentaire, prise dans la garde nationale, était composée. De fréquentes patrouilles étaient faites en ville pour reconnaître tous les étrangers, et arrêter ceux qui n'étaient pas pourvus de passeports bien en règle.

Tous les citoyens étaient en état de réquisition permanente et tenus de se rendre au premier coup de tambour au corps de garde.

Les canons de la ville montraient pendant toute la journée leur gueule béante prête à cracher la mitraille.

Ce n'est qu'avec de semblables mesures qu'aucun incident ne troublait les foires » (1).

De graves préoccupations semblent agiter les Municipaux de la Roquebrou, au sujet de la tenue de la grande foire du 8 mai 1792; leur confiance envers leur garde nationale, pourvue cependant d'un nombreux état-major, ne semble pas bien fortifiée, aussi la veille, le procureur de la commune, adresse une réquisition au capitaine de la 1re Compagnie des Grenadiers? (2).

Il l'invite à lui fournir une garde suffisante le lendemain 8 mai, pour qu'il y ait une patrouille pendant tout le cours de la journée et que le corps de garde soit suffisamment pourvu.

Enfin la loi du 10 juin 1793, qui autorisait le partage des terrains communaux, faillit, pour son application, donner lieu à de véritables séditions (3).

En l'an 12, des troubles graves se produisirent à la Roquebrou; le 27 pluviose le préfet Riou (4) écrivit au maire que s'il ne se sentait pas en forces pour rétablir le bon ordre, il l'en avise; qu'il doublerait la brigade et enverrait une compagnie de vétérans qui serait logée chez les habitants.

Il lui ordonne d'afficher à la porte de l'Eglise une proclamation disant « que si de pareilles scènes se renouvellent, il prendra, de concert avec l'Evêque, les mesures pour supprimer la paroisse de *Laroque* et la diviser entre les communes de *Nieudan* et de *Saint-Gérons* et que de plus il provoquera auprès du Gouvernement le transfert du chef-lieu dans une autre commune du Canton.

Dans sa réponse du 4 ventose, le maire (5) plaide pour les coupables « plus égarés que criminels »; il espère « que plus

---

(1) *Saint-Flour et l'insurrection royaliste dans la Lozère, par Léon Bélard (Revue de* Haute-Auvergne), page 1, 1905.

(2) *La veille* (6 mai) *la garde nationale de la Roquebrou était à Aurillac, pour collaborer avec celle d'Arpajon, à la réception de Mgr Thibault, évêque constitutionnel du Cantal et membre de la Convention, et n'en était peut-être pas de retour (Invent. som. des arch. d'Aurillac,* 2e vol., p. 299.

(3) *Arch. de la Roquebrou, lettre du Maire au Préfet* (8 *prairial, an* 12).

(4) *Riou, baron de Kersalaün, préfet de l'Empire, à Aurillac,* de 1800 à 1810.

(5) *Four.*

qu'autre chose, des mesures de douceur suffiront pour arrêter les troubles dont cette malheureuse commune est depuis si longtemps le théâtre. »

Le Château à la Révolution

Le 25 décembre 1790, les membres composant le Directoire du district d'Aurillac, écrivent à la Municipalité « que conformément aux décrets de l'Assemblée nationale, ils lui prescrivent de veiller à la sûreté des propriétés, du Château, du mobilier, des titres et papiers du ci-devant marquis d'Escars, détenu à Lyon (1) et qu'ils seront responsables de tout détournement ».

Comme suite, la Municipalité arrête « que lecture de cette lettre sera faite à la Garde nationale, qu'il sera placé une sentinelle au château avec ordre de ne laisser pénétrer personne et qu'en cas de violence la cloche du château servira de signal d'alarme » (2).

En exécution de l'article 8 de la loi du 8 avril 1791, « qui considère comme émigré toute personne domiciliée hors de son département et conformément aux articles 3 et 4 de ladite loi, met ses biens sous séquestre » le château se trouve compris dans la liste de ces biens, arrêtée par le Directoire d'Aurillac cette même année et imprimée.

Les archives de la Roquebrou comprennent une de ces listes. On y lit parmi le nombre :

« Le sieur Descars (3) est propriétaire, à la Roquebrou, d'un château et dépendances, d'un corps de domaine appelé du château, affermé 900 livres, d'un moulin appelé de la Pessière, affermé 400 livres, un autre moulin appelé de la Moulène haute, afferme 120 livres, d'un pré appelé de Maleplanche, affermé 200 livres, d'un autre appelé de Pompignac, affermé 167 livres, d'un autre appelé Mergal, affermé 300 livres, et d'environ 600 setiers seigle de rente.

Le 4 avril 1792, Hugues Boisset, l'un des administrateurs du district d'Aurillac, commissaire nommé à l'effet de procéder à l'inventaire des biens des émigrés, s'est transporté en la ville de la Roquebrou et accompagné de M. Dubuisson, maire de la ville et de Pierre Dausset, officier municipal, commissaires nommés par la Municipalité, il s'est rendu au ci-devant château, appartenant à M. Descars où il a exposé au sieur Laborie, l'un des agents de la maison Descars, l'objet de leur venue. Celui-ci les a prié de vouloir bien insérer dans leur procès-verbal que cet inventaire était inutile, attendu la résidence de M. Descars à

---

(1) *Un décret du 31 janvier suivant* (1791) *affiché, dit qu'il est accusé de conspiration et transféré dans les prisons de Paris, pour que son procès soit jugé.* (*Registre des délibérations de la Municipalité*).

(2) *Registre des délibérations.*

(3) *La Révolution avait supprimé les anciens titres de noblesse.*

Paris depuis fort longtemps et celle de Mademoiselle Descars, au couvent de Belle-Chasse, aussi à Paris.

« Ledit Commissaire a déclaré ne pouvoir obtempérer à ces déclarations, attendu que le décret dit que l'inventaire est prescrit pour toutes les personnes qui ne sont point domiciliées dans le département et qui ne se sont point fait attester.

Il procède ensuite à l'inventaire du mobilier qu'il laisse à la garde du sieur Pierre Laborie, qui conformément à la loi, a présenté pour caution le sieur Calixte Chablat, notaire de la ville d'Aurillac (1).

Vente du mobilier du Château

Des affiches l'annonçant avaient été apposées dans toute la région, il est venu des acquéreurs d'Aurillac, de Pleaux, de Rilhac, de Saint-Illide et enfin de tout le canton.

C'est M. Pierre Pradenhes, commissaire, nommé par les Administrateurs du district d'Aurillac, assisté de deux membres de la Municipalité avec le concours de Teret, huissier, qui a procédé à cette vente.

Entre autres objets mobiliers, ont été dispersé au feu des enchères, les tapisseries qui recouvraient les parois des salles et appartements du château; il n'y en avait pas moins de dix-huit, comprises et désignées dans un inventaire du 23 juin 1746 (2) « tapisseries à verdure de Flandre à personnages ou à paysages », une série de 8 pièces reproduisait l'histoire de Tobie.

Les tableaux de famille, au nombre de treize, dont un d'après le précédent inventaire, représentait le « cardinal d'Escars dit de Givry, d'hauteur humaine », sont tous rachetés par M. Chablat, notaire à Aurillac (3). Il fut encore vendu d'autres tableaux, œuvres de ces artistes italiens venus en France, depuis François Ier, avec ces sculpteurs qui ont ciselé les merveilleux châteaux des bords de la Loire et qui reproduisaient les chefs-d'œuvre de leurs Maîtres.

D'après l'inventaire de 1746, il y avait l'*Aurore*, (4) de Guido Reni (Le Guide), la Danaë (5) du Titien, tous deux de grande dimension. L'enlèvement d'Europe, Diane, les métamorphoses d'Ovide, en trois tableaux, des chasses, des paysages (6);

---

(1) *Archives départementales.*

(2) *Minutes de Denevers, notaire royal à la Roquebrou.*

(3) *Notaire de la famille d'Escars.*

(4) *Ce tableau qui a appartenu longtemps à M. Denevers, ancien notaire à la Roquebrou, est actuellement au château de Cavaroque.*

(5) *La Danaë a été pendant trente ans la propriété de M. Rivière, ancien percepteur à la Roquebrou. En 1883, M. Bancharel, Directeur de l'*Avenir du Cantal, *désirait le voir acheter pour le musée d'Aurillac.*

(6) *Un de ces paysages, qui se trouve à la Roquebrou, représente « les Disciples d'Emmaüs » et est aussi de l'école italienne.*

tout est vendu et cependant le procès-verbal d'adjudication mentionne qu'il demeure réservé les tableaux et tout ce qui est utile aux arts.

Etaient aussi réservés les gros draps de lit, matelats, cuivre, par contre ceci a été observé, lingerie et batterie de cuisine sont chargés sur trois charrettes pour être envoyés au district d'Aurillac (ce matériel était destiné aux armées).

Les Commissaires se sont ensuite transportés au-devant de la porte et entrée des archives de la maison d'Escars et ont reconnu les scellés apposés lors de l'inventaire et l'ouverture faite de la porte ils déclarent au procès-verbal « avoir trouvé deux grandes armoires et trois coffres remplis de papiers et paperasses qui nous ont paru n'avoir aucun trait aux censives que percevait cette maison et comme pour les faire transporter à l'Administration, le port en serait coûteux, qu'il faudrait trois paires de bœufs et que ces papiers et paperasses nous ont parus ne signifier rien, nous avons néanmoins fermé lesdites archives et gardé la clef jusqu'à ce qu'il aura été statué sur le parti qu'elle voudra prendre ».

Commencée le 19 août au matin, la vente du mobilier s'est poursuivie sans interruption jusqu'à la dernière heure du 26, le procès-verbal y mentionne 14 séances de vente, qui ont produit la somme de 13.047 livres (1).

Le 1er ventôse an 2, le citoyen Bordes, administrateur du district d'Aurillac et commissaire nommé à l'effet de vendre les meubles découverts cachés dans le ci-devant château de l'émigré d'Escars, par le Comité de surveillance de la commune de la Roquebrou, a versé la somme de 1735 livres en plus (2).

Vente du Château et de ses dépendances

Le 7 brumaire an 2, Jean Antoine Boisset, père, et Pierre Dausset, commissaires-experts à la Roquebrou, se sont transportés, accompagnés des officiers municipaux de la commune, sur les biens nationaux ayant appartenus à l'émigré François Pérusse d'Escars « ci-devant marquis ». Après l'avoir parcouru avec lesdits officiers municipaux et après avoir pris d'eux les renseignements nécessaires sur la population du canton et les facultés des habitants, ils ont jugé que ces biens étaient trop considérables et qu'il était utile de les diviser pour l'intérêt de la Nation et des particuliers.

Ils décident de le morceler en quinze divisions. La vente a eu lieu à Aurillac le 19 pluviose, an 2. La 1re division, consistant en un château couvert de tuiles plates, une boulangerie, un pigeonnier et un chenil, le tout attenant et en assez

(1) *Archives départementales.*

(2) *Archives du bureau de l'Enregistrement à la Roquebrou (pour cette dernière vente il ne s'est point trouvé le procès-verbal d'adjudication).*

bon état, occupant un emplacement de 200 toises, une terrasse dont une partie de la muraille menace ruine, le rocher appelé del moussou, patus et cour, sur le derrière couderc, deux allées, fontaine et réservoir avec un jardin. Plus l'auditoire de la justice du ci-devant seigneur, sur la place de lafonsalade, est adjugé à Jean Frégeac, moyennant la somme de 3.150 livres.

Le domaine du château est acheté par Cèdre Boisset, (1) d'Aurillac, 20.000 livres.

La vente des autres divisions à divers acquéreurs, produisit 23.975 livres (2).

Les bestiaux ,instruments aratoires, meubles des fermes et des moulins vendus le 18 germinal an 3, par Pierre Dausset, donnèrent 19.180 livres (3).

Cette dernière vente clôture la série (4).

Au cours de cette année 1792, Marie-Françoise-Sophie d'Escars, résidant à Paris, a adressé une pétition demandant « que le nom d'Alexandre-François d'Escars, son frère, soit définitivement rayé de la liste des émigrés du département, comme aussi que le séquestre mis sur ses biens soit levé et que l'exposante comme sa sœur unique et sa seule héritière soit réintégré dans la possession de tous les biens de son frère ».

A cette demande est joint le certificat de résidence délivré par le Comité civil de la section de l'unité de la commune de Paris, le 3 floréal dernier, établissant que le dit Descars a résidé sur ladite section depuis le 25 avril 1792 jusqu'au 10 août suivant : plus l'enquête faite à la requête de l'exposante par devant le citoyen Jean-Baptiste Darroux, commissaire de police de la section de l'unité, le 25 germinal dernier, à l'effet de constater le décès de Alexandre-François Peyrusse d'Escars, son frère.

---

(1) *Le 5 germinal* 1793, *Cèdre Boisset, ad. du département, habitant à Aurillac, par acte de Mre Denevers, notaire « pour arranger certains bons sans-culottes de la commune de la Roquebrou, s'est décidé à démembrer son domaine du château, aujourd'hui appelé « de la Montagne », qui lui a été adjugé par l'Administration du district d'Aurillac, le* 19 *pluviose ».*

Cèdre Boisset, ci-devant Hugues Boisset. La Révolution ayant supprimé les anciens noms des saints du calendrier, c'est ainsi que Saint-Gérons devint la commune de Gérons; Saint-Etienne, Saint-Santin; celle d'Etienne, de Santin, etc., etc...

(2) *Archives départementales.*

(3) *Archives de l'Enregistrement.*

(4) *Avant* 1830, *un M. de Polignac est venu se fixer un certain temps à la Roquebrou, afin d'exercer des reprises au nom de la famille d'Escars (la dernière Marquise étant née de Polignac), contre les acquéreurs des biens à la Révolution.*

Ceux-ci se défendaient, insinuant que cette maison avait été dédommagée, ayant eu sa part du milliards des émigrés.

Il y en avait, paraît-il, qui auraient consenti à verser quelques indemnités peu importantes.

Pétition de Mademoiselle d'Escars

Le 4 germinal, an 3, les administrateurs du district d'Aurillac délibérant sur cette demande « le procureur syndic entendu » :

« Le Directoire du district, considérant que ledit Peyrusse d'Escars a été d'abord porté sur la liste des émigrés du département du Cantal, arrêtée le 28 octobre 1793 (vieux style) et ensuite sur la liste générale publiée dans ce district, le 13 ventose, an 2, qu'il n'a été fait aucune réclamation contre aucune de ces listes jusqu'à ce jour où il résulte que l'exposant n'a point satisfait aux dispositions de l'art. 19, sect. 3, de la loi du 25 brumaire.

Considérant que l'article 31 de la même section n'accorde qu'un délai de quatre décades pour produire les pièces justificatives à l'appui de leur demande.

Considérant enfin que l'enquête faite par l'exposante, pour constater le décès de son frère, n'est autorisé par aucune loi, que dès lors elle n'a aucune authenticité légale et ne peut nullement faire foi.

Arrête qu'il n'y a lieu à délibérer sur la pétition de l'exposante et qu'expédition du présent arrêté et les pièces y énoncées seront envoyées dans trois jours au Comité de législation de la Convention nationale, conformément à l'art. 23, sect. 3, de la loi du 25 brumaire » (1).

Les Archives

Les Commissaires chargés de la vente du mobilier du château de la Roquebrou, dédaignant les archives, les ont néanmoins laissé à leur lieu et place. Grâce à l'inventaire de 1746, où elles se trouvent détaillées, il nous est donné d'en connaître la nomenclature.

Il y avait les livres terriers de la baronnie depuis l'an 1050.

Les testaments sur parchemin des barons de Montal, de 1200 à 1500.

Tous les actes de mariage et testaments de la maison d'Escars, de 1519 à 1780.

Les hommages rendus par les seigneurs de Montal au Roi, au Vicomte de Carlat et à l'Evêque de Clermont.

Les divers accords et actes concernant les habitants avec les seigneurs de Montal ou ce dernier avec les prêtres de la Communauté.

Trois liasses entières concernaient la Roquebrou, dont une contenait divers arrêts et autres pièces relatives à la fondation de cette ville.

Les titres concernant les droits du seigneur de Montal, fondateur du prieuré d'Escalmels, etc., etc..

La ville, possédait aussi des archives qui étaient gardées par les chapelains de la Trémolière; elles comprenaient cinquante-

(1) *Archives départementales.*

deux pièces en parchemin et en papier. Elles avaient été comprises dans l'inventaire des archives des chapelains (1) et transportées au district. La municipalité, avec insistance, les réclame dans plusieurs de ses délibérations et elles lui furent délivrées contre bonne et valable décharge aux administrateurs du district d'Aurillac, le 12 mai 1793. Ces pièces ont été alors confiées à M. Denevers, notaire et à son frère.

La Communauté des prêtres de l'Eglise N.-D. de Miséricorde, avait elle aussi des archives précieuses, que nous trouvons désignées dans les nombreux inventaires rédigés en langue vulgaire, par les bayles de la Communauté, au XVIe et XVIIe siècle (2).

Il y avait entre autres les deux cartulaires, le terrier, le livre des bulles de l'Eglise, celui des hommages au Roi et au Vicomte de Carlat, etc.

« Le 11 frimaire 1793 an 2 de la République, la Municipalité étant réunie, un membre rappelle à l'assemblée la loi du 17 juillet dernier, qui supprime sans indemnité toutes redevances ci-devant seigneuriales et féodales et que c'était l'instant de mettre à exécution l'article 6 de ladite loi et procèdera à la brûlure des titres constitutifs ou recognitifs des droits suprimés.

Le procureur de la Commune entendu :

Le Conseil arrête que les titres remis par les citoyens Denevers, notaire public; Denevers, prêtre; Boysset, homme de loi ci-devant notaire; Dubuisson, médecin et maire de la commune; Delzort Labarthe, commissaire national près le tribunal du district d'Aurillac, seraient brûlés aujourd'hui en présence de la Municipalité et des citoyens, ce qui a été fait au désir de la loi » (3).

Nulle part cette funeste loi qui a provoqué la perte de documents les plus précieux pour l'histoire, n'a été plus fidèlement exécutée qu'à la Roquebrou.

Les notaires ont arraché non seulement de leurs registres de minutes, mais aussi de ceux de leurs prédécesseurs, tous les actes (aujourd'hui les plus intéressants) ayant le caractère visé par la loi.

Les archives de la ville, rapportées quelques jours auparavant d'Aurillac; celles de l'Eglise remises avec quel crève-cœur par un prêtre de la Communauté; les archives du château qu'est venu livrer le Commissaire national du district qui en était le conservateur depuis la vente de thermidor; tout ce trésor précieux est devenu la proie des flammes (4).

---

(1) *Ces derniers qui composent un fonds important, se trouvent aux archives départementales.*

(2) *Registre des bayles de l'Eglise N.-D. de Miséricorde,* de 1597 à 1610 (*Archives de la Roquebrou*).

(3) *Registre des délibérations.*

(4) *Le Dictionnaire hist. et stat. dit qu'il fut brûlé avec les archives du château, un tableau généalogique, celui-ci figure en effet dans l'inventaire de 1746.*

La Maison de la Trémolière à la Révolution

La Municipalité a bien essayé alors de sauver cette institution.

Le 6 janvier 1791, le président du district d'Aurillac et deux commissaires syndics sont venus à la Roquebrou procéder à l'inventaire des titres et papiers de la Maison et au catalogue des livres, manuscrits, médailles, tableaux et autres objets qui s'y trouvaient.

Les cinq chapelains étaient présents; les officiers municipaux de la commune se sont présentés et ont dit aux Commissaires « que les Chapelains de la Trémolière constituaient un établissement de bienfaisance, qu'ils nourrissaient et entretenaient cinq pauvres écoliers qui voulaient étudier la grammaire, que les Chapelains devaient être nommés par les Consuls de la ville d'Aurillac et que les biens servant de dotation à cette institution de patronage laïque ne sont pas dans le cas d'être vendus, au contraire, ils forment une exception d'après le texte de la loi ».

Sur quoi les Commissaires ont déclaré « ne pouvoir prendre sur eux l'explication ni l'interprétation des décrets; ils ont arrêté de suspendre l'inventaire et catalogue des titres et papiers qu'ils se proposaient de faire jusqu'à ce qu'il en ait été autrement statué par l'Assemblée nationale » et néanmoins ils ont fait l'inventaire du mobilier.

A la séance suivante, tenue par la Municipalité, le Maire, parlant de cet inventaire, dit : « Cette démarche ne peut que nous affliger, car elle tend à enlever à cette ville un établissement très utile » et il propose de déclarer aux administrateurs du district que la commune désire la conservation de la maison de Trémolière et des revenus qui y sont attachés (1).

Le 23 janvier 1791, dans l'église paroissiale, en présence de la Municipalité, les Chapelains de la Trémolière ont prêté le serment d'être fidèles à la nation, à la loi et au Roi, et de maintenir la Constitution, peu après ils acceptent la proposition de la Municipalité, de devenir les instituteurs des enfants de la commune et de se contenter pour tout traitement des rentes attachées à la maison.

Les efforts des Municipaux et la soumission des Chapelains n'ont point réussi à sauver l'institution. Le 16 juin suivant, la maison de la Trémolière et le jardin sont vendus nationalement à Aurillac; quatre officiers municipaux sont allés l'enchérir au nom de la Commune, le tout leur a été adjugé pour le prix de deux mille cent cinquante livres.

Le 12 mars 1792 eu lieu à la Roquebrou, la vente du mobilier. C'est M. Cambefort-Mazic, président du district qui y a fait procéder après publication par affiches et à son de caisse.

La veille, la Municipalité a tenu une réunion pour décider l'acquisition de quelques meubles et d'un tableau avec son

(1) *Registre des délibérations.*

cadre doré et argenté, représentant l'*Adoration des Mages*, qui était placé sur la cheminée de la grande salle (1).

Dans cette salle, aujourd'hui la mairie, se trouvaient en outre deux autres grands tableaux, l'un représentant la Vierge, saint Jacques et Saint Blaize, et l'autre saint Jacques.

Le total de la vente ne s'éleva qu'à la somme de 205 livres, le mobilier des appartements étant la propriété personnelle des chapelains.

Il a été excepté de la vente un calice en argent (2) conformément à la loi du 27 mars 1791, disant que l'argenterie des communautés ne doit pas être vendue, mais envoyée à la Monnaie pour y être convertie en espèces (3).

En 1793, les Chapelains de la Trémolière furent au nombre de ceux qui furent enfermés dans la maison de réclusion du district, à Aurillac (4).

La Municipalité, le 14 prairial de cette année an 2, transmit aux Administrateurs une délibération pour obtenir leur liberté. « Considérant que les ci-devant prêtres de cette commune, qui sont réunis au chef-lieu du district, n'ayant donné aucune preuve d'incivisme depuis la Révolution et ayant porté les citoyens à l'obéissance de la loi dans les temps difficiles et orageux, il est du devoir de l'homme en place de rendre justice à la vérité et demander le rappel dans le sein de la commune de citoyens pleins de soumission ». Les Chapelains prisonniers étaient MM. Pägès, Frégeac, Imbert, Dilhac et Denevers (5).

Sous le Directoire c'est dans la maison de la Trémolière que « l'Administration Municipale du canton de la Roquebrou » composée des délégués de toutes les communes du canton, tint ses réunions, à cette même époque le rez-de-chaussée servit de magasin national et reçut les récoltes provenant des biens confisqués aux émigrés du canton.

Elle servit ensuite de caserne à la gendarmerie jusque vers 1845; à cette date cette dernière ayant été transférée à Montvert, la municipalité en fit la Mairie et l'école des garçons. Le presbytère en occupe une partie depuis 1835, date où fut vendu l'ancien presbytère de la commune sis au bas de la place publique.

En 1907, le bureau des postes, télégraphe et téléphone et le prétoire de la justice de paix ont été installés dans les locaux devenus vacants du fait de la construction de l'école des garçons.

---

(1) *Ce tableau, avec un rideau d'indienne et sa tringle, destiné à le recouvrir, a été adjugé à M. Bac, membre de la Municipalité, pour 5 livres, 15 sols. Qu'est-il devenu?*

(2) *Ce calice était vraisemblablement celui que Géraud de la Trémolière avait légué aux chapelains, par son testament de* 1348.

(3) *Archives départementales (dossier des chapelains de la Trémolière).*

(4) *Le couvent du Buis.*

(5) *La clause du fondateur était observée, ces cinq noms appartiennent bien à la Roquebrou.*

Les Fêtes publiques à la Roquebrou pendant la Révolution

Dans un ouvrage récemment paru (1) on peut lire en ce qui concerne les fêtes révolutionnaires, le passage suivant :

« Un proverbe connu dit que chez nous tout se termine par des chansons. Sous la Législative et la Convention, tout se traduisait par des fêtes : Fêtes de la Fédération en souvenir du 14 juillet 1789, celle du 10 août 1792 rappelant la chute de la royauté, celle de la fondation de la République. Enfin celles que la Convention voulait substituer aux fêtes catholiques célébrant la jeunesse, le mariage, la maternité, le printemps, la moisson, etc... La fête de l'Etre suprême, culte dont Robespierre devint le pontife et dont il développa la doctrine dans son célèbre rapport à la Convention du 18 floréal an II.

La fête de la Raison, érigée par Hébert et Chaumette, les membres de la Commune, qui passaient pour athées et qui se crurent obligés d'ériger en dogme leur philosophie, d'en consacrer la puissance par un rituel, par des offices et par des cérémonie lithurgiques ».

Les registres des délibérations municipales de la commune de la Roquebrou durant cette période, qui ont été retrouvés depuis peu, confirment en tous points cet exposé et témoignent que la célébration de ces fêtes avait lieu même dans les petites villes éloignées; on pourra s'en convaincre par les extraits suivants qui proviennent de ces registres.

Fête en l'honneur de la réunion des 3 Ordres. — Le 12 juillet 1789, les citoyens de la ville de la Roquebrou, réunis, manifestent leur satisfaction de la réunion tant désirée des trois ordres et conviennent qu'il sera fait des réjouissances publiques pour manifester leur joie de cet événement.

Fête de la Fédération. — Le 1er juillet 1790, le procureur de la commune, s'adressant aux officiers municipaux, dit :

« Notre ville, à l'exemple de toutes celles du Royaume, vient de donner à l'Assemblée nationale, au Roi, à la Nation et à la Milice parisienne une preuve de son affection, de son courage et de son désir de maintenir la Constitution par la députation qu'elle a envoyée à Paris à la Fédération générale.

Cette réunion va cimenter l'alliance entre tous les Français. Ne serait-il pas à propos de cette brillante fête d'inviter tout notre canton à se rendre ici ce même jour pour renouveler le serment fédératif à midi précis, heure à laquelle il le sera dans la capitale.

Sur quoi la matière mise en délibération il est unanimement arrêté qu'il serait écrit à toutes les municipalités du canton pour les inviter de se rendre à la Roquebrou le 14 du mois, avec leurs communes, pour prêter le serment fédératif.

Dans la lettre de convocation adressée il y est dit que ce jour de la Fédération doit être regardé comme le plus beau de la vie, puisqu'il est l'époque de la liberté.

(1) Névrose révolutionnaire, *par les Drs Cabanès et Nass.*

Le 13 juillet, ordre est donné aux officiers de la garde municipale de faire tous préparatifs et donner les ordres nécessaires pour que la garde nationale soit en état de se présenter le lendemain à l'heure indiquée, pour la prestation du serment fédératif. Les refusants seront rayés du tableau civique et déclarés réfractaires suivant le décret de l'Assemblée nationale.

Le 14 juillet, les membres composant la municipalité et les députés des 21 communes composant le canton, à l'exemple de la capitale et de toutes les villes du royaume, ont prêté ce jour, publiquement, ainsi que tous les habitants de la ville, le serment de maintenir la Constitution du royaume, d'être fidèles à la Nation, à la loy et au Roy. La garde nationale étant sous les armes, il a été tiré les quatre pièces de campagne et allumé un grand feu de joie.

L'anniversaire de cette fête est célébré les années suivantes à la même date du 14 juillet.

Fête de la Constitution. — Le 28 octobre 1791, la municipalité de la Roquebrou assiste en corps à l'église paroissiale à un *Te Deum* solennel pour témoigner à Dieu la reconnaissance de l'acceptation que le roi vient de faire de l'acte constitutionnel. Le maire lit ensuite la proclamation sur la place publique et aux divers carrefours de la ville en présence de la garde nationale, les cloches sonnant et le canon se faisant entendre.

Le soir de cette journée il est allumé un grand feu de joie et tiré un feu d'artifice.

Fête nationale en l'honneur de la prise de Toulon. — Le 20 nivôse an II de la République, le Conseil général de la commune, conformément au décret de la Convention nationale prescrivant la célébration d'une fête nationale en l'honneur de la prise de Toulon, arrête le programme de la fête comme il suit :

« 1° Le premier décadi de nivôse il sera célébré, à la Roquebrou, une fête nationale où tous les corps assisteront.

2° La fête sera annoncée au peuple par une pièce d'artillerie; un drapeau tricolore sera hissé au haut de la maison commune.

3° A 4 heures du soir, il sera fait un feu de joie qui sera annoncé par une pièce d'artillerie, deux membres de chaque corps y mettront le feu, on dansera la farandole autour et on chantera des couplets civiques.

4° Il sera tiré une pièce d'artillerie à cinq heures et demie du soir pour annoncer le festin civique qui aura lieu à six heures.

On y boira à la santé de nos braves défenseurs et à leurs héroïques vertus, à nos infatigables représentants, et à tous les bons sans-culottes de la République.

5° Après le repas, il y aura des réjouissances générales, de même qu'une illumination ».

La fête de l'Etre suprême. — Le 18 prairial an II de la République, le Conseil général étant réuni, un membre portant la parole dit :

« Citoyens, la Révolution française a terrassé l'aristocratie, elle fait la guerre aux tyrans, elle ne reconnaît d'autre dépendance que celle de l'Etre suprême et d'autre lien social que celui de la Fraternité. Les despotes ont attaqué la liberté par le modérantisme et la fureur, mais c'est en vain, puisque l'idée de l'Etre suprême et de l'immortalité de l'âme sont gravées dans le cœur des Français en caractères ineffaçables.

La Convention nationale l'a si bien reconnu que malgré les pièges des ennemis de la liberté elle a décrété qu'il serait célébré une fête en l'honneur de l'Etre suprême le 20 prairial et a demandé que le Conseil s'occupât des dispositions de la cérémonie ».

La discussion ouverte et l'agent national entendu, le Conseil arrête :

« Article I. — Le 20 prairial prochain, il sera célébré une fête en l'honneur de l'Etre suprême.

Art. 2. — Les détails et l'ordre de la cérémonie seront arrêtés ainsi qu'il suit :

1° A 8 heures, la fête sera annoncée par une salve d'artillerie.

2° A A 9 heures les tambours annonceront dans toutes les parties de la commune l'heure à laquelle les citoyens de tout âge et de tout sexe devront être rendus sur la place de la Liberté.

3° Le commandant de la garde nationale formera autour du drapeau un peloton composé de douze jeunes citoyens armés.

4° Ce peloton sera entouré de citoyens et de citoyennes; les citoyennes, au nombre de six, porteront des bouquets, elles seront accompagnées de leurs filles qui porteront des corbeilles de fleurs, les citoyens seront accompagnés de leurs fils qui porteront des branches de chêne.

5° Le reste des citoyens se formera en colonne sur deux de front de chaque côté du peloton; les hommes tiendront la droite, les femmes la gauche, les officiers tiendront le centre de la colonne pour maintenir le bon ordre.

6° Au centre sera un enfant qui portera un oriflamme sur lequel sera inscrit en gros caractères : A L'Etre suprême.

7° A côté des tambours sera un groupe composé de mères et épouses des défenseurs de la patrie; elles porteront à la main une branche de laurier.

8° Entre les tambours, sept vétérans ou citoyens âgés de plus de soixante ans formeront un peloton et l'un d'eux portera un oriflamme : Immortalité de l'ame.

Derrière ce peloton sera la gendarmerie nationale qui fermera la marche.

9° A midi, le commandant enverra un détachement de la garde nationale, accompagné de tambours, pour avertir la Municipalité de se rendre.

10° La Municipalité se placera à l'extrémité de la colonne un peu en avant des vétérans, les maire et officiers municipaux porteront à la main des bouquets d'épis de blé. L'oriflamme sera porté par le secrétaire-greffier de la commune ; sur cet oriflamme sera inscrit d'un côté : *Les hommes sont égaux devant Dieu et devant la loi* et de l'autre côté : *Guerre aux tyrans, paix au peuple.*

11° Au milieu du corps municipal quatre citoyens porteront la table de la Déclaration des Droits de l'Homme et de la Constitution française.

12° Devant la Municipalité marcheront sept cultivateurs, l'un portera une pique surmontée de l'image de la Liberté, dont la tête sera ornée d'une couronne de fleurs et d'épis de blé, et les autres porteront les instruments du labourage.

Tous ainsi disposés, une salve d'artillerie annoncera le départ de la Municipalité qui se rendra dans cet ordre, au son du tambour, à la montagne.

Le Maire (1) montera au haut de la montagne, invitera le peuple au recueillement et à l'attitude qui conviennent à des hommes libres en présence de l'Etre, suprême ; le citoyen, agent national, sera invité par la Municipalité de prononcer un discours analogue à la fête. Après le discours on entonnera un hymne civique; cet hymne fini, le Maire montera à la tribune, les mains levées vers le ciel, promettra au nom du peuple à l'Etre suprême de ne jamais reconnaître d'autre culte que celui de la Raison et d'autres prêtres que la nature entière. Un autre hymne sera chanté par le peuple entier. Alors une décharge d'artillerie, symbole de la vengeance nationale, embrasera le courage de tous les citoyens, tous s'embrasseront et répèteront le serment de mourir pour la défense de la Liberté, de l'Egalité, et de la République, une et indivisible ».

A rapprocher cette mise en scène du compte rendu de cette même fête célébrée le même jour à Paris.

« Le rassemblement eut lieu aux Tuileries. Après deux sermons du président Robespierre, alors à l'apogée de sa dictature, la procession se rendit au Champ-de-Mars où se dressait une immense montagne.

Marchant très avant de ses collègues, le Cromwell jacobin apparaît au public comme l'incarnation même de la Révolution.

Là des symphonies, chants, hymnes, serments de vaincre et hommages furent rendus à l'Eternel.

David avait réglé tous les détails de la cérémonie (2).

Fête anniversaire de la juste punition du roi des Français. — Le 13 pluviôse an III de la République, le Conseil général de la commune décide que, conformément à la loi du 2 nivôse, il sera célébré l'anniversaire de la juste punition du dernier roi des Français.

L'agent national entendu, il arrête :

« Demain, 14 pluviôse, il sera célébré dans cette commune l'anniversaire de la juste punition du dernier roi des Français.

Tous les citoyens seront invités à se rendre au son de trompe au Temple de la Raison (ci-devant l'église paroissiale) où lecture du procès-verbal de la Convention nationale sera faite; des hymnes patriotiques seront chantés et ensuite tous les citoyens se rendront auprès de l'arbre de la Liberté et d'un mouvement spontané prononceront les mots de Vive la République, périsse

(1) *Docteur Dubuisson.*

(2) *Névrose révolutionnaire. Op. cit.*

à jamais le tyran du monde. Vive la Liberté. Guerre et mort aux tyrans ».

La fête de la Raison. — Les registres des délibérations ne mentionnent pas la célébration de cette fête à la Roquebrou.

Cependant, comme on vient de le dire à la délibération précédente, l'église y apparaît sous le vocable de Temple de la Raison, preuve qu'elle a été affectée à ce culte.

Un de nos plus honorables concitoyens, M. Frégeac père, décédé en 1890, assurait tenir de la bouche de son grand-père, qu'une plantureuse fille du peuple, qu'il nommait, y avait rempli le rôle de la déesse.

On sait que ce rôle a été tenu dans les églises de la capitale par les principales actrices de l'époque.

Cette fête y fut célébrée le 20 brumaire an II.

Sous le Directoire, la célébration des fêtes continue, leur nombre en est même augmenté. C'est maintenant l'administration municipale du canton composée des agents municipaux des communes de son ressort et fonctionnant en vertu de la Constitution de l'an III qui en assure l'exécution .

Anniversaire de la mort de Louis XVI. — Le 11 pluviôse an IV, en séance publique, le Commissaire du Directoire exécutif dit qu'en exécution de l'arrêté du Directoire exécutif du 22 nivôse dernier, il avait écrit une circulaire à tous les agents municipaux des communes du canton pour les prévenir qu'il serait célébré dans ce chef-lieu la juste punition du dernier roi des Français et qu'ils devaient se réunir avec leurs adjoints ainsi que tous les autres fonctionnaires publics, juges, assesseurs, notaires, et tous les employés du gouvernement salariés par la République, pour y déclarer, en présence du public, qu'ils sont sincèrement attachés à la République et qu'ils vouent une haine éternelle à la Royauté.

Le 13 pluviôse, le cortège s'est formé à la salle des réunions de l'Administration municipale et précédé du Président s'est rendu sur la place publique où la « juste punition du dernier roi des Français » a été célébrée.

Fête de la Jeunesse. — A la séance publique du 21 germinal an IV, le Président communique à l'Administration municipale un arrêté du Directoire exécutif, pris en exécution de l'article 1 du titre 6 de la loi du 2 brumaire an IV, qui fixe le nombre annuel et la dénomination des fêtes nationales, et détermine le mode de célébration de celle de la Jeunesse fixée au 10 germinal.

« ARTICLE 1. — La fête de la jeunesse sera célébrée à la Roquebrou le 30 courant.

ART. 2. — L'agent municipal de cette commune est chargé de faire tous les préparatifs que les circonstances commanderont et de prononcer un discours analogue à la fête.

ART. 3. — Les agents municipaux des autres communes sont chargés d'inviter tous les citoyens parvenus à l'âge de 16 ans à y assister ainsi que les vieillards des deux sexes et les défenseurs de la Patrie qui auront reçu aux armées des blessures honorables.

Fête de la Victoire. — Le 1er prairial an IV, le Président donne lecture à l'assemblée de la loi du 18 floréal qui prescrit le mode de célébration de cette fête dans toutes les municipalités de la République.

L'Administration municipale charge l'agent municipal de la commune chef-lieu de faire les préparatifs convenables pour la célébration de la fête au jour indiqué.

Le Président est chargé de prononcer un discours analogue à la fête et d'écrire aux agents municipaux absents de s'y trouver avec leurs adjoints et d'engager par affiches les habitants de leurs communes à s'y rendre; de prévenir surtout les parents des défenseurs de la patrie et les militaires retirés à cause de leurs blessures qu'une place honorable leur est destinée; de porter aussi une note des défenseurs qui sont morts pour la cause glorieuse de la liberté et de ceux qui se sont distingués par des traits d'héroïsme.

Fête de l'Agriculture. — Le 11 messidor, le Président donne lecture à l'assemblée de l'arrêté du Directoire exécutif du 20 prairial qui détermine la manière dont la fête de l'agriculture sera célébrée le 10 messidor.

L'Administration arrête que cette fête sera célébrée dans le chef-lieu de ce canton. Elle charge l'agent municipal du chef-lieu de prendre toutes les dispositions nécessaires et même en l'absence du président de prononcer un discours analogue à la fête.

Fêtes décadaires. — Le 21 nivôse an VI, il est donné lecture à l'Administration municipale d'une lettre des administrateurs de ce département relative aux fêtes nationales et aux fêtes décadaires.

Le Commissaire du Directoire exécutif requiert alors que les agents municipaux fassent célébrer les décadis dans leurs communes.

Fête anniversaire du 21 janvier. — L'Administration municipale considérant que la loi du 23 nivôse an IV porte que le jour correspondant au 21 janvier le Directoire exécutif fera célébrer dans toutes les communes de la République l'anniversaire de la juste punition du dernier roi des Français :

Le Commissaire du Directoire exécutif, entendu, arrête :

« ARTICLE 1. — Le 2 pluviôse prochain correspondant au 21 janvier (vieux style) tous les fonctionnaires publics du canton se rassembleront à 11 heures du matin en la salle de l'Administration et sous la présidence du Président se rendront à midi précis sur la place publique.

ART. 2. — Un détachement de la garde nationale viendra prendre le cortège et après la cérémonie il le reconduira.

ART. 3. — L'acte constitutionnel sera posé sur l'autel de la Patrie au milieu de l'enceinte où seront placés les fonctionnaires publics.

ART. 4. — Le président, après son discours, prononcera le serment prescrit par la loi du 24 nivôse an V et conçu en ces termes :

« Je jure attachement et fidélité à la République et à la Constitution de l'an III. Je jure haine à la royauté et à l'anarchie ». Tous les fonctionnaires du canton s'approcheront de l'autel et prononceront le même serment.

Art. 5. — La cérémonie sera terminée par des chants patriotiques ».

Fête de la souveraineté du peuple. — A la séance publique du 21 ventôse an VI il est donné lecture à l'Administration municipale de la loi du 13 pluviôse dernier qui ordonne la célébration annuelle d'une fête de souveraineté du peuple.

L'Administration délibérant sur son exécution et le Commissaire du Directoire exécutif entendu.

Tous les agents municipaux sont chargés de prendre toutes les mesures nécessaires afin que cette fête soit célébrée dans leur commune avec tout l'éclat et la pompe dont elle est susceptible, à cet effet il leur est remis à chacun d'eux un exemplaire en placard de la loi et une proclamation pour être lue solennellement pendant la fête.

A la séance du 1er floréal, le Président remet à chaque membre de l'Assemblée un exemplaire de la loi du 15 courant portant que l'Assemblée française au Capitole a bien mérité de la Patrie en leur recommandant expressément de la lire à la fête de la souveraineté du peuple qui doit être célébrée le lendemain.

Fête des époux. — Le 10 floréal, le Président annonce à l'Assemblée qu'on allait lui donner lecture de la lettre du ministre de l'intérieur du 20 germinal dernier et de celle des administrateurs du département, toutes deux relatives à l'exécution de la loi du 3 brumaire qui ordonne qu'il sera célébré le 10 floréal de chaque année une fête des époux et que les préparatifs étaient prêts.

L'assemblée se lève aussitôt pour aller célébrer cette fête et s'ajourne au 22 du courant (1).

L'Eglise à la Révolution

L'Eglise devint alors une maison du peuple et fut un lieu de réunion publique où les municipaux se sont fait entendre du haut de la chaire.

Le 21 frimaire an 2 en exécution du décret de la Convention nationale il y eut lieu la nomination du « Comité de surveillance » de la commune; les opérations relatives à la conscription s'y déroulèrent aussi, celle du 17 septembre 1793 y fut même tragique, un citoyen de Siran y périt dans une mêlée avec la Garde nationale de la Roquebrou.

Le 25 mars 1792, lors d'un soulèvement de la population, celle-ci, en présence de la municipalité impuissante, brise le mausolée placé au milieu du chœur qui recouvrait le tombeau des Seigneurs (2).

Un autre jour ce fut le tour du personnage aux cheveux bouclés, qui recouvrait le tombeau de la chapelle du Sacré-Cœur

(1) *Fêtes publiques à la Roquebrou, à la Révolution, par I. Calle. Revue de la Haute-Auvergne. Tome 8, page 189.*

(2) *Ils ont effacé aussi la litre, qui était autour de l'Eglise. (Reg. des délibérations).*

(anciennement chapelle Saint-Jacques) qui était un travail des plus précieux, dit le Dictionnaire historique et statistique du Cantal et qui représentait le fondateur (2).

Dans une pétition qu'ils adressent au citoyen Musset, représentant du peuple en mission dans le Cantal (26 brumaire an 2), les municipaux lui exposent que le Temple de la Raison a grand besoin d'être réparé.

Le 3 novembre 1793, un administrateur du département est venu à la Roquebrou et a requis la municipalité d'avoir à mettre à exécution le décret de la Convention nationale, relatif à la descente des cloches et par conséquent de donner des ordres suffisants, aux ouvriers de la commune, pour le mettre à exécution, ce qui a été fait à l'instant, les cloches descendues ont pesé 18 quintaux.

« Le Conseil a arrêté qu'elles seraient envoyées à l'administration du district et qu'elle serait suppliée d'accorder à la commune, en remplacement d'icelle, une pièce de quatre pour combattre les ennemis de la liberté et faire triompher la République une et indivisible » (2).

Le 15 fructidor, an 8, le culte catholique n'y était pas encore rétabli, des prêtres qui y avaient exercé sans avoir prêté le serment, étaient l'objet de poursuites. Le maire plaide en leur faveur, disant : « qu'ils n'avaient fait qu'obéir à la pression du peuple qui murmurait hautement contre les prêtres qui n'exerçaient point le culte dans un lieu public et qu'ils l'avaient fait en vue d'éviter une explosion » (3).

Ce monument a été l'objet de restaurations et d'adjonctions qui l'ont déparé. En 1840, l'on y implanta une sacristie sur l'un des bras du transepts, ce qui lui enlève sa symétrie extérieure. Intérieurement les belles pierres d'appareil des parois sont recouvertes d'un crépi ; enfin en 1891 elle fut affligée d'une toiture surbaissée, débordant les murs qui nuit considérablement à l'aspect de l'ensemble du monument.

La Château de La Roquebrou sauvé par la population

Le 12 mars 1793, M. de Niocel fut massacré à Aurillac par la garde nationale Arpajonaise.

« Cet exploit eut des conséquences déplorables, il montra aux chefs Arpajonais tout ce qu'ils pouvaient oser sans péril. Ils convoquèrent immédiatement les gardes nationales du district d'Aurillac ou plutôt cette partie malsaine et violente qui se trouve dans les corps les meilleurs, les meneurs savaient qu'ils pouvaient compter sur une troupe composée de gens sans vergogne ou de malheureux que la solde attirait.

(1) *Géraud de la Trémolière.*

(2) *Cet arrêté n'eut point de suite, les cloches furent remises à leur place, la principale porte la date de 1592.*

(3) *Registre des délibérations.*

Cette troupe se jeta les 19, 20, 21 et jours suivants sur les châteaux du pays.

Les châteaux de Fargues, Parlan, Paulat, le Poux, Ladignac, Montlogis, Omps, Ronesque, Naucase, furent incendiés, démolis ou dévastés au son du tocsin.

Une nuée de femmes accourait de toutes parts avec des sacs et des paniers, pour prendre part au pillage » (1).

Ils font annoncer à la Roquebrou que le tour de leur château sera pour le 25.

« A neuf heures du matin de ce jour on y a sonné le tocsin, la Municipalité se transporte sur la place où se trouvent rassemblés tous les citoyens et leur demande quelles sont les raisons qui leur ont fait sonner le tocsin, ils répondent que c'est pour prévenir une descente de gens d'autres paroisses, dont on les a menacés; qu'ils voulaient avoir l'air de faire du train, afin que ces gens le sachent et qu'à cette fin on conserverait les effets et propriétés de M. d'Escars » (2).

Ce résultat fut obtenu, les révolutionnaires ne vinrent point à la Roquebrou.

« Le Directoire du Département se voyant débordé dépêcha un exprès à l'Assemblée à Paris pour lui demander des secours. Jean Deby, un des Montagnards, imputa la cause des désordres à ceux qui en étaient les victimes. Les députés Girondins s'indignèrent. Les brigandages effrayants, qu'on exerce dans le département du Cantal, s'écria Laureau, député de l'Yonne, exigent enfin que vous attaquiez le mal dans sa racine. Les mauvais citoyens pillant et brûlant, sont les ennemis de l'Etat. Il faut déployer la force publique, rassurer par la protection les populations du Cantal, poursuivre les séditieux, les livrer au gaive des lois. Le rapport du Girondin Grossium qualifia et flétrit le meurtre de de Niocel et couvrit d'éloges la fermeté des Administrateurs du Directoire du Cantal. Le 31 mars, l'Assemblée, décrétant d'urgence, l'autorisa à requérir la garde nationale des départements voisins et déclara dissoute la garde d'Arpajon, qui eut ordre de rendre ses armes dans les trois jours, elle ordonna ensuite des poursuites contre les auteurs, fauteurs ou complices des crimes et troubles » (3).

Le manuscrit des « Annales d'Aurillac », des archives de cette ville, rapporte aussi les faits ci-dessus. Il y est dit que les châteaux désignés furent plus ou moins dévastés, mais totalement pillés et que tout le mois de mars se passa en promenades révolutionnaires. On faisait boire les paysans et on était bien heureux, lorsqu'il leur pla'sait de repartir seulement, le ventre plein.

Il fut alors question d'arrêter les progrès de dévastation et de pillage et on distribua des armes aux bons citoyens. Le signal allait être donné pour aller chasser les paysans d'Arpajon,

---

(1) *Tribunaux criminels et la Justice Révolutionnaire en Auvergne, par M. Marcellin Boudet.*

(2) *Registre des délibérations.*

(3) *Tribunaux criminels et justice révolutionnaire en Auvergne. Op. cit.*

qui parcouraient les campagnes, lorsqu'on apprit que le rassemblement était dissous (1).

Le Rocher et la Vierge

Sur ce dyke de quartz, appelé del Moussou, sis au nord de la ville et au-devant du château, dont il était une dépendance, était autrefois édifiée une chapelle.

Les vestiges qui en subsistaient, il y a quelque 25 ans, étaient formés de pierres de petit appareil, qui indiquaient bien une ancienneté.

Un acte du mois de juillet 1637, des anciens registres paroissiaux des archives de la ville, dit qu'une dame Marie Taulin, étant allée en pèlerinage à la chapelle N.-D. du Château, en étant sortie de nuit, se précipita du haut du rocher en bas et mourut peu après.

En 1887, lors des travaux d'aménagement, en vue de l'érection de la statue de la Vierge, on découvrit, au sommet, deux sépultures, justaposées, de dimensions inégales (2), aux parois maçonnées, recouvertes par une voûte. Elles ne contenaient que des ossements réduits en menus fragments.

La Vierge monumentale qui y fut alors placée, fut acquise par souscription publique locale sur l'initiative de M. Delort, alors Curé-doyen de la Roquebrou.

Après l'inauguration solennelle de septembre 1887, M. l'abbé Chabau, l'historien des Vierges monumentales de notre pays, a écrit :

..... « Prise de possession providentielle! Il est, au-dessous d'Aurillac, un autre point, la Capelle-Viescamp, où viennent aboutir, après s'être réunies un peu auparavant, les deux voies en construction, de Saint-Denis-les-Martels et d'Eygurande, Notre-Dame n'a eu garde de négliger ce poste; elle s'est emparée des quatre aboutissants, dont trois étaient déjà en sa possession : Notre-Dame-des-Miracles (3) tenait celui du Nord; Notre-Dame du Cœur, celui de l'Est (4) ; Notre-Dame de Quézac, celui du midi; l'issue de l'Ouest était libre. Et voilà que Marie en a pris officiellement possession, en se portant à la Roquebrou par l'érection solennelle de sa majestueuse statue » (5).

Vierge encore à Murat, à Vassivières. Que de Vierges, que de Vierges, s'écrie M. Ajalbert. Pour faire leurs dévotions, Messieurs les voyageurs n'ont qu'à mettre le nez à la portière (6).

---

(1) *Invent. som. des archives de la commune d'Aurillac. 2e vol., page* 303.

(2) *L'une des deux paraissait avoir été une sépulture d'enfant.*

(3) *A Mauriac.*

(4) *A Aurillac.*

(5) *C'est la commémoration de cette cérémonie, qui se célèbre chaque année le 1er dimanche de septembre et est devenue la fête locale si renommée de la Roquebrou.*

(6) *L'Auvergne, par Jean Ajalbert, page* 121.

La Statue de l'Hospice

Dans une niche creusée dans la façade de la chapelle de l'Hospice, en bordure de la rue Damon, on voit une curieuse statuette représentant un personnage enchaîné à une colonne. Une inscription peinte sur le fonds apprend qu'il s'agit de Saint-Sébastien, martyr.

Qu'elle peut-être l'origine de cette statue?

Il y avait autrefois attenante à l'église une chapelle de Saint-Sébastien, qui a été supprimée, ce saint en est peut-être venu.

Lors de la Révolution la statue occupait la niche. Un certain jour quelques forcenés se rendent à l'hospice pour y commettre des déprédations. La Supérieure, Marie Besson, leur en impose par son attitude énergique et finalement les détourne de leur mauvais projet « leur fureur se borne à mutiler une statue de saint placée dans une niche » (1). Elle est signalée dans la plupart des Guides.

Les méfaits du ruisseau de Négrerieu

Jacques Daslosse, le contrôleur, en 1770, dit aussi dans ses observations relatives à la Roquebrou : qu' « il y coule deux ruisseaux, l'un au levant, appelé du Reclus et l'autre au septentrion, appelé de Négrerieu, qui en serpentant ledit lieu, traversent nombre de maisons qui s'y trouvent bâties, ce qui fait qu'à leur débordement tous les particuliers qui les avoisinent sont exposés non seulement à perdre leur demeure, mais leur vie même. Ils se dégorgent dans la rivière de Cère... » (2)

De ces deux ruisseaux, c'est surtout le dernier, le Négrerieu qui au Moyen-Age concourait à la défense de la ville, qui a ses débordements dangereux.

Quoique son parcours ne soit pas considérable, il roule parfois un énorme volume d'eau qui dans la pente déclive de la traversée de la ville, se change en torrent impétueux.

A son origine, il serpente dans la camp du Négrerieu, autrefois commune aux habitants de la Roquebrou, qui lors du partage des biens communaux, décrété par la Convention, provoqua des démêlés avec les habitants du bourg de Sanhaboux. Ceux-ci prétendaient avoir des droits sur ces communs: Sanhaboux, ayant autrefois fait partie de l'ancienne paroisse de Brou.

Le 8 octobre 1792, le maire de la Roquebrou adresse une pétition aux Administrateurs du département, demandant l'envoi d'une somme de six mille livres pour réparer les dégâts commis par un ouragan, ayant provoqué un débordement du ruisseau de Négrerieu. Il expose qu'une cinquantaine de maisons

---

(1) *Abbé Soulhié, notice sur Nieudan (Clermont-Ferrand 1884).*

(2) *Observations de Jacques Daslosse, contrôleur au 20e. Op. cit.*

ont eu leurs fondements enlevés par les eaux et que l'entrée du pont sur la Cère ne peut être abordé et que par conséquent toute communication entre le Quercy et le département se trouve interceptée. Il demande en outre l'envoi de commissaires pour qu'ils puissent juger de l'horreur de la situation (1).

Le 30 thermidor an II (juillet 1802), le maire et l'adjoint exposent au citoyen Préfet du département, qu'à une heure après-midi, un ouragan dont on n'a pas d'exemple dans les environs, a éclaté sur le ruisseau de Négrerieu, que tous les chemins vicinaux ont été dégradés et rendus impraticables, qu'un grand nombre de marchands ont perdu toutes leurs marchandises et que de pauvres brassiers se trouvent à la mendicité par la perte de leur habitation (2) et de leur mobilier. Ils le prient de vouloir bien envoyer sur les lieux un Commissaire accompagné des Ingénieurs et de l'Inspecteur des Contributions, pour constater la perte que vient d'éprouver cette malheureuse commune. Ils demandent la somme de 6.000 francs pour être employée aux réparations publiques les plus urgentes.

L'année suivante 26 pluviose, an 12, le Conseil municipal demande encore une somme de 3.000 francs « considérant que le désastre qu'a éprouvé la commune par l'effet de l'orage qui l'a ravagée l'été dernier, lui donne des droits à la bienfaisance du Gouvernement pour lui aider à rétablir les lieux publics qui sont encore obstrués par les décombres et interdisent tout passage pour arriver dans certains quartiers. »

Les fonds qui ont été accordés à la commune pour le déblaiement, ont suffi à peine pour opérer « le huitième du travail » l'année d'après, 23 pluviose, an 13, ils exposent « que l'encombrement qui existe sur la place publique, dans tout le quartier qui avoisine le pont, ainsi que dans le canal du ruisseau de Négrerieu, depuis l'inondation du 30 thermidor, an II, cause le plus grand dommage à tous les habitants de la ville en interceptant toutes les communications ». Ils supplient le Préfet de vouloir bien leur accorder encore une somme de douze cents francs.

En plus des secours accordés par le Gouvernement, il a été délaissé à la commune, pour cet objet, tout le reliquat des fonds de l'Administration Municipale du Canton de la Roquebrou de la Constitution de l'an 3 « qui était considérable ».

Au mois de novembre 1822 eut lieu un autre débordement de ruisseau, une lacune dans le registre des délibérations allant de 1820 à 1827, ne nous permet point d'être fixé sur son importance. Nous savons seulement par les pièces d'un procès que les deux maisons qui se trouvent à son embouchure, furent gravement endommagées, l'une fut même en partie démolie.

Le 21 septembre 1844, le maire et adjoint de la commune, exposent à M. le Préfet « qu'un ouragan des plus terribles a éclaté sur cette ville, ce présent jour à trois heures de relevée; que son point primitif s'est d'abord magnifesté sur la camp de

(1) *Registre des délibérations.*

(2) *Deux maisons au quartier de la Barrière ont été démolies. Registre des délibérations.*

LA ROQUEBROU

Ruisseau de Négrerieu *(ancien fossé de la ville).*

L'un vers l'autre penchés comme ces personnages
Sourds et bavards, heureux de cancaner un brin
Ces vieux logis entre eux causent du Moyen-Age
Dont ils sont les contemporains.

A. VERMENOUZE.

Négrerieu où il a dévasté les récoltes nouvellement ensemencées et entraîné les terres dans la gorge du ruisseau de Négrerieu. Cet amas de décombres a fait un torrent considérable, enlevant les roches qu'il trouvait à sa rencontre et est venu se jeter dans la ville où il a commis un dégât considérable.

Il a d'abord enlevé le pavé de la rue Négrerieu quoique construit avec de gros matériaux, ensuite celui du lit du ruisseau qui traverse la ville, puis la majeure partie des fondements des maisons et murs de soutènement riverains, le tout se serait même écroulé si l'ouragan eut duré quelques secondes de plus.

Les habitants étaient dans l'alarme, chacun déménageait avec anxiété au milieu du danger qui les menaçait, des boutiques de marchands ont été enfoncées par la force du torrent, les matériaux qu'il entraînait ont comblé la partie inférieure du ruisseau et détruit la majeure partie de la voûte qui le couvrait sur la place Sabatier où il a déposé une partie de ces décombres.

Les dégâts occasionnés par ce funeste ouragan, sont si considérables que la commune est dans l'impossibilité de faire la dépense qu'ils nécessitent ».

Ils supplient M. le Préfet de vouloir bien envoyer un agent-voyer pour faire la visite des lieux et ordonner les réparations à faire et enfin d'accorder des secours. Ils lui rappellent que des sinistres de même nature eurent lieu sur ce même ruisseau, le 30 thermidor, an II et en novembre 1822 (1).

A la suite de ce dernier débordement, M. le Préfet du Cantal prit un arrêté interdisant formellement tout défrichement des pentes avoisinant le lit du ruisseau.

Le 16 août 1867, vers les quatre heures du soir, une trombe d'eau qui s'abattit sur la camp de Négrerieu, au cours d'un violent orage, provoqua le débordement de tous les ruisseaux qui la parcourent.

Comme dans les cas précédents, c'est le Négrerieu qui commit le plus de dégâts. Les eaux réunies en torrent se sont précipitées dans la gorge, entraînant les terres et les rochers. Le lit du ruisseau a été complètement obstrué, depuis la place Sabatier, et les eaux s'ouvrirent un passage en soulevant les planchers des maisons qui bordent la grande place qui fut inondée.

Toutes les marchandises sises au rez-de-chaussée de ces immeubles furent emportées par les eaux, l'on voyait surnager quantité de pains, des sabots, etc.

Des dégrèvements et des secours furent accordés et l'Administration coopéra avec la commune au déblaiement.

Il convient enfin de noter que de temps immémorial, il s'effectue tous les ans une procession qui affecte de suivre dans son trajet un certain parcours du ruisseau « à l'intention de préserver la ville des crues de ce cours d'eau ».

---

(1) *Le débordement de 1792 était effacé des mémoires, comme le sont actuellement ceux qui ont suivis. (Registre des délibérations).*

Le Château de la Roquebrou après la Révolution

C'est cette ancienne forteresse qui a provoqué la création de la ville et ses habitants l'ont vue se dresser à travers les âges à la fois menaçante et protectrice; menaçante, car sous la féodalité elle était la principale garantie des privilèges du Seigneur; protectrice, car c'est sous son égide tutélaire qu'ils ont dû parfois de pouvoir vivre en paix et en sécurité.

L'évolution du temps ayant supprimé son importance passée, elle devait par la suite, éprouver bien des vissiscitudes.

Le château acquis par Jean Frégeac, à la vente de pluviose, an II, fut revendu par lui l'année suivante (4 ventose an 3) à Anet Four (1). Le fils de ce dernier, Victor Four, qui fut maire de la Roquebrou, comme l'avait été son père, installa la mairie dans la grande salle.

Gustave Four, fils et petit-fils des précédents, fut un prodigue qui ne sut point garder le patrimoine que lui avaient légué ses prédécesseurs. En 1840, il n'est plus propriétaire du château (2).

La prodigieuse charpente de celui-ci excitait les convoitises d'appétits matériels, ils allaient pouvoir se satisfaire.

En 1843, nouvelle vente (3); une association se forme, ayant pour but sa démolition. Ici nous tairons des noms, car comme l'a dit M. Edmond Haraucourt, au sujet des déprédations commises au château de Montal, en Quercy, cette autre dépendance des anciens seigneurs de la Roquebrou et que répare en ce moment, un homme de goût, l'œuvre est vilaine.

La population de la Roquebrou, qui lors de la Révolution, a sauvé le château, va cette fois assister impuissante peut-être, même indifférente, à la destruction.

Après la toiture descendue, on jette en bas le chemin de ronde crénelé qui mettait au sommet de l'édifice une couronne brunie par les siècles. Puis, ce fut l'étage inférieur, avec son rang de fenêtres Renaissance; ils en laissent subsister une, qui reste comme spécimen de celles disparues.

Ce fut ensuite le tour de la grande salle, qui témoignait cette opulence sévère, des grands seigneurs de l'ancien régime; par ses grandes dimensions, sa cheminée monumentale en andésite sombre son parquet formé d'étroites lamelles de chêne disposées en damiers, par la hauteur de son étage, supporté par d'énormes poûtres reposant sur des consoles de pierre recouvertes de panneaux où étaient peints les blasons des familles alliéesà la Maison; sa belle corniche, dont le Conseil municipal de la ville d'Aurillac décide alors de faire l'acquisition (4). projet qui sans doute n'a pas eu de suite. Tout ceci est mutilé.

(1) *Minutes de Denevers, notaire à la Roquebrou.*

(2) *Gustave Four le vendit à M. Picard, orfèvre.*

(3) *Minutes de Serres, notaire à Ayrens* (4 novembre 1843).

(4) *Tablettes historiques de l'Auvergne* (*Bouillet*).

Le Château de La Roquebrou (état actuel)

brisé, l'on ne retient que les grosses pièces de chêne qui chargées sur des charrettes, sont à grands frais expédiées en la ville de Bordeaux.

Les résultats n'ayant pas répondu aux espérances conçues, les démolisseurs interrompent leur œuvre néfaste après avoir anéanti l'une des deux ailes du château.

En 1853, M. Jean Frégeac huissier, le petit-fils du premier acquéreur, lors de la vente de 1792, le rachète.

Impuissant à réparer les déprédations faites, qu'il devait déplorer car M. Frégeac s'est intéressé aux œuvres du passé, ce qui lui valut le titre de membre correspondant de la société des antiquaires de France, il le revend en 1860.

Avec cet autre acquéreur les démolitions recommencent. Peu après son acquisition il abat un étage de l'aile restée intacte, il mutile la belle salle d'Armes et la grande cheminée qui s'y trouve, dont il ne laisse subsister que les colonnes des pillers; il rase le chemin de ronde jusqu'aux consoles qui le soutiennent; il supprime entièrement la chapelle qui occupait le vide existant entre le pignon du corps du bâtiment et la tour Négrerieu.

Vers 1870, malgré les protestations de la population et des offres d'indemnité, il abat le superbe maronnier, remarquable par sa grosseur extraordinaire et dont le feuillage couvrait entièrement la terrasse; finalement il enlève la couverture de la grosse tour qui depuis les démolitions de 1843 était isolée du restant du château. Celle-ci résista aux intempéries un certain nombre d'années, grâce à ses voûtes aux fortes nervures; mais en 1881, à l'heure de midi, elle s'ouvrit de toute sa hauteur et s'abattit avec fracas, entraînant une partie de la terrasse. Nous avons dit que cette tour, la plus importante du château, était autrefois appelée le donjon (1); on y pénétrait par une belle porte à ogive, qui était surmontée d'une lunette cylindrique creusée dans un beau bloc et placée latéralement au mur, en regardant la ville, ce qui intriguait beaucoup. C'était la place qu'occupait jadis une pièce d'artillerie.

Et malgré toutes ces dévastations, toutes ces injures et des hommes et du temps, ce qui en reste ne manque pas d'aspect et d'intérêt et fait dire à un des meilleurs écrivains cantaliens : « Ces ruines offrent encore un aspect saisissant, dont les habitants de la charmante petite ville sont justement fiers. Elles s'enlèvent sveltes et droites au-dessus des toits rouges que la rivière reflète dans son clair miroir » (2).

---

(1) *Ce qui en reste vient d'être sauvé de la démolition et consolidé par le « Syndicat d'Initiative de la Roquebrou (septembre 1911) ».*

(2) *Le tour de France, juin 1907. Louis Farges.*

CHATEAU DE LA ROQUEBROU. (Plan cadastral, Section D.)

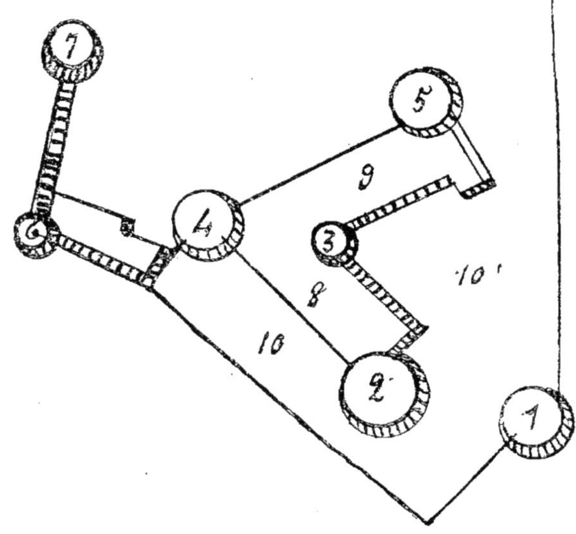

1. Tour del Moussou.
2. Donjon.
3. Tour de l'escalier.
4. Tour de l'Ouest.
5. Tour de Négrerieu.
6 et 7. Tours et remparts.
8. Aile démolie en 1843.
9. Aile actuelle.
10 et 11. Terrasses.

Le Champ de Foire

Dans la pétition qu'ils adressent au citoyen Musset, député, en mission dans le Cantal et dont la présence leur avait été signalée à Aurillac, les Municipaux de la Roquebrou lui exposent « que depuis longtemps huit foires très conséquentes à cause de la proximité du département de la Corrèze, du Lot et de l'Aveyron, sont établies en cette localité et que jusqu'à présent il n'y a pas eu de foirail. Nous réclamons, citoyen Représentant, la somme de 12.000 livres, pour en faire l'acquisition ».

Cette pétition ne produisit point son effet, pour la raison mentionnée à la suite, que l'envoyé chargé de la lui présenter, ne put s'acquiter de sa mission, le citoyen Représentant étant parti pour Mauriac (1).

Conséquence de contre-temps, en 1830, la ville de la Roquebrou n'avait pas encore de foirail. C'est vers cette époque qu'elle fit l'acquisition de deux parcelles qui aboutissaient au ruisseau du Reclus. En 1850, elle acquit l'autre partie en delà du ruisseau qui était alors un pré appelé « de Trincade ».

En 1854, la Municipalité décide la vente d'une bande du foirail en bordure de la route départementale. A l'enquête prescrite par l'Administration, la population protesta en masse et le projet ne fut point autorisé.

En 1887, avec l'aide d'un legs fait à la ville, pour cet objet, par M. Pierre Merle, il fut construit le quai en bordure de la Cère l'année suivante l'esplanade fut remblayée (2).

Ce vaste et bel emplacement, admirablement situé, planté d'arbres prospères et garni de bancs, constitue aujourd'hui le joyau de la ville, tout en remplissant les conditions d'un champ de foire parfait.

C'est le lieu, spécialement fréquenté à la belle saison, par la population et aussi par les étrangers de plus en plus nombreux, en villégiature à la Roquebrou.

La Municipalité actuelle, vient de compléter encore ce beau patrimoine, en y adjoignant l'enclos Cabanes, contigu.

Chemins et Routes

Avant l'ouverture des routes qui datent pour notre canton, la première de 1744 et la deuxième de 1838, il n'y avait que des chemins qui suivaient tous les accidents du terrain et étaient insuffisamment entretenus par les « corvées ».

Un de ces chemins a dû, de temps immémorial, relier la Roquebrou à Aurillac. C'est celui que suivit le pape Urbain VI, revenant du Concile de Clermont, en 1095, en se rendant à Limoges.

Le 17 décembre, il quittait Aurillac et le 21 Uzerche (3).

Ces deux dates, dit M. Bombal (4) « indiquent d'une manière certaine, l'itinéraire du pontife. La Roquebrou, Argentat, Tulle, Uzerche. Le cortège pontifical partit le matin du 18, de la Roquebrou, il atteignit dans la matinée les limites de la province et le soir Argentat. L'état des chemins obligeait le pape à voyager à cheval ou en litière, suivi d'un nombreux cortège

---

(1) *Registre des délibérations* (26 *brumaire, an* 3).

(2) *Tous ces travaux furent dirigés par M. Louis Grimal, alors notre dévoué conducteur-voyer et notre compatriote par alliance. C'est lui qui y a fait planter les allées d'arbres, ainsi que celles des routes, qui fit faire les trottoirs de l'intérieur de la ville, etc., etc...*

(3) *J.-E. Darras (Histoire générale de l'Eglise).*

(4) *Eugène Bombal. La Châtellenie de Merle (Corrèze).*

et de tout le peuple des paroisses qu'il traversait, sa marche était lente ».

Cet ancien chemin, dont il subsiste quelques tronçons, pouvait, au XVIIe siècle, livrer passage aux rares voitures qui existaient alors. « Le 10 du mois de décembre 1664, est décédé à Aurillac, un petit enfant de Messire Charles d'Escars de Merville. La levée du corps faite, la Communauté des prêtres de l'Eglise Notre-Dame, de cette ville, a conduit le corps jusqu'au dehors de la porte d'Aurinques, après quoi on l'a mis dans un *carrosse* et on l'a emporté à la Roquebrou, accompagné d'un prêtre » (1).

C'est ce même chemin d'Aurillac, allant à Saint-Céré, que suivait Mre François Mainard, président au présidial d'Aurillac, de 1611 à 1626 « passant par la Roquebrou où le marquis d'Escars avait un gros château » pour se rendre à celui de Castelnau, où il savourait d'excellents saumons (mémoires de Fr. Mainard).

Les inventaires du mobilier du château ne mentionnent aucune voiture, celui de 1746 comprend une litière avec ses brancards, des selles de mulets.

La route royale de Clermont à Limoges par Aurillac, qui d'après certains auteurs aurait emprunté sur plusieurs points de son parcours dans notre département, l'assiette d'une ancienne voie romaine, est la première qui ai sillonné notre Canton.

La partie comprise entre Aurillac et la limite du département (chapelle du Teulet au-dessus de Montvert) fut commencée en 1738 et finie en 1744; elle coûta 70.281 livres (2).

Cette route délaissa la ville de la Roquebrou, dont elle se rapprocha jusqu'à moins de 1.500 mètres; on a prétendu que la raison en était que les ingénieurs avaient alors pour mission de suivre les plateaux et les endroits découverts, d'éviter les collines et les endroits boisés, afin de ne pas exposer les voyageurs et les diligences aux surprises des brigands.

Et cependant, malgré qu'elle ne servit point à relier leur ville, les habitants n'en ont pas moins participé à sa construction.

« Le 3 décembre 1775, le corps commun des habitants a à délibérer sur la proposition de l'Intendant de la province, de déclarer s'ils préfèrent payer par abonnement les travaux publics qu'ils sont tenus de faire pour l'entretien des grands chemins ou s'ils veulent continuer à les entretenir par corvée comme par le passé.

Les habitants, d'une commune voix, arrêtent que M. l'Intendant de cette province, sera supplié de considérer que la paroisse de la Roquebrou a été employée pour l'ouverture des grands chemins, qui se sont faits à trois lieues à la ronde et notamment pour la construction du pont du Pontet, près d'Aurillac et qu'il serait injuste, qu'elle supporta une imposition pour un travail déjà fait par elle.

(1) *Archives de la ville d'Aurillac* (*communiqué par M. Jean Delmas*).

(2) *Tablettes historiques de l'Auvergne, op. cit.*

En conséquence, l'Assemblée se soumet à entretenir cette route, par corvée ».

Quelques années auparavant (22 janvier 1769), ils lui signalaient « que le chemin d'Aurillac à Saint-Céré, passant à la Roquebrou, dans la partie comprise entre la côte de Mouniole et les abords du village de Bosviel, est tellement impraticable, qu'on ne saurait y passer à cheval ou à pied sans s'exposer, ils le prient de vouloir bien obliger les paroisses voisines à y faire aussi leurs corvées » (1). Mêmes plaintes exprimées dans le cahier des doléances de 1789, la partie du pont d'Ourgon à la Roquebrou y est aussi signalée impraticable.

On lit dans le rapport présenté par les Ingénieurs à l'Assemblée du Conseil du Département du Cantal, siégeant à Saint-Flour, le 16 novembre 1790, qu'il y a dans ce département deux routes de première classe qui comprennent celles faisant communiquer Paris avec les villes principales .

1° Celle de Clermont à la Lozère, par Massiac et Saint-Flour, et celle de Clermont au Lot, par Mauriac, Aurillac et Maurs.

Puis quatre routes de deuxième classe qui sont celles servant de communication entre les villes principales; au nombre de ces dernières est celle d'Aurillac à Limoges par Montvert, entièrement à l'entretien. Il est dit dans le rapport : « que cette route est une des plus propres à vivifier le commerce languissant en donnant la communication avec Bordeaux. Cette route a besoin de corrections, il y a un service de poste établi, mais il ne se fait qu'à simples bidets ». Ils proposent un atelier d'entretien et de continuation d'ouvrage. Total, 11.569 livres.

Il est ensuite soumis à l'Assemblée, une pétition du district d'Aurillac. Le procès-verbal dit : « Les pétitions qui en émanent renferment des vues profondes et éclairées par le flambeau d'une expérience réfléchie; la seule nouvelle route qu'il sollicite est celle d'Aurillac à Saint-Céré, par la Roquebrou, qui demande peu de frais et procurera de nombreux avantages commerciaux » (2).

Malgré le bien fondé de cette demande, apprécié dans le style pompeux de l'époque, malgré de nombreuses délibérations de la Municipalité, proclamant les avantages incontestés que devait procurer cette ouverture, ce n'est qu'en 1838 que celle-ci eut lieu.

L'élargissement du pont eu lieu aussitôt après.

C'est en 1840 que se fit la route de cette ville, à l'Estancade (3) (point de jonction avec la grande route de Clermont au Lot) et en 1852, ce fut celle de la Roquebrou à la Croix de Bonnet (point de jonction avec la route de Clermont à Limoges). La route de Pleaux au Pont d'Orgon date de 1845. Enfin le réseau des chemins vicinaux reliant toutes les communes au chef-lieu du Canton, s'est construit depuis 1870.

---

(1) *Minutes de Denevers, notaire.*

(2) *Invent. sommaire des archives départementales. Période révolutionnaire* (1790 an VIII).

(3) *C'est notre regretté père qui exécutera l'entreprise de cette ouverture.*

En plus des routes et des chemins ci-dessus, il n'est pas rare de rencontrer à travers l'étendue de ce canton, de ces chemins étroits, profondément encaissés par leur long usage, qui ont servis à qui sait le nombre de générations et qui ont dû voir passer nos pères les Gaulois, conduisant leurs lourds chariots attelés à leurs grands bœufs.

La ligne de Capdenac à Arvant qui touche une commune seulement de notre Canton, celle de Lacapelle-Viescamp, fut livrée à la circulation en 1868. Celle d'Aurillac à Saint-Denis-les-Martels, passant à la Roquebrou, le fut en 1891 et celle de Mauriac à Aurillac, en 1892.

Formation du Canton de la Roquebrou

C'est le 11 décembre 1789 que fut voté le principe de la division de la France en départements.

Ce principe, une fois décrété, l'Assemblée s'occupa des divisions intérieures. Le 12 novembre on vota la division du département et le 16 on décréta que chaque district serait divisé en cantons.

Préalablement des commissions avaient été désignées pour opérer le travail de formation et organisation des départements; les députés étaient tenus de produire au Comité de constitution, avant le 9 janvier suivant, le tableau énumératif de leurs limites respectives, dressé par ces commissions.

Celle désignée pour opérer la démarcation pour la division extérieure du département du Cantal, était composée de douze membres, dont trois appartenant au Clergé, trois à la Noblesse et quatre au tiers-état; parmi ces derniers, était M. Hébrard, avocat et député du Cantal à l'Assemblée Nationale (1).

En cette circonstance les officiers municipaux de la ville, comptant sur le haut appui d'Hébrard, leur ancien juge du Marquisat et de plus leur compatriote par alliance (2) espérèrent voir leur ville devenir le chef-lieu d'un des arrondissements à créer.

Le 20 novembre 1789, ils adressent une délibération à l'Assemblée Nationale, demandant « que la partie du Quercy, qui s'étend depuis la ville de Maurs jusqu'au confluent des rivières de Dordogne et de Cère, fit partie du nouveau département » (3).

Trois jours après (23 novembre) ils adressent une autre délibération dans laquelle ils demandent que la ville de la Roquebrou soit le chef-lieu d'un district et le siège d'une justice royale, attendu qu'actuellement cette ville était le chef-lieu d'une justice seigneuriale qui s'étendait sur 32 paroisses (4).

---

(1) *Formation d'organisation du département du Cantal* (B. *Faucher*). *Revue de la Haute-Auvergne* 1911, 2 fasc.).

(2) *Pierre Hébrard, avocat, avait épousé en* 1775 *Marguerite Delzort de Labarte, près la Roquebrou.*

(3) *Archives Nationales D IV bis,* 21. *Dossier* 321, N° 2, *relevé par M. Faucher.*

(4) *Registre des délibérations.*

Si ces demandes allaient avoir une suite favorable, la Roquebrou devenait un chef-lieu d'arrondissement, dont les cantons auraient été Bretenoux, Latronquière et Maurs.

Seulement la Municipalité avait compté sans les commissaires et députés du Quercy, qui de même que ceux de Saint-Flour, qui se firent appuyer de M. de Brieude de la Roquebrou, médecin de S. A. S., le duc d'Orléans alors bien en cour pour lutter contre les prétentions de Riom, et s'efforcèrent sans doute de conserver leurs anciennes limites.

La réponse d'Hébrard (15 décembre) à qui ils ont envoyé la dernière délibération, leur causa une certaine déception. Il leur apprend « qu'il est décidé que l'Auvergne aura deux départements, le nôtre ne peut-il être susceptible de nombreuses subdivisions, trois districts me paraissent suffisants et vous êtes trop près du chef-lieu pour prétendre en avoir un.

Quant à la répartition des tribunaux, elle est subordonnée à l'organisation judiciaire et il n'y a encore rien de fait, j'espère toutefois qu'on ne laissera pas sans justice des municipalités aussi importantes que celle de la Roquebrou. S'il tient à moi de vous procurer cet établissement, vous êtes sûr de l'avoir ».

Les Municipaux, tenant à leur projet, ne se découragent point et le 11 janvier suivant (1790) ils reviennent à la charge et écrivent à Hébrard, le priant de faire « d'autres tentatives qui prouveront mieux son attachement pour la ville ».

Ils lui rappellent une lettre antérieure où il laissait entrevoir la possibilité d'obtenir un district, et lui adressent une copie certifiée du procès-verbal de l'Assemblée départementale, tenue à Aurillac, d'après laquelle l'élection de cette ville est divisée en quatre districts, dont la Roquebrou est un des chefs-lieux.

C'est le 25 avril 1790, que la Municipalité est avisée par lettre, que l'Assemblée Nationale vient de décréter la formation d'un canton dont la ville de la Roquebrou sera le chef-lieu et qui est désigné dans la nouvelle délimitation du haut pays d'Auvergne le 5e Canton. Il comprend 21 communes : La Roquebrou, Montvert, Rouffiac, Cros-de-Montvert, Arnac, Saint-Illide, Saint-Santin-Cantalès, Saint-Victor, Ayrens, Nieudan, Lacapelle-Viescamp, Saint-Etienne, Saint-Gérons, Siran, Saint-Saury, Espinadel, Glénat, Lasséglatière, Pers, Omps et Roumégoux (1).

Les démarches et l'influence d'Hébrard se manifestent dans ce résultat, ne pouvant faire obtenir à la ville de la Roquebrou le district convoité, il en a fait le chef-lieu d'un gros Canton; aussi la Municipalité se déclare satisfaite et le 27 août suivant, apprenant qu'il est arrivé à Aurillac, le maire, s'adressant aux officiers municipaux, leur dit « qu'il croyait que par reconnaissance des démarches faites par M. Hébrard, député à l'Assemblée Nationale, pour nous procurer le Canton que nous avons, il serait à propos de lui en faire nos remerciements par une députation de quatre membres ». Cette proposition est adoptée à l'unanimité et les quatre délégués sont aussitôt désignés.

Par décret des Consuls de la République du 27 vendémiaire, an 10, modifiant les chefs-lieux des justices de paix, la com-

(1) *Registre des délibérations.*

mune de Saint-Illide fut rattachée au canton de Saint-Cernin et les communes de La Ségalassière, Pers, Omps et Roumégoux, servirent à composer le canton de Saint-Mamet, qui fut alors créé.

L'Administration Municipale du Canton de la Roquebrou

La loi du 19 vendémiaire, an 3, instituait par canton une administration dite municipale, composée d'un agent municipal et d'un agent de chacune des communes le composant, au lieu et place de toutes les Municipalités qui cessèrent dès lors leurs fonctions.

Les élections en eurent lieu le 15 brumaire an 4 et les résultats pour le canton de la Roquebrou furent comme il suit :

La Roquebrou : François-Bernard Four, agent munincipal, et J.-B. Bac, adjoint.

Siran : Jean Colomb, agent municipal, et Hilaire Azémar, adjoint.

Ayrens : Ant. Maisonobe, agent municipal, et Guill. Desblats, adjoint.

Glénat : Géraud S erres, agent municipal, et P. Moissinac, adjoint.

Espinadel : J.-B. Bourrieu Boisse, agent municipal, et Hugue Darses, adjoint.

Lacapelle-Viescamp : J. Puechbroussou, agent municipal, et Hugues Bos, adjoint.

Lasséglatière : Ant. Esquirou, agent municipal, et B. Buffemène, adjoint.

Montvert : François Bétaillou, agent municipal, et Fr. Villars, adjoint.

Nieudan : François Pouget, agent municipal, et P. Conthe, adjoint.

Omps : Pierre Maisonobe, agent municipal, et A. Lalaurie, adjoint.

Pers : Baptiste Carsac, agent municipal, et P. Viguier, adjoint.

Roumégoux : J.-A. Besairies, agent municipal, et L. Marcillac, adjoint.

Rouffiac : Thimothée Denevers, agent municipal et Paul Vairac, adjoint.

Saint-Gérons : Hugues Noyer, agent municipal et Bastide, adjoint .

Saint-Etienne-Cantalès : Bernard Buffemène, agent municipal, et A. Traissac, adjoint.

Saint-Santin-Cantalès : J. Paulin-Lassallé, agent municipal, et A. Rebier, adjoint.

Saint-Victor : P. Veyrières, agent municipal, et Sainrame, adjoint.

Arnac : Géraud Capelle, agent municipal, et Guill. Sérieys, adjoint.

Saint-Illide : Darnis de Gounoulès, agent municipal, et Duffau, adjoint.

---

(1) *Archives départementales.*

Saint-Saury : Bex, agent municipal, et Goujou de la Brunie, adjoint.

Cros-de-Montvert : Puech, agent municipal, et Treps, adjoint.

Le 10 brumaire, an 4, Jean-Louis-Joseph Falvelly, fut élu président de l'Administration Municipale du Canton de la Roquebrou; le citoyen Cailus, avoué à Aurillac, a été nommé provisoirement commissaire du pouvoir exécutif auprès de cette Administration.

Le 5 frimaire, an 4, Bernard Four a été désigné par l'Assemblée comme suppléant au Président et Thimothée Denevers, de Rouffiac, comme suppléant du Commissaire du Directoire exécutif.

L'Administration décide qu'elle tiendrait ses séances dans la salle de la Trémolière et qu'elle établirait ses bureaux et archives dans les pièces qui y sont adjacentes. Elle vote 40.000 livres pour son installation.

Elle fixe au 1er, 11 et 21 de chaque mois la tenue des trois assemblées périodiques que doit tenir chaque mois, l'Administration Municipale. Elle recrute un secrétaire en chef et un secrétaire greffier, puis peu après, elle leur adjoint trois surnuméraires.

L'Administration du Directoire a répondu qu'elle adhérait à la demande de la somme de 40.000 livres qu'elle enverrait, mais qu'il fallait attendre quelque temps à cause du défaut de fonds dans les caisses.

Le Président fait observer que les marchands et les ouvriers se refusent de vendre et de travailler pour des assignats et que l'Administration ne peut se passer plus longtemps de réparations indispensables et d'objets utiles, sous peine pour les Administrateurs de renoncer totalement à leur fonction. Il est nécessaire, dit-il « que chacun des membres de l'Administration fasse à la chose publique non seulement les sacrifices de son temps, de son travail, des dégouts inséparables de ses fonctions, mais encore des avances. Dix ou douze livres de numéraire avancés par chaque Administrateur suffiront pour subvenir aux premiers besoins », ce qui est adopté avec empressement.

L'Administration Municipale délibère sur toutes les questions intéressant l'ensemble du Canton et aussi les communes, elle établit les contributions foncière, personnelle et mobilière, accorde des dégrèvements, elle administre les biens confisqués non vendus provenant des émigrés, accorde des passeports, etc., etc..

Emprunt forcé. — Déprédations

La loi du 19 frimaire an 4, portant qu'il serait fait un appel de fonds par forme d'emprunt, sur les citoyens aisés, l'Administration Municipale a siégé sans interruption les 9, 10, 11 et 12 nivose, pour en dresser la liste.

Ce 1er nivose, M. Delzort de Labarthe a été nommé commissaire du pouvoir exécutif près l'Administration municipale du Canton de la Roquebrou.

Le 24 Germinal l'Administration proteste contre la taxe de l'emprunt forcé imposée à ce Canton.

Le taux du département a été fixé à 1.598.000 livres à diviser entre les 23 administrations, ce qui fait pour le canton 75.700 livres, ils disent qu'en adoptant cette manière, le canton est traité rigoureusement, car on n'a pas tenu compte du nombre d'individus taxés dans la première classe, qui sont moins nombreux que dans d'autres cantons.

Le 1er ventose, an 4, il est donné lecture d'un arrêté du Directoire exécutif, qui proroge jusqu'au 10 ventose la faculté de payer en assignats l'emprunt forcé à cent capitaux pour un (1).

Par lettre du 28 ventose, les Administrateurs du département écrivent à l'Administration Municipale relativement à un délit commis par des brigands qui ont coupé une allée d'arbres, appartenant au citoyen Delzort, de Labarthe.

« L'Administration considère que ce délit est d'autant plus grave, qu'il attaque un fonctionnaire public dans ses biens et qu'il a été commis nuitamment, et que la malveillance cherche à faire retomber l'odieux du délit sur les jeunes gens de la première réquisition, par un placard apposé. L'Administration et le citoyen Delzort, rendent assez de justice à ces citoyens pour n'avoir pas arrêté un seul instant les soupçons sur eux ».

Le Commissaire du Directoire exécutif arrête que le juge de paix serait invité à mettre tout le zèle que son civisme lui suggérera pour découvrir les auteurs qui seront traduits devant le Directoire du Jury du tribunal correctionnel.

Écoles Primaires

Le 21 nivose, an 4, l'Administration Municipale procède à l'organisation des écoles primaires du Canton.

Elle déclare que le nombre qui y en est nécessaire est de douze; que le lieu le plus convenable à leur emplacement est le chef-lieu des communes, point le plus central. Le gouvernement voulant qu'il soit fourni aux instituteurs un logement

---

(1) *La première émission des assignats, pour 400 millions, fut votée en 1789 par l'Assemblée Nationale, malgré l'opposition de Necker. Ce fut une banque d'état « l'Extraordinaire », qui fut chargée de l'émission; elle devait aussi vendre les biens ecclésiastiques et lancer des billets en proportion des ventes futures.*

Mais à chaque appel de fonds, correspondant à des besoins d'argent, pour l'état de nouveaux assignats, sortaient des presses sans autre forme de contrôle, et il y avait belles années que tous les biens nationaux étaient vendus ou hypothéqués, que l'on émettait encore des assignats par millions. Aussi ils tombèrent bientôt dans le discrédit.

En 1796, il y en avait pour 45 milliards en cours avec lesquels on aurait eu peine à se procurer 100.000 francs en or.

C'est le ministre des finances Ramel, qui le 30 pluviôse, an IV, fit voter la destruction de la « planche aux assignats ». (La Banque de France, par Camille Ducray).

avec un jardin, les ci-devant presbytères pourront être employés à cet usage.

Que le Canton de la Roquebrou étant composé de 21 communes, dont le territoire est au moins de six lieues de diamètre; il ne présente pas une population proportionnée à son étendue, c'est une suite de la stérilité du sol.

Les écoles primaires doivent par conséquent être multipliées dans ce Canton et placées de la manière suivante :

1° Une à Saint-Illide pour cette commune très étendue.
2° Une à Saint-Santin pour elle et pour Arnac.
3° Une à Rouffiac pour desservir aussi Cros-de-Montvert.
4° Une à Ayrens pour elle et Saint-Victor.
5° Une à Lacapelle tant pour cette commune de pour quelques villages de Saint-Etienne et Saint-Gérons, qui l'avoisinent.
6° Une à la Roquebrou où se rendront Nieudan et Saint-Etienne.
7° Une à Siran pour cette commune seule, très étendue.
8° Une à Glénat où se rendront Lasséglatière et Espinadel.
9° Une à Saint-Saury pour elle seule, étant donné l'éloignement.
10° Une à Roumégoux.
11° Une à Pers, commune avec Omps.
12° Une à Saint-Gérons.

Le nombre des élèves sera de vingt pour chaque.

La rétribution que les Instituteurs doivent recevoir des élèves, doit être de 30 sols par mois, ce qui portera la rétribution annuelle à 360 livres, valeur de 1790.

Chasse au Loup anthropophage. — Armes brisées. — Démission du Commissaire. — Elections. — Emigrés. — Application de lois religieuses.

Le 18 fructidor, an 4, l'agent municipal de la commune de Saint-Santin-Cantalès a entretenu l'Administration d'un accident malheureux qui a eu lieu auprès de Pleaux, où un loup a dévoré un enfant.

Il a dit que la chasse qu'on avait donné à cet animal, lui avait fait passer la rivière et qu'on l'avait vu dans les communes d'Arnac et de Saint-Santin, limitrophes de celle de Pleaux et que les bergers en ont une telle frayeur, qu'à l'approche de tout loup, ils abandonnent leurs troupeaux de peur d'être dévorés.

L'Administration, considérant qu'il est urgent de donner la chasse à l'animal, qui a donné lieu à ces alarmes et dont l'existence serait un vrai fléau, s'il continuait à attaquer les hommes, arrête que les habitants des communes de Saint-Illide, Saint-Santin, Arnac, Cros, Rouffiac, Nieudan et Saint-Victor, sont invités à se réunir le 25 du courant, pour chasser sur plusieurs points dans les bois de l'Estouroc et ceux qui bordent la rivière.

L'Administration nomme le citoyen Cabanes, notaire à Cros, et Carsac, ex-curé de Longuevergne, pour diriger cette chasse.

La veille de ce jour, le Commissaire du Directoire exécutif, a arrêté qu'indépendemment de la chasse qui devait avoir lieu le lendemain, il en serait fait une nouvelle le deuxième jour, à laquelle seraient appelés à coopérer les habitants des communes des cantons de Pleaux et de Saint-Cernin.

Il arrête qu'il sera tenu état par les agents municipaux, ainsi que par le Directeur de la chasse, de ceux qui ne s'y rendront pas ou qui ne s'y emploieront pas d'une manière convenable. Lequel état sera adressé à l'Administration Centrale, qui appliquera à ces mauvais citoyens la punition qui sera jugée convenable.

Le loup dut être tué dans cette battue, car il n'en est plus question; il ne devait toutefois pas être seul, car l'année suivante, 3 floréal, an 5, un arrêté du Directoire exécutif, ordonne des chasses et battues générales tous les trois mois, aux loups, renards et autres animaux nuisibles. L'arrêté porte qu'il sera accordé une indemnité de vingt livres en numéraire, à tout citoyen qui présentera à l'Administration un loup ou louveteau.

Du 1er messidor au 21 prairial de cette année, il a été présenté par divers citoyens, 12 louveteaux, provenant des bois de Cros et de Montvert.

L'Administration leur a acquitté la somme de 240 livres et a coupé les oreilles aux louveteaux.

Le 11 floréal, an 4, l'Administration Municipale, conformément à l'arrêté du département du 16 germinal, arrête que tous les agents municipaux feront apporter les piques (1) qui ont été distribué aux Communes, que celles-ci seront cassées et mutilées pour qu'elles ne puissent plus servir d'armes à ceux qui les achèteront, et la matière en sera ensuite vendue à tant la livre.

M. Delzort de Labarthe, ayant donné sa démission de Commissaire du Directoire exécutif, près cette Administration, le citoyen Pierre Cailus, ex-commissaire provisoire, a été désigné pour lui succéder. Il est entré en fonctions le 1er messidor, an 4.

Conformément à l'article 185, de l'acte constitutionnel, chaque Administration Municipale devant être renouvelée par moitié tous les ans; le 25 floréal, an 5, les élections ont eu lieu dans les églises des 11 communes du Canton, tous les membres sortants ont été réélus (2).

Le 28 messidor, an 5, lecture est faite à l'Administration Municipale, d'un arrêté de l'Administration Centrale, portant radiation provisoire de la liste des émigrés, des prêtres inser-

(1) *La Convention avait fait placer ces piques destinées à armer les bons citoyens pour la défense des libertés conquises. Pour en avoir le fer on détruisit des chefs-d'œuvre de la ferroneries des XVIIe et XVIIIe siècles. (Henry Havard. Dict. de l'ameublement).*

(2) *Protestation a été faite contre l'élection de Saint-Illide, qui a eu lieu à la Mairie, au lieu de l'Eglise désignée.*

mentés de ce Canton, au nombre de dix; conformément à cet arrêté, tous leurs biens ou leur valeur leur seront rendus.

A la séance du 12 thermidor, an 5, le Commissaire du Directoire exécutif a fait distribuer à chaque membre et fait afficher une proclamation du Directoire disant « que les ennemis de la chose publique cherchent à inspirer des craintes aux acquéreurs des domaines nationaux et qu'on se propose par cette manœuvre de retarder l'empressement des citoyens qui voudraient faire de nouvelles acquisitions ».

« Que les propriétaires des domaines nationaux doivent être sûrs que dans aucun temps ils n'auront à distinguer leurs acquisitions des héritages de leurs pères et qu'en tous cas la force publique qui a repoussé loin des frontières les forces coalisées, saura maintenir et faire respecter les ventes faites légalement » (1).

Le 11 vendémiaire, an 6, le Commissaire du Directoire exécutif expose aux Administrateurs que la loi du 19 fructidor dernier a ordonné à tous ceux qui étaient inscrits sur la liste des émigrés et n'en ont pas été définitivement rayés, aux prêtres et déportés rentrés, de sortir dans le délai d'une quinzaine, du territoire de la République. « S'il se trouve dans votre arrondissement quelque individu atteint par cette loi, vous devez requérir la gendarmerie de l'arrêter, la loi vous le prescrit impérieusement, sous peine de deux ans de fer. Vous devez aussi veiller à ce que le sequestre soit exactement mis sur tous les biens, meubles et immeubles de tous les individus atteints par cette loi. Quant à ceux qui se trouveraient dans l'impossibilité d'entreprendre aucun voyage, soit à raison de leur grand âge, soit à raison de leurs infirmités, l'Administration Municipale peut faire constater leur état par des officiers de santé, par elle commis à cet effet ».

Aux séances suivantes, dix personnes, dont 8 prêtres, inscrits sur la liste des émigrés et provisoirement rayés, présentent des pétitions tendant à faire constater l'impuissance où ils sont de quitter le territoire français.

L'Administration Municipale nomme les citoyens Dubuisson et Lombard, officiers de santé, pour voir les pétitionnaires et constater l'état de leurs infirmités. D'après les rapports qu'ils ont présentés, ceux-ci sont autorisés à demeurer dans leurs communes, sous la surveillance des autorités constituées.

Règlement de Police

Le 21 nivôse, an 4, l'Administration municipale, conformément à une ordonnance du ministre de la police générale de la République, recommandant expressément aux Municipalités de tenir rigoureusement la main à l'exécution des lois et règlements intérieurs, relatifs à l'administration publique, affiche un sévère règlement de police.

(1) *L'Administration Municipale avait la gestion de nombreux biens confisqués et invendus.*

Il est défendu de mettre dans les rues et places publiques, aucun fumier, d'y laisser séjourner des charrues, charrettes, ni placer des matériaux pouvant gêner le passage, de laisser divaguer les animaux; ils réglementent les marchés, les débits, etc.

Cette ordonnance affichée dans toutes les communes du Canton, dit que tous ceux qui y contreviendront, seront punis d'une amende, confiscation ou emprisonnement.

Démission du Président et de deux agents municipaux. Assemblée primaire

En application de la loi du 19 Fructidor, an 5, le Président de l'Administration Municipale se démet de ses fonctions et est remplacé par le citoyen Bernard Four, vice-président, les agents municipaux de Siran et de Saint-Santin, les citoyens Colomb et Lassalle-Labarrière se retirent, en application de celle du 9 frimaire, an 5 (1). Avant de quitter l'Assemblée, ils ont tous prononcés des allocutions patriotiques.

Le citoyen Jean Languevergne a été nommé agent municipal de Saint-Santin et le citoyen Jean-Louis Clamagirand, agent municipal de Siran.

Le 21 brumaire, an 6, le Commissaire du Directoire exécutif a prévenu l'Assemblée que d'autres fonctions publiques l'appelaient ailleurs, que le Directoire exécutif a pourvu à son remplacement et a nommé son fils, suivant son arrêté du 20 vendémiaire.

Aussitôt le citoyen Cailus, fils, ayant prêté le serment, le Président l'a invité à occuper la place que la loi lui assigne.

Le 21 ventose, an 6, l'Administration Municipale délibère sur l'exécution de la loi relative aux assemblées primaires, pour les élections de l'an 6. Elle décide que celles-ci comprendront quatre sections.

1° L'assemblée du Puy de Brou, composée des citoyens de six communes, se tiendra dans la salle de l'Administration Municipale;

2° Celle de Montvert, composée des citoyens de cinq communes, se tiendra à l'Eglise;

3° Celle du Puy Senrame, composée des électeurs de trois communes, se tiendra à la maison Joachin Pelet;

4° Enfin celle de Pontal, composée des électeurs de sept communes, se tiendra dans la maison de Pierre Raoux.

L'ensemble des sections devait nommer treize électeurs (2).

Pont du Ribeyrès

Le 11 ventose, même année, l'Administration donne un avis favorable à la demande du citoyen Bernard Cabannes, officier de santé du village de Puechbroussou, commune de Lacapelle-

---

(1) *Cette loi excluait des fonctions publiques les ci-devant Nobles.*

(2) *Ce sont ces treize électeurs qui à l'assemblée du chef-lieu du district participaient à la nomination des députés.*

Viescamp, appuyé par les agents municipaux des communes d'Omps, Pers, Lasséglatière, Glénat, Saint-Saury et Roumégoux, tendant à être autorisé à construire un pont sur la rivière de Cère, au passage appelé de Ribeyrès, où se trouve maintenant établi une barque.

Notariat de Siran

Sur la demande de l'Agent municipal de Siran, qui demande le rétablissement du notariat ayant existé, dit-il, de temps immémorial dans cette commune, ils arrêtent que l'Administration centrale serait invitée à désigner la commune de Siran pour la résidence d'un notaire et à nommer pour l'occuper, le citoyen Pierre Larmandie (1), jouissant de l'estime et de la confiance publique.

Juge-de-Paix. — Elections. — Attribut obligatoire et autres supprimés

Le 1er Germinal, an 6, le citoyen Pierre Pouget, de la Roquebrou, a été nommé juge de paix du Canton, par 283 voix contre le citoyen Thimothée Denevers, de Rouffiac, qui a obtenu 152 voix. (Pierre Pouget, originaire du village de Lagarrigue, paroisse de Nieudan, remplissait cette fonction depuis le 31 août 1792; il avait remplacé Maître Jean-Antoine Destanne de Bernis, avocat et membre du district d'Aurillac, élu le 7 novembre 1790, par 377 voix et qui fut le premier juge de paix du canton de la Roquebrou).

Après la nomination du juge, avait lieu celle de quatre assesseurs pour chacune des communes du Canton.

L'Administration, après le recensement fait, a proclamé les résultats.

Ce même jour a eu lieu la nomination du président de l'Administration municipale, le citoyen François-Bernard Four, officier de santé, qui remplissait provisoirement cette fonction depuis le 30 fructidor, an 5, a été nommé par 420 voix. M. Pradenhes, homme de loi à Ayrens, a eu 4 voix. M. Lascombes, notaire à Saint-Illide, 12.

Le citoyen Mespoulhès a été nommé agent municipal de la commune de la Roquebrou, en remplacement de Bernard Four, nommé président.

Le 10 floréal, an 6, eurent lieu les élections communales de l'autre moitié de l'Administration Municipale. A la séance du 1er prairial suivant, le Président fait l'éloge du citoyen Géraud Latronche (2), élu aux dernières élections agent municipal de la commune de Rouffiac et prématurément décédé. Il est temporairement remplacé par le citoyen Jean Vergnes de Contansou.

---

(1) *C'est en 1668 que Mr Pierre Larmandie, fils de Jean Larmandie, notaire à Ytrac, vint s'établir notaire à Siran. (Minute de Dessarauste, not. royal à la Roquebrou,* 1er février 1668).

(2) *Officier de santé à Rouffiac.*

A la séance du 1er thermidor, an 6, le Commissaire du Directoire exécutif a requis que la loi qui ordonne à tous les citoyens de porter la cocarde nationale, soit exécutée, que par conséquent les agents municipaux ne soient admis aux séances, s'ils l'ont à leur chapeau.

Que tous les signes extérieurs d'un culte quelconque soient enlevés dans toutes les communes du Canton.

Mauvais état du Pont

L'agent municipal de la Roquebrou, entretient l'Administration de l'état de délabrement où se trouve le pont, qui ne peut tarder de s'écrouler, si on néglige plus longtemps les réparations urgentes.

Plusieurs membres observent que c'est à la négligence qu'on a mise à l'entretien de celui du Rouffet, qu'est due sa démolition. Ils ajoutent que le pont de la Roquebrou est infiniment plus intéressant pour le commerce du département que ne l'était celui du Rouffet, qu'il est établi sur une rivière plus forte et qu'il est le seul qui existe sur la rivière de Cère, dans une étendue de douze lieues, vers son embouchure.

Il est arrêté que l'Administration centrale serait instamment priée de faire procéder sans délai aux réparations urgentes qu'exige l'état de délabrement du pont de la Roquebrou.

Mesures de rigueur

A la séance du 11 thermidor, an 6, le président annonce qu'il vient de recevoir de l'Administration centrale, des mesures de sûreté pour la communication desquelles il lui est recommandé de convoquer une assemblée extraordinaire. Ces mesures ne devant pas être rendues publiques, il invite l'Assemblée à se former en comité secret. Le secrétaire donne lecture de cet arrêté, qui en exécution de la loi du 18 messidor, autorise le Directoire exécutif à ordonner pendant un mois, à dater de sa publication, des visites domiciliaires, pour arrêter les agents de l'Angleterre, les émigrés rentrés, les prêtres déportés ou sujets à la déportation, les égorgeurs, les chefs de chouans qui n'ont pas déposés leurs armes ou qui les ont reprises après l'amnistie.

L'Administration municipale désigne quelques agents municipaux qui sont chargés d'appliquer ces mesures dans les communes où elles seront nécessaires.

Il leur est expressément recommandé de ne point faire arrêter les prêtres déportés ou sujets à la déportation, qui à cause de leur âge ou de leurs infirmités, sont autorisés à demeurer dans leurs foyers, sous la surveillance de l'Administration municipale.

Ils seront assistés, dans leurs visites, par un détachement de la colonne mobile du Canton. A cet effet l'Administration requiert le commandant de la dite colonne d'avoir sur pied et prêt à marcher vingt-cinq hommes jusqu'au 30 du courant.

De tous les agents désignés, un seul a présenté son rapport à l'Administration municipale, le 15 thermidor suivant, c'est celui d'Espinadel, chargé de faire les visites domiciliaires dans la commune de Glénat, duquel il résulte « qu'il n'a découvert dans ladite commune aucun individu de ceux que la loi désigne pour être arrêtés » (1).

C'est ce jour que fut arrêté et clos par l'Administration municipale (15 thermidor, an 6) le présent registre, nous ignorons s'il en existe un suivant.

Anciens Personnages marquants du Canton

Trois seigneurs de la Roquebrou ont été gouverneurs de la Haute-Auvergne.

Louis de Montal, en 1433.

Amaury de Montal, de 1445 à 1449.

Gilles de Montal, en 1574 (2).

Le Comte de Noailles de Pénières l'était en 1630.

Charles d'Escars, seigneur de la Roquebrou (1630-1704), est l'auteur de plusieurs ouvrages parmi lesquels le « Solitaire de Terrasson ».

Les d'Escars ont tous servis dans les armées du roi où ils commandaient 50 hommes d'armes; ils étaient chevaliers de Saint-Louis (3); leur régiment de cavalerie, était le d'Escars-Penthièvre.

Les de Cébier du Bruel, ont eu, aux XVIIe et XVIIIe siècles, plusieurs membres, conseillers du roi, en l'élection d'Aurillac et lieutenants criminels.

Un Ladurantie de Labro a aussi rempli cette fonction de Conseiller du roi, en l'élection en 1688.

Etienne Fargues, fils de Géraud Fargues, juge au marquizat de la Roquebrou, fut le premier président en l'élection de la ville d'Aurillac, ce fut le premier maire de cette ville. Il est décédé en 1693 et a été le principal bienfaiteur de l'hospice de la Roquebrou.

Jean-Baptiste-Joseph Brieudes, né à la Roquebrou en 1729, mort à Paris en 1812, est l'auteur de la topographie médicale de la Haute-Auvergne et de diverses études sur les eaux minérales de l'Auvergne.

Ce fut un clinicien remarquable, il fut à Paris le médecin du duc d'Orléans (4).

Hugues Boisset, maire de la Roquebrou, en 1790, fut nommé Administrateur du département.

---

(1) *Ces mesures sont un de ces retours à la violence dont un prétendu complot royaliste du 18 fructidor an 5 a été le prétexte et que l'histoire reproche au Gouvernement Directorial.*

(2) *Les de Montal prirent part aux Croisades.*

(3) *La plupart des membres de la Noblesse quittaient l'armée pour se retirer dans leurs terres, quant ils avaient obtenu la décoration de Saint-Louis.*

(4) *Frère du roi.*

Destanne de Bernis, juge de paix du Canton, fut aussi, en 1791, nommé administrateur du département.

Louis Delzort de Labarthe, lieutenant-criminel, fut président de l'Assemblée départementale à Saint-Flour, en 1790.

Pierre Hébrard, avocat, juge au Marquisat de la Roquebrou, beau-frère de Delzort de Labarthe, fut député à l'Assemblée Nationale, en 1789 et président du tribunal d'Aurillac.

Géraud Serres, notaire à Glénat, était en 1790, administrateur du département.

Pierre Cailus, né à Dilhac en 1746, alors commune de Rouffiac, fut Commissaire du pouvoir exécutif près les Administrations Municipales du Directoire, an 3 à l'an 8. Il mourut à Aurillac en 1824.

Jean-Baptiste Boysset (1), né à la Roquebrou en 1758, médecin aux armées, membre de légion d'honneur en 1809, fut anobli par l'Empire (2), le 26 avril 1809. Il fut confirmé dans son titre, par ordonnance royale de 1814. Son petit-fils a été député de Saône-et-Loire en 1850.

*

Conseil Général

C'est la loi du 28 pluviose, an VIII (17 février 1800) qui promulgua l'institution des conseils généraux.

D'après cette loi, la nomination de ses membres était réservée au premier Consul, d'après les indications des Préfets.

Dans la liste des membres composant le Conseil général du département du Cantal jusqu'au 22 juin 1833, où fut modifiée la loi sur l'organisation des Conseils Généraux nous ne relevons le nom d'aucun membre appartenant au canton de la Roquebrou.

D'après cette dernière loi, les conseillers généraux étaient élus à la majorité du suffrage des électeurs inscrits, âgés de 25 ans et payant 200 francs de contribution directe.

La première élection, sous le régime de cette loi, eut lieu le 7 décembre 1833, à la Roquebrou; M. Mespoulhès Barthélemy, juge suppléant au tribunal civil d'Aurillac, fut élu par 22 voix au 2e tour (34 votants et 60 inscrits) contre 9 à M. Serres, notaire à Glénat et 3 à M. Cabanes, notaire à Cros-de-Montvert.

Le premier renouvellement eut lieu le 26 novembre 1836, à Laroquebrou. M. Mespoulhès fut réélu par 36 voix sur 37 votants.

Le 22 janvier 1836, M. Mespoulhès fut nommé juge de paix du canton de la Roquebrou. Le 30 novembre 1857 étant décédé, le collège électoral de cette ville et circonscription, fut convoqué le 28 janvier suivant, pour désigner son successeur, qui

---

(1) *Son père était Guillaume Boysset, marchand et sa mère Marie Périer.*

(2) *Les Anoblis de l'Empire, Médecins et Chirurgiens, par Louis de Ribier (Docteur).*

Docteur POUGET

Chevalier de la Légion d'Honneur et Officier d'académie, Président du Conseil d'Arrondissement, Maire de Laroquebrou.

(Voir famille Pouget page 157)

D'un dévouement et d'un désintéressement
bornes il fut le bienfaiteur de ses concito

fut M. Pérathon, lieutenant-colonel en retraite, officier de la légion d'honneur.

Il fut élu par 23 voix sur 39 votants.

M. Pérathon, ayant donné sa démission, l'assemblée électorale, pour pourvoir à son remplacement, se tint le 28 avril 1843. M. Destanne de Bernis Pierre, ancien Garde du corps, chevalier de la légion d'honneur, fut élu par 22 voix contre 20, à M. Pichot-Duclos, avoué à Aurillac, 16 à M. Croizille, juge suppléant et 13 à M. Taule de Barayrac, médecin.

M. Destanne de Bernis, 1843 à 1868.
M. Joseph Cabanes, sénateur, 1868 à 1891.
M. Adrien Bastid, député, 1891 à 1903.
M. Lintilhac Eugène, sénateur, 1903.

Conseil d'Arrondissement (1)

Le Conseil d'Arrondissement d'Aurillac fut composé le 4 prairial, an 8, de 11 membres. Deux d'entre eux, appartenaient au canton de la Roquebrou: M. François-Bernard Four, médecin ex-président de l'Administration Municipale et Jean-Baptiste Cailus, ex-commissaire du gouvernement auprès de l'Administration municipale de la Roquebrou.

Tous deux sortirent en 1807 et furent remplacés par M. Delrieu, adjoint au Maire de Vic et Boudier, juge de paix à Aurillac.

Le 20 septembre 1812, fut nommé M. Delzort Labarthe, juge au tribunal d'Aurillac.

Le 25 avril 1816, M. Chapsal de la Pachevie, Maire de Rouffiac.

Le 25 juin 1825, M. Louis-Etienne Falvelly, substitut.
1828 M. Mespoulhès Barthélemy.
1831 M. Cabanes Antoine, notaire à Cros.
1833 M. J. Serres, notaire à Ayrens.
1839 M. P. Larmandie, notaire à Siran.
1845 M. Pichot-Duclos, avoué à Aurillac.
1848 M. P. Larmandie, notaire à Siran.
1852 id.
1855 M. J. de Falvelly, propriétaire.
1861 id.
1867 M. C. Pouget, médecin et maire.
1868 (Réélu après invalidation).
1871 M. Pouget.
1874 id.
1880 id.
1886 id.

---

(1) *C'est à M. Jean Delmas, l'érudit secrétaire de la Société, la* Haute-Auvergne, *que nous devons les listes complètes des Conseillers généraux et d'arrondissement de notre Canton.*

1892 M. F. Dessales, maire de Glénat.
1896 M. F. Colomb, maire de Siran.
1898 id.
1904 M. G. Dessales, expert, maire de Glénat.
1910 M. A. Duguet, maire de Saint-Santin, Officier d'Académie.

Maires de la Roquebrou

L'institution des Maires date de 1789, avant cette date c'était les Consuls qui administraient les villes et communes.

Les Maires de la ville de la Roquebrou ont été comme il suit:

1789 Denevers, de Gain de Montagnac de Cavaroque.
1790 Boysset, avocat, Anet Four.
1791 Denevers, notaire.
1792 à 1795 Dubuisson, médecin.
1795 à l'an VIII Administration Municipale (Constit^ion an 3).
1800 à 1804 Dubuisson.
1804 à 1807 Bernard Four, médecin.
1808 à 1829 Denevers, notaire.
1829 à 1833 Four Jean Anet.
1833 à 1835 Chablat Jean-Baptiste.
1835 à 1838 Four Victor.
1838 à 1842 Rivière Toussaint, chef de bataillon en retraite.
1842 à 1847 Four Hugue-Césaire.
1847 à 1852 Pouget Claude, docteur.
1852 à 1855 Taule de Barayrac, docteur.
1855 à 1859 Pontenay-Fontête.
1859 à 1874 Pouget Claude, Chevalier de la Légion d'Honneur et Officier de l'Instruction Publique.
1874 à 1876 Dumas, docteur.
1876 à 1892 Pouget Claude.
1892 à 1896 De Falvelly Joseph.
1896 Firmin Dessales.
1896 à 1912 Astorgis Louis, Officier de l'Instruction Publique.
1912 Calle Isidore, Officier d'Académie.

Salubrité, Hygiène

Le Canton de la Roquebrou jouit du climat favorisé des altitudes moyennes, les hivers n'y sont point par trop rigoureux, l'été, la période caniculaire y est très supportable.

Il y a un demi-siècle, le sud-est du Canton, éprouvait par places, des atteintes de fièvre paludéennes; elles ont aujourd'hui totalement disparues, du fait des travaux d'amélioration du sol et aussi des meilleures conditions d'hygiène.

En l'an 12 (1804) le Gouvernement prescrivit aux préfets, d'avoir à provoquer des rapports sur la nature des lieux, la salubrité et les améliorations à faire pour obvier au danger des épidémies.

Voir celui que le Maire de la Roquebrou, le Docteur Dubuisson, adressa au Préfet du Cantal, le 5 thermidor, an 12.

« Le terrain de la Commune de la Roquebrou est sablonneux, il n'y existe pas de marais capables d'influer sur la santé, le chef-lieu situé sur la rivière la Cère, quoique bas, n'est pas malsain à cause du courant d'air entretenu par le cours rapide de la rivière, les eaux de source qui servent de boisson, sont très pures et saines; il est infiniment rare d'y voir régner des maladies épidémiques (1).

« Dr DUBUISSON, *maire* ».

Ces conditions ne se sont pas modifiées aujourd'hui, la ville jouit d'une véritable immunité contre les affections épidémiques graves.

Les Canons de la Ville

La ville de la Roquebrou possède des canons en bronze, ornementés d'une fleur de lys et d'un écu, dont la base allongée, indiquerait le XVe siècle, et qui ont leur histoire.

C'est avec ces canons que Gilles de Montal, en 1575, bâtit de plusieurs centaines de coups, les murailles de la forteresse de Miremont, près Mauriac.

Ils sont compris dans l'inventaire du château de la Roquebrou, de 1644, où ils sont dénommés « fauconneaux » ; ils étaient aussi présents à celui de 1746, qui les appelle « pièces de campagne ».

Lors des alarmes de l'année 1789, qui se prolongèrent à la suivante, le 6 janvier, le Marquis d'Escars les a prêtés à la Municipalité « pour concourir à la défense publique, tant de la ville que du château »; elles étaient au nombre de quatre et M. Destanne de Bernis en a donné un reçu (2).

Le 16 vendémiaire, an 7, Mademoiselle Sophie d'Escars, demeurant à Paris, a demandé, par lettre « que les canons en bronze, déposés à la ci-devant municipalité et tirés du ci-devant château de la Roquebrou, lui soient restitués ».

La Municipalité répond que c'est au département à statuer.

Le 9 germinal an 12 (1804), Mademoiselle d'Escars insiste et charge cette fois une personne ayant sa confiance, d'aller les réclamer à la Mairie. Elle offre de se contenter de la remise des pièces rompues et de laisser à la Municipalité les pièces entières en les payant leur valeur.

Le Maire, portant cette démarche à la connaissance du Préfet, dit qu'il se conformera à l'arrêté que sa justice dictera.

Nous ignorons qu'elle fut la décision du Préfet, en tous les cas les pièces sont restées à la Municipalité.

---

(1) *Cette opinion est aussi exprimée par Eugène Sérieys, dans sa poésie sur la Roquebrou.*

(2) *Registre des délibérations.*

Après 1860, le gouvernement impérial ayant prescrit le désarmement des gardes nationales, exigea la remise des armes de toute nature. La Municipalité a remis les fusils de la garde nationale, mais se refusa à livrer les canons (1).

Il n'en reste aujourd'hui que deux, qui sont le complément de toutes les fêtes publiques de la ville.

En plus de ceux-ci, le musée local possède un canon à main du XIVe siècle, dénommé anciennement « petite bombarde » et qui suivant Gourdon de Genouillac le grand-maître de l'artillerie, était surtout dangereux pour le tireur.

La Cère

On ne saurait terminer une histoire, même sommaire, de la Roquebrou, sans parler de sa rivière, cette Cère qui n'en constitue pas un des moindres attraits.

La charte de la Roquebrou de 1281, accordait aux habitants le droit d'y pêcher. Ce privilège, qui allait avec celui de la chasse, ne leur a jamais été discuté par la suite, comme on a pu le voir dans les différents des habitants avec leur Seigneur.

Cette rivière, très poissonneuse, l'était encore davantage, les saumons qui y ont complètement disparus depuis les travaux exécutés en vue de la navigation sur la Dordogne, y étaient alors communs.

En effet, dans certains actes, des habitants de la Roquebrou sont portés exerçant le métier de pêcheurs de saumons; un d'entre eux, Pierre Taulin, en le pratiquant en juillet 1637, s'y est noyé dans un « gourg » à l'heure des vêpres, y est-il dit (2).

Dans des baux à ferme du moulin de la Péssière, appartenant aux Seigneurs, il y est mentionné que le fermier, en plus du montant du bail, doit apporter au château « deux saumons de grosseur honnête ».

Il y a quelque vingt ans, il s'y en capturait encore du poids de 10 kilos.

Au printemps, a lieu la migration des anguilles, parties de la mer et qui peuplent la Cère jusqu'aux points les plus élevés. Aux pluies de l'automne celles-ci se laissent aller à la dérive aux premières crues, mais toutes ne retournent pas à la mer, la plupart se font capturer aux barrages de Laval-de-Cère, construits pour cet objet.

L'importante capture qui s'y fait ne nuit, paraît-il, nullement au peuplement du cours d'eau, l'anguille n'effectuant qu'une fois dans son existence, le voyage de la mer à la rivière.

Mais ces barrages ont l'inconvénient de gêner l'exode continuelle des autres espèces, aussi les populations en amont ont émises des plaintes; le Conseil Général du Cantal a protesté auprès de l'Administration qui en application de la loi de 1829 qui règle la pêche fluviale a demandé leur disparition.

---

(1) *Pour plus de sécurité on les aurait même paraît-il enterrés.*

(2) (*Archives de la Roquebrou*).

Les propriétaires se sont refusés à exécuter cet ordre, se disant autorisés conformément à l'ordonnance de 1669. Cet ordonnance dit en effet « qu'on pourra pêcher tant de nuit que de jour, aux moulins et aux gords où se tendent les dideaux ». L'affaire a été portée au Conseil d'Etat, qui a donné gain de cause aux propriétaires. A défaut de saumons, l'on y pêche des truites savoureuses et d'excellentes fritures, etc...

Tourisme et Villégiature

La ville de la Roquebrou est appelée à bénéficier de ce mouvement touristique qui se développe de plus en plus dans notre pays, grâce aux efforts du Touring-Club de France et des Syndicats d'Initiative locaux.

La situation est en effet des plus favorables à ce point de vue; placée à l'entrée des admirables « Gorges de la Cère », elle permet aux touristes des buts d'excursion des plus attrayants. A ceux qui recherchent un lieu agréable de villégiature, la Roquebrou offre les attraits de sa belle rivière très poissonneuse, de ses ruisseaux et de ses sites ombragés; on y trouve des hôtels confortables aux prix de pensions les plus modestes et aussi une population des plus accueillantes.

Voici l'extrait, concernant la localité, des Guides Joanne, Guide Itinéraire du Cantal, Annuaire du T. C. F., etc..

« La Roquebrou, 1900 habitants, alt., 440 m., est bâtie à l'entrée des « Gorges de la Cère » et dominée par les ruines d'un vieux château et par un dyke pittoresque, servant de piédestal à une statue de la Vierge.

Voir l'Eglise XIVe Siècle, quelques vieilles maisons, l'Hôtel-de-Ville ancienne Collégiale du XIVe Siècle, dans la grande salle exposition d'antiquités locales et des objets découverts dans les grottes préhistoriques de Rolleroc. A l'Hôpital, curieuse statue dans une niche.

Grottes et abris préhistoriques de Rolleroc. — En suivant la belle route en palier, de la Roquebrou à Argentat, à près de 2 k. 800 poteau indicateur du T. C. F. et sentier aboutissant après 200 mètres au centre de la station préhistorique. Site des plus pittoresques. Grottes, abris, falaises et rochers aux formes bizarres, passage couvert. Sur le parcours bancs de repos T. C. F.

Gorges de la Cère. — Un sentier avec poteau indicateur partant de la route allant à Saint-Céré à 500 mètres de la ville en cotoyant la voie ferrée et la rivière de Cère, aboutit après 1200 mètres, au Rocher-du-Roi, site remarquable, situé entre les tunnels de Salvanhac et de Labro, puis à la belle cascade de Lasbordes et se continue jusqu'à Siran.

Plâteau de Jalènes. — A 500 mètres de la Roquebrou, un sentier avec poteau indicateur, se détache du chemin d'intérêt commun allant à Saint-Etienne-Cantalès et à Lacapelle-Viescamp; il s'élève en cotoyant un dyke de quartz. Parvenu sur le plateau, superbe point de vue embrassant la Roquebrou et la vallée; sur le sol, blocs alignés ayant composé un ancien retranchement. Banc du T. C. F.

De la Roquebrou on se rend, en passant par Goulles, aux tours de Merle (23 kil.), forteresse, dont les ruines s'élèvent dans la gorge sauvage de la Maronne.

Poésie

La ville de la Roquebrou a eu son poète local, M. Eugène Sérieys décédé en 1908, à l'âge de 63 ans.

C'était un aimable vieillard, d'un naturel doux et bon; il a exprimé le désir que ses compositions, qui ne tiennent pas moins de quatre registres, soient déposées aux archives de la Roquebrou. Celui-ci s'est réalisé : La pièce ci-dessous en est extraite :

La Roquebrou

O Muse, inspire-moi, j'ai la folle arrogance,
De chanter, aujourd'hui, les lieux de ma naissance;
Comme il t'a souvent plu de me faire plaisir,
Tu tenteras encore d'exaucer mon désir
Notre tâche sera d'autant plus difficile
Que la Roque, eut longtemps, un renom fort hostile.
Il suffit, disait-on, de voir la Roquebrou
Pour savoir qu'il existe, un sale et vilain trou.
Quant une femme ennuie et tout le jour caquette
Son babil singulier l'a fait nommer roquette
Disons donc au public, injuste à notre endroit
Qu'il se trompe ici fort, s'il nous dit, ce qu'il croit
Peut-être que jadis, véritables commères,
Les femmes caquetaient beaucoup plus que nos mères,
Mais depuis de longs jours, elles n'ont plus ce goût;
On les voit ici, ce qu'elles sont partout,
Elles sont, je dirai, même fort respectables,
Si d'excellentes mœurs font les femmes louables.
L'épouse tout entière aux soins de son ménage
Demeure constamment, fidèle, honnête et sage.
C'est trop vrai, le Roquet, aime à boire un bon coup.
Mais, partout aujourd'hui ne boit-on pas beaucoup?
Il est rare d'ailleurs, qu'un vin le jette à terre,
Que son bon sens perdu, demeure au fond du verre;
Et la boisson jamais n'affaiblit son courage,
Quant ils ont bu beaucoup, ils font beaucoup d'ouvrage.
Pour nourrir leurs enfants et pour se faire honneur,
Les hommes tout le jour travaillent plein d'ardeur.
Ici, la mère sait enseigner à sa fille,
Tous les travaux divers, qu'on fait avec l'aiguille;
Les hommes en bas âge apprennent un métier,
L'un creuse le sabot, l'autre coud le soulier;
Ils font tout avec art, leur adresse est réelle;
Ils sont à l'atelier, toujours gais et contents
Comme un oiseau joyeux, qui chante le Printemps.
D'autres, munis d'engins, soit la ligne ou la nasse,
Vont pêcher le goujon ou la truite vorace.

Je les vis, bien des fois, rentrant dans leur maison
Chargés comme un baudet ployer sous le poisson;
Ici barbeaux, cabots sont exquis, mais la truite
Que l'on pêche au matin, et qu'on rotit de suite,
Est de l'avis de tous un délicieux mets,
Qui satisfait au mieux, le palais des gourmets.
D'autres enfin, aux champs, fendent, bêchent la terre,
Fouillent bas dans le sol, en extirpent la pierre;
Puis, celle-ci, leur sert dans les murs protecteurs,
Qu'ils dressent tout autour des fruits de leurs labeurs;
Chacun jouit ici d'une santé prospère
Le vieillard fréquemment, y meurt octogénaire.
L'air est pur, et les eaux qui naissent en cent lieues,
N'ont jamais dans son lit fait trembler le fiévreux.
Quant une épidémie ailleurs sévit, terrible,
La Roque sans danger, dort tranquille, impassible,
La Cère la traverse, et, sur ses flots sauveurs,
Elle emporte, croit-on, les miasmes ravageurs.
De trois départements, cette ville frontière
Peut écouler sans frais, ses produits, sa matière
Par ses chemins nombreux qui la percent en tout sens,
Il arrive à tout heure, un grand nombre de gens.
Notre grand foirail abrite un ombrage agréable,
Nous avons pour prier une Eglise admirable,
Nous avons deux écoles où l'art y est radieux
Et dont un architecte a droit d'être orgueilleux,
Nous possédons aussi, juchés sur nos collines,
Deux châteaux étalant, de superbes ruines,
Ces bâtiments toujours grandement imposants,
Sont construits de manière à mépriser les ans;
Ces vieux castels, jadis, des Preux la résidence,
Sis, sur de beaux coteaux où la vue est immense
Sous les regards constants du bel astre blondin,
Brillent d'un vif éclat le soir et le matin.
Mais, puis-je de la Roque, omettre l'industrie?
On y vient de fort loin, chercher sa poterie;
Parmi les bons mouleurs distinguons Astorgis,
Dont l'œuvre resplendit ornant son beau logis,
Puisqu'ici dans mes vers, le nom d'Astorgis brille,
Je saluerai de cœur, cette noble famille;
Tous ceux qui l'ont formée et dont le nombre est grand,
Méritent tout hommage et l'honneur qu'on leur rend (1).
Lorsque l'on peint la Roque, et ce qui la décore,
Peut-on ne pas louer, ceux dont elle s'honore.
Ici la femme même est artiste, intrigante,
Ses bras savent pétrir une pâte gluante
Où, l'on a mis surtout des œufs en quantité;
Lorsque l'ouvrage est fait et le levain monté

---

(1) *L'imposante manifestation des obsèques du dernier héritier de ce nom, à Laroquebrou, M. Astorgis Louis, Maire, le* 4 février 1912, *confirme bien ces vers du poète local.*

On divise la pâte, on la brise et façonne
Tout morceau détaché devient une couronne,
C'est un aliment sain d'un renom légitime,
Que l'on vend, mince un sol, et plus grand, un décime,
Toute personne l'aime on la nomme fouassou,
L'enfant, court l'acheter, quand il possède un sou.
Je ne dois oublier nos excellents gigots,
Qu'on demande en cent lieux pour avoir de bons rots;
C'est que notre troupeau, broutant le serpolet
A, de suaves chairs dont l'excellent goût plait.....
Cependant, moins qu'ailleurs, ici, la vie est chère,
Ce qui, le montre assez, et d'une façon claire,
C'est que les étrangers dont les biens sont peu lourds,
S'y retirent souvent pour y finir leurs jours.
Enfin, enfin ce lieu, quoi qu'on en puisse dire,
Est un séjour charmant, qui sait beaucoup séduire...
Si, je peignais l'amour, que pour lui je ressens
Mon agile crayon versifierait longtemps;
Mais, pour le célébrer, je sens ma force vaine,
Sans donc pousser plus loin une inutile peine,
Je m'arrête soudain, inquiet de ne savoir,
Te chanter, chère ville au gré de mon vouloir.

(Avril 1890). EUGÈNE SERIEYS.

Le Château d'Ytrac

Ce château est très ancien. En 1460, il appartenait à une famille de la Salle. Rigaud de la Salle vendit la châtellenie d'Ytrac à Jehanne de Balzac Dame de la Roquebrou, veuve d'Amalric de Montal en 1540.

A partir de cette date, les de Montal, puis les d'Escars, ont pris le titre de Seigneurs d'Ytrac.

Les revenus de cette châtellenie consistaient en cens, rentes et autres droits seigneuriaux; ils s'affermaient en 1642, la somme de 450 livres (1).

En 1689, Charles d'Escars, par contrat reçu par notaires du Châtelet de Paris, a vendu, sous pacte de rachat, la seigneurie, consistant en les droit sci-dessus à la Dame Veuve de Saint-Martial Marquis de Conros (2).

En 1704, Dame Charlotte Bruneau de la Rabattillière, veuve de Charles d'Escars, reçut pour son douaire la jouissance du château d'Ytrac, tout meublé (3).

Madame de Lastic, veuve de Bonaventure d'Escars, décédée en 1757, y avait fixé sa résidence et l'avait somptueusement garni de meubles tirés des château de la Roquebrou, de Montal

(1) *De Sarrauste, not. royal à la Roquebrou.*

(2) id.

(3) *Dictionnaire historique et statistique.*

en Quercy et de Saint-Chamant en Limousin, qui faisaient tous partie de la succession du défunt seigneur.

La plupart des tableaux et les tapisseries de celui de la Roquebrou y avaient été transportés, il en est fait mention au recolement d'inventaire qui y eut lieu le 25 juillet de cette année, par Denevers, notaire.

En 1791, le château et la propriété furent confisqués aux d'Escars.

La vente eut lieu en pluviose, an 2 (1793). Ce bien était important, aussi les Commissaires en avaient fait cinq divisions.

Il fut acheté en totalité par Hébrard, président du tribunal d'Aurillac pour la somme de 102.350 livres.

Le château était alors plus considérable; il était composé d'un vaste corps de logis flanqué de trois tours. Depuis cette époque deux tours ont été démolies et celle qui y existe n'est pas entière.

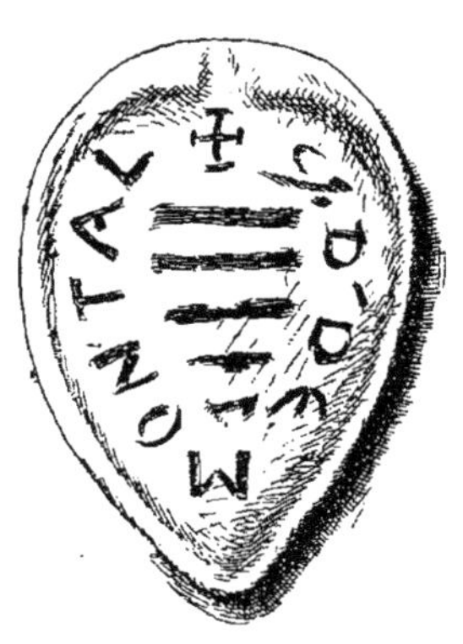

Sceau gothique de Dorde ou Dieudonné de Montal,
Seigneur de la Roquebrou (1531-1576)

Le Château de Montal

près Saint-Céré (Lot)

Ce château est situé sur le territoire de la commune de Saint-Jean-Lespinasse, dont il portait autrefois le nom et qui appartient à l'ancien Quercy.

En 1473, il était la propriété de Robert de Balzac d'Entraygues, sénéchal d'Agenais, qui avait épousé Antoinette de Castelnau. Leur fille unique, Jehanne de Balzac, l'apporta en dot avec la terre, en 1497, à Amalric de Montal, Gouverneur de la Haute-Auvergne, pour le roi Charles VII et seigneur de la Roquebrou.

Jehanne devint veuve en 1511, avec cinq enfants, dont elle obtint la tutelle après avoir déclaré « qu'elle ne veut quant à

Cliché de M. Baudel à St- Céré

Le Château de Montal et la vallée de la Bave

CHATEAU DE MONTAL

Communiqué par M. Fenaille

Buste de Jehanne de Balzac

présent convoler en secondes noces et à charge d'inventaire » (1).

Pendant cette tutelle, la seigneurie de la Roquebrou ne s'amoindrit pas, Jehanne fit de nombreuses acquisitions; celles des années qui suivirent et celle de l'année 1527, remplissaient deux livres mentionnés à l'inventaire de 1746; elle fit, en outre, renouveler toutes les reconnaissances des tenanciers de la baronie, par Vabre, notaire, de 1531 à 1549.

En 1523, elle entreprend la reconstruction du château natal.

(Nous empruntons ce qui suit à la plume d'un de nos Maîtres chroniqueurs contemporains) :

« Elle le voulut magnifique : les artistes italiens, ramenés par François Ier, ciselaient alors tout le rivage de la Loire; très vraisemblablement, elle en appela une équipe; le caractère des sculpteurs l'indique et l'inscription gravée sur une pierre trouvée dans les soubassements portant les armes mi-partie de Montal et mi-partie de Balzac, donne la date exacte du monument : « Jehanne de Balzac, Dame de Montal cette œuvre fit édifier l'an quinze cent vingt trois ».

Les travaux paraissent avoir duré onze années; au cours de leur exécution, la veuve qui n'était plus jeune (elle avait alors cinquante-quatre ans environ) fut frappée d'un nouveau et terrible chagrin : son fils aîné, l'espoir de la maison et le maître futur, Robert, tombait à trente ans, sur un champ de bataille italien. Alors désespérée, la châtelaine fit graver dans la pierre dure cette devise, qui se lit encore au fronton des lucarnes et des fenêtres : « Plus d'espoir » (2).

Par la mort de l'héritier du nom, Jehanne voyait la lignée haute et puissante des Montal finie; il restait bien un second fils, Dorde (3) de Montal, mais celui-ci était depuis longtemps dans les Ordres où il avait acquis des grades. Il était protono. taire du Saint-Siège, aumônier du roi et doyen du Monastère de Mauriac.

La Dame de Montal dut bien des fois repousser comme sacrilège, l'idée de voir ce dignitaire de l'Eglise se démettre de ses fonctions, pour prendre la place vacante à la tête de la maison et continuer à perpétuer ce nom.

Les scrupules de part et d'autre s'effacèrent devant les circonstances; par une bulle du 10 janvier 1531, le pape releva Dorde de ses vœux et lui accorda les dispenses pour se marier. Le 6 février suivant, il épousait Demoiselle Catherine de Castelnau (4). Même après cette union, Jeanne de Balzac continue à gérer la baronnie en ne laissant point fléchir ses privilèges d'autorité.

» En 1542, elle en appelle au Roi d'une sentence du baillage des montagnes d'Auvergne, qui lui refuse de connaître d'une plainte par elle portée contre le Seigneur de la Grilière (5), son

(1) *Archives Départementales E. 668 bis.*
(2) *Edmond Haraucourt.*
(3) *Appelé aussi Dieudonné.*
(4) *Nobiliaire d'Auvergne.*
(5) *Philippe de la Grilière, cosseigneur de Glénat.*

vassal, au sujet d'une usurpation d· ·ustice, haute mo· ·e et basse à laquelle il n'avait pas droi ·oncernant certains larcins et plusieurs autres crimes et déli ·omm·s par un nommé Jean de la Grilière dit Vixto » (1).

« Par lettre du 31 juillet de cett· ·nnée 1542, François Ier apprend à Jehanne de Balzac Dame de la Roquebrou, qu'il ajourne son appel au premier des Grands Jours qui se tiendront à la ville de Riom.

Une autre lettre du Roi, à la date du 17 août suivant, porte à la connaissance de ladite Dame que le juge nonobstant l'appel, aurait passé outre et condamné le sieur Vixto à être pendu et étranglé, laquelle sentence aurait reçu son exécution » (2).

« En 1557, Jehanne a obtenu une sentence du bailli de Montferrand contre Rigaud Galaup, du domaine de la Cebayrie (3), « lequel pour avoir empêché que la justice du Seigneur de Montal s'exerçat, fut condamné à faire amende honorable, la torche au poing, dans la cour du bailliage et à la cour dudit Seigneur, lorsque la tenue d'assises se ferait avec amende pécuniaire envers le Roi et envers le Seigneur de Montal » (4).

En 1576, Jehanne de Balzac avait eu encore la douleur de voir son fils Dorde, la précéder dans la tombe.

Elle se pénétra alors de l'idée que sa fin était proche et peu après elle fait son testament (1577).

Elle choisit sa sépulture et veut qu'il y ait beaucoup de prêtres à la cérémonie, de même qu'à la neuvaine et à la quarantaine qui se pratiquaient alors; que des pauvres, vêtus spécialement, lui fassent cortège; que les paysans et les sujets des baronnies y viennent, mais tous doivent être dédommagés; elle a enfin une pensée de tendresse pour sa bonne ville de la Roquebrou. Pour plus amples détails, nous donnons à la suite l'analyse de cet acte, faite par nos Archivistes du département dans l'inventaire publié (5).

« Copie du testament de Jehanne de Balzac, Dame de la baronnie de Montal, de Carbonnières, de Saint-Jean Lespinasse et d'Ytrac, par lequel, entre autres dispositions, elle choisit sa sépulture dans l'église de Notre-Dame de Miséricorde de la Roquebrou, dans le tombeau édifié au grand autel où sont ensevelis Noble Robert et Dieudonné de Montal, ses fils; elle veut: que l'on appelle à son enterrement les curés et prêtres de ladite église et ceux des paroisses de Siran, Glénat, Saint-Gérons, Espinadel, Saint-Santin, Saint-Victor, Nieudan, Goules, Camps, Lieubagel, Rouffiac et Montvert, qui recevront chacun quatre sols; qu'il y ait cent torches pesant chacune une livre, qui seront portées par 24 pauvres, vêtus de robes de petit drap noir et chaperons, autour de son corps, et par de petits enfants

---

(1) *Archives départementales* E 668.

(2) *Archives départementales* E. 668.

(3) *Paroisse de Nieudan.*.

(4) *Invent. sommaire des archives de la Commune d'Aurillac* 4472.

(5) *Inventaire sommaire des archives départementales avant* 1789, *rédigé par MM. Ch. Aubépin, Roger Grand et G. Esquer.*

CHATEAU DE MONTAL

Com. par M. Fenaille.

Buste d'Amalric de Montal

CHATEAU DE MONTAL

Buste de Robert de Montal

auquels on donnera six deniers chacun et leur réfection, ainsi qu'à ceux qui seront habillés de deuil, qu'il soit fait de petits cierges pour mettre sur la chapelle ardente et autour de l'église jusqu'au poids de 60 livres de cire, qui serviront aussi à la neuvaine, à la quarantaine et au bout de l'an; qu'autour de la chapelle ardente, le jour du service, soit mise une pièce de velours noir, et autour de ladite église, tant dehors que dedans, une ceinture noire, « semées des armoiries de ladite Dame » et un timbre de ses armes à l'entrée de la grande porte; que sur son cercueil il soit mis un drap de velours noir avec une croix de satin blanc qui demeurera sur sa sépulture durant l'année et sera ensuite livré à l'église; que sur les mulets qui porteront le corps, il y ait un harnais noir et que les deux pages qui les monteront soient habillés de noir, ainsi que les serviteurs et femmes qui suivront, selon leur état; que 12 torches soient portées après son corps par des pauvres qui seront nourris et payés de leurs journées; qu'il soit distribué aux pauvres, le jour de la sépulture, quarantaine et bout de l'an, 30 setiers de pain mesure de la Roquebrou, ce qui fait en tout 90 setiers, que neuf jours après sa sépulture, les confrères du Saint-Esprit lui fassent faire un service « à cauze » qu'elle est de ladite confrérie, et qu'il leur soit donné la réfection corporelle et « 4 blancz » à chacun à la charge de dire une messe pour son âme; que le jour de la quarantaine soient appelés, outre les curés et prêtres ci-dessus nommés, les doyens et chanoines du Mont-Saint-Chamans et les religieux de Mauriac, Bort et Maurs, et qu'il leur soit donné la réfection dans sa maison « bien et honnestement » plus cinq sous tournois à chacun de ceux qui prié et dit la messe pour elle; que soient appelés aussi les paysans et sujets des baronnies de la Roquebrou et de Carbonières qui recevront la réfection corporelle au château de la Roquebrou; que chaque jour de l'année, depuis son enterrement jusqu'au bout de l'an, soit dite une messe haute à diacre et sous-diacre moyennant la somme de 500 livres tournois; que la fondation faite par Robert de Montal et pour elle auxdits curé et prêtres de la Roquebrou, soit entretenue sur les biens du fondateur, et qu'en sus de cette fondation une messe basse sera dite le vendredi ou l'on faira « clocher » la grande cloche par douze fois « d'un Avé maria de cout à aultre ». Ladite Dame lègue aux habitants de la Roquebrou la somme de 200 livres tournois, payable à raison de 50 livres par an pour servir à la décharge de leur taille. 400 livres pour la réparation du monastère de Mauriac « tant en reliques et ornemens que à l'esglize ». 200 livres tournois aux plus pauvres qui se trouveront en la terre et juridiction dudit Mauriac. 100 livres pour la réparation de l'église du prieuré de Bort et même somme pour ledit prieuré, « tant ornements que « reliquaires »; à Dieudonné de Bridieu pour les services à elle rendus la somme de huict vingtz » livres pour l'entretenir pendant 4 ans aux « estudes » à sa « chambarière » sept setiers de seigle et 30 sols de pension annuelle; à son serviteur Grancalm, six setiers de seigle et 20 sous tournois annuellement; à damoiselle Jeanne de Montal, dame de Doignon et de la Borne, sa fille, la somme de 2.000 livres; à demoiselle Anne de Montal femme de Noble François d'Escoraille son autre fille, la somme de 1.000 livres. Elle institue pour son héritier universel, Gilles de Montal, l'aîné de ses neveux (petit fils) fils de feu Dieudonné de Montal et pour exécuteur testamentaire frère Jean de Montal, abbé de Maurs, ladite damoiselle Jeanne de Montal et Noble Dorde de Balzac, seigneur de Viézac, gentilhomme de la maison du roi. Ledit testament fait en présence de Jean Parizot, procureur du roi au bailliage des montagnes d'Auvergne, François Juérii, licencié ès-droit de la ville d' « Orlhac » frère Toussaint, de Clermont, religieux du monastère de Maurs, d'Amaubry Sarrauste, religieux du monastère Saint-Géraud d' « Orlhac » de M. Antoine Bajonet, curé de la Bastide, de Guillaume Juérii, curé de Vitrac, et Durand Peyry, curé d'Ytrac.

« Elle fit sculpter les portraits de ses morts chéris et ceux aussi des enfants qui restaient, et le sien, pour en décorer les façades de la cour intérieure, puis elle mourut, laissant derrière elle le solide monument de sa piété familiale, avec, sur la muraille, les sept bustes de son père, Robert de Balzac d'Entraygues, de son mari Amalric de Montal, d'elle-même et de l'aîné Robert, de Dorde fils cadet, et de Nine sa fille, et de François Scorailles, marquis de Fontanges, époux de Nine.

Puis les générations passèrent et vite selon la coutume, Dorde de Montal, mort en 1576, laissait pour lui succéder, son fils, Gilles, qui laissait à son tour, le château à Rose de Montal, sa fille unique : celle-ci, en 1593, épousait François de Pérusse d'Escars, qui, en 1606, s'en allait de vie à trépas. Pendant plus d'un siècle et demi, le château restait à cette famille d'Escars » (1).

En 1638, François d'Hautefort, baron de Saint-Chamant, en Limousin, et son épouse, Françoise-Catherine d'Escars y ont fait leur résidence pendant 6 ans, conformément à un bail que leur a consenti Messire Jean de Pestels, comte de Caylus, seigneur de Branzac, tuteur des enfants mineurs délaissés par feu Jacques d'Escars, Marquis de Montal et de Merville.

En 1745, le Marquis Bonaventure d'Escars, a fait dresser l'inventaire du mobilier et des archives du château (2). D'après celui-ci, les pièces toutes meublées, étaient ornées de pièces de tapisserie, dont trois à grands personnages, cinq à petits points à fleurs rouges et blanches à l'antique, avec les bordures chargées des armes de la Maison de Montal, et six simplement nommées « des verdures ».

Dans les archives se trouvent des liasses de parchemins, concernant la seigneurie de Saint-Jean Lespinasse, des hommages rendus au Seigneur Vicomte de Turenne, des reconnaissances de Noble Bertrand de Mier, de Dame de Crussol, de MM. de Presques, Auguste de Pontac, de 1455 à 1699; des livres terriers, etc...

Ces archives ont été apportées au château de la Roquebrou et figurent à l'inventaire, de 1746, elles participèrent par con-

(1) *Edmond Haraucourt.*
(2) *Denevers, not. royal à la Roquebrou.*

CHATEAU DE MONTAL

Buste de Dorde de Montal

CHATEAU DE MONTAL

Cliché de M. Baudel à St-Céré

La cheminée à La Biche

séquent à l'auto-da-fé du 11 frimaire 1793, qui eut lieu en cette ville.

Le château était alors inhabité, cet inventaire y mentionne plusieurs fenêtres sans vitres.

Nous déduisons de ceci, que malgré que cette demeure seigneuriale fut des plus somptueuses; malgré sa belle situation dans cette superbe vallée de la Bave : aux prairies à l'herbe plantureuse, aux rideaux de peupliers élancés, aux coteaux qui la bordent aux pentes garnies alors comme aujourd'hui, de vignes produisant un vin très apprécié; malgré ce splendide panorama dont on jouit des fenêtres du manoir et embrassant l'ensemble de cette vallée jusqu'à la ville de Saint-Céré, dominée par les remparts et les tours grandioses de Saint-Laurent-les-tours; malgré les avantages d'un climat plus doux, nos seigneurs ont toujours préféré comme résidence leur château de la Roquebrou. Il est vrai que le site a bien aussi son charme. De ses terrasses élevées et ensoleillées, l'on y suit tout le mouvement de la petite ville, et l'on aperçoit sur un assez long parcours, la Cère partout ailleurs roulant ses eaux tumultueuses, et maintenant calme et apaisée durant toute la traversée de la ville : telle ces troupes en marche rectifiant leur tenue et marquant le pas pour franchir une agglomération.

En 1760, les d'Escars ont vendu Montal aux Plas de Tanes de Curemonte, dont un des membres devait plus tard, en 1789, devenir député de la Noblesse aux Etats Généraux.

Ayant protesté contre les décrets de l'Assemblée nationale, en 1791, dans une adresse des citoyens de Saint-Céré à tous les Français qui ont juré comme eux de vivre libre ou mourir, on voue au mépris et à l'exécration son nom (1).

Ayant émigré, en son absence, le château fut exposé aux injures des gens de rapine, mutilé, confisqué et enfin rendu au retour de l'émigré (2).

Les Plas de Tanes le vendirent ensuite ; une famille de Saint-Céré en était propriétaire en 1838 et s'en défit en 1879.

Nous reprenons la suite de la chronique de M. Edmond Haraucourt :

« Ici le drame de ces pierres change d'allure et devient laid: on n'ose plus citer les noms; on veut même les ignorer. Un crime odieux va se perpétrer contre la patrie, ses reliques, son histoire, sa beauté.

Le chef-d'œuvre, jusqu'àlors intact, grâce à la dureté des pierres employées, est péniblement mis en morceaux et vendu au détail; bribes par bribes, les exquises sculptures sont descendues à coups de marteaux, et s'en vont. Où cela? Partout, en Amérique, en Allemagne, en Angleterre et, par bonheur, un peu en France : le musée de New-York acquiert deux portes; le Kensington de Londres, a une lucarne et sa devise ; le Musée de Berlin possède le buste de Jehanne, la fondatrice; les autres sont au Louvre, aux Arts décoratifs ou dans des collec-

---

(1) *Inventaire des archiv. communales de la ville d'Aurillac*, 2e vol., page 300.

(2) *Bulletin de la Société des études du Lot* (Avril 1909).

tions privées. On vendrait bien aussi l'escalier, qui est le plus pur bijou de la maison, une merveille unique dont le type ingénieux ne se retrouve nulle part ailleurs, avec les arcs rampants du mur évidé qui portent les limons et la sous-face de ses marches ciselées en médailles; on le vendrait bien, et l'on cherche acquéreur; mais que la besogne sera difficile, de démolir une architecture si méthodiquement agencée, sans la détruire tout à fait.

C'est alors que devant ces désastres et cette misère, devant ces forfaits de l'inconscience, tolérés par la loi, une conscience s'émeut; un homme de goût, sûrement doublé d'un homme de cœur, épris d'art et professant le culte du passé. Mécène, qui sait donner plus que son or puisqu'il donne son amour, son temps et sa peine, intervient : il rachète le château ou du moins ce qui en reste, et se met bravement à la besogne pour récupérer ce qui manque; il recherche par le monde les sculptures éparses, les découvre, les acquiert, gagne des bons vouloirs, des consentements, des promesses; il obtient des collectionneurs français et même des musées nationaux une série de rétrocessions ou de dépôts que les lois rendaient difficiles et que le gouvernement facilite; des musées étrangers, il obtient des moulages qui lui permettront de faire exécuter les copies nécessaires; des paysans, il obtient les terres qui reconstitueront la ceinture protectrice du parc; et lorsqu'ainsi il a tout reconquis ou presque tout, il prend toutes les mesures pour que le château restauré soit désormais à l'abri des vandales.

Sur un rapport ému de M. Magne, inspecteur général, la commission des monuments historiques vient de classer l'œuvre de Dame Jehanne et de M. Fenaille..... » (1).

Les fameuses cheminées de Montal, celle à la « Biche » acquise autrefois par M. le baron Hirchs; et le moulage de la cheminée de la « Salle des Gardes », occupent maintenant leur ancienne place.

Les parois des Salles sont recouvertes d'anciennes tapisseries comme elles l'étaient lors de l'inventaire de 1745. Un mobilier de style doit en compléter l'ameublement.

Dans la cour intérieure les bustes de Jehanne de Balzac, de François de Scorailles, d'Almaric de Montal et de Robert, son fils aîné, ont aussi repris leur place ainsi que d'autres sculptures.

Dans un atelier, installé dans une des pièces du rez-de-chaussée, d'habiles sculpteurs y exécutent, d'après des moulages, des reproduction fidèles.

Presque attenante au château, se trouve l'ancienne chapelle voûtée en ogive de même que les fenêtres. Elle était sous le vocable de Saint-Pierre de Montal.

Les Seigneurs de Montal y avaient, par fondations, affectés des revenus consistant en rentes, prés, vignes, maisons et jardins qui en 1778 produisaient 290 livres (2).

---

(1) *Edmond Harancourt, op. cit.*

(2) *Minutes de Denevers, not. à la Roquebrou.*

CHATEAU DE MONTAL

Cliché de M. Baudel, à St-Céré.

L'Escalier

Un guide complaisant, sur la recommandation expresse de M. Fenaille (1), montre en détail à tous les visiteurs l'intérieur du Château.

Les restaurations de Montal causent dans toute la région beaucoup de satisfaction.

En effet tous les amateurs d'art sont reconnaissants à M. Fenaille d'avoir sauvé et complété un chef-d'œuvre du temps passé et de nombreux ouvriers ont été occupés aux importants travaux qui s'y sont exécutés.

Nous nous y sommes récemment entretenu avec l'un d'eux, âgé, qui nous a dit :

« Il y a quelque trente ans, nous avons vu partir ces pierres et avec les gens du pays, nous nous disions : regardons-les bien une dernière fois, car nous ne les reverrons sûrement plus, et voici qu'à l'encontre de tout espoir, grâce à M. Fenaille, elles ont repris leur ancienne place, ce dont nous sommes très contents ».

---

(1) *M. Maurice Fenaille, archéologue éclairé, est Président de la « Société pour l'étude de la Gravure Française » et le fondateur d'un Atelier d'art de grandes tapisseries.*

Laroquebrou en 1912

Superficie de la commune: 1.431 hectares.
Population: 1.700 habitants. — Electeurs: 531.
Contributions directes: 28.376 fr.
Maire: M. Calle Isidore. — *Adjoint:* M. Dabernat Louis.
Curé: M. Barbet. — *Vicaire:* M. Lapeyre.
Juge de paix: M. Vic. — *Greffier:* M. Dumas. — *Huissier:* M. Aurliaguet.
Notaire: M. Veyrine.
Docteurs: M. Raymond Four; M. Marcellin Lafon. — *Pharmacien:* M. Combes. — *Sage-femmes :* Mlle Gibrat ; Mme Bonnefons.
Instituteurs: M. Missonnier. — *Adjoints :* MM. Puéchavy, Caranove, Laporte.
Institutrice: Mme Puéchavy. — *Adjointes:* Mlles Emilie et Berthe Fontanges; Mme Marque; Mlle Soutoul. — (Ecole libre): MMlles Maurel, Massib.
Enregistrement: Receveur, M. Volpilhac.
Percepteur: M. Serre, pour Laroquebrou, Glénat, Lacapelle-Viescamp, Nieudan, Saint-Etienne, Saint-Gérons, Siran.
Ponts et chaussées: M. Lacaze, conducteur principal.
Contributions indirectes: M. Martin, receveur. — M. Mousset, commis principal.
Receveur buraliste: M. Palhol.
Gendarmerie: M. Maussang, brigadier; MM. Quillon, Marque, Salette, Lajoue, gendarmes.
Chef de gare: M. Delmouly. — *Facteur:* M. Vernet.
Chef de district: M. Fage.
Postes, télégraphe et téléphone: Mme Mouper, receveuse. — M. Garde, facteur.
Hospice (25 lits): Commission administrative: MM. Calle, président; Bennet, Clamagirand, Dabernat, Mousset et Gervais, membres.
Compagnie des Sapeurs-Pompiers: Lieutenant Clamagirand; Sous-lieutenant Rieu.
Musique (Les Enfants de la Cère): Directeur, M. Caranove; Sous-chef, M. Colomb.
Gymnastique (La Rocquaitte): Directeur: M. Laporte; Moniteurs: MM. Fontanges, Espalieu; Trésorier: M. Ventax.
Syndicat d'Initiative de Laroquebrou: Président, M. Calle; Vice-Présidents, MM. Veyrine, Paul Sarrauste de Menthières; Secrétaire, M. Dumas; Trésorier, M. Lacaze.
Comice agricole cantonal : Président, M. Rieu (Nieudan); Trésorier, M. Dessales; Secrétaire, M. Dumas.
Patronage de jeunes Filles : Présidente, Mlle Lestrade ; Vice-Présidente, Mlle Fères.
Foires : 7 janvier, 4 février, 26 février, 19 mars, 18 avril, 8 mai, 30 mai, 25 juin, 17 août, 18 septembre, 18 octobre, 18 novembre, 6 décembre, 28 décembre.
Marché: tous les samedis.
Fête patronale: Le premier dimanche de septembre.

La Roquebrou en 1912

Siran

LES COMMUNES

Siran

La paroisse de Siran dépendait autrefois du monastère d'Escalmels.

Le bourg assez important est situé sur un plateau qui est un des plus élevés de la région et de ce fait jouit de vastes horizons. Il est traversé par le chemin de grande communication n° 2, lequel est l'objet d'une circulation intense des autos, étant donnée sa direction Vic-sur-Cère-Padirac, par Laroquebrou.

L'Eglise se fait remarquer par la pureté de son architecture qui est de l'ordre toscan, les voûtes de la nef et du chœur sont à plein cintre et avec arêtes.

Le 18 juin 1752, l'Abbé Gourdon de la Vercantière, seigneur prieur d'Escalmels, engagea le corps commun des habitants reunis sous le porche de l'église paroissiale « à la reconstruire, attendu qu'elle menaçait ruine, et à choisir un emplacement autre que celui actuel étant mal commode par le fait des eaux qui y coulent », il offrait de construire à ses frais le sanctuaire (chœur) ce qui est accepté (1).

Il y avait attaché à l'église de Siran une communauté de prêtres filleuls, dite de Saint-Martin. Ils vivaient ensemble avec le produit de rentes acquises et des fondations. Ils en firent hommage au roi en 1540.

Jehanne de Balzac, veuve d'Amalric de Montal, seigneur de la Roquebrou, leur céda, en 1535, les rentes qu'elle avait sur la paroisse de Siran.

En 1641, cette communauté était composée de cinq prêtres qui étaient: Jean Noygues, curé; Jean Tauran, Jean Fau, François Lafon et Jean Rhodes.

Les écoles et la mairie sont en bordure de la place du bourg.

La paroisse était administrée par quatre consuls qui y percevaient les deniers royaux de l'impôt par quartier; ceux-ci s'élevaient, en 1696, à 4.500 livres.

Siran payait en outre 2.400 livres de redevances en grains au seigneur prieur d'Escalmels.

En 1695, les deux consuls chargés de prélever l'impôt des quartiers de Nègré (Manégrier) et de Cabanes, s'y « sont entièrement ruinés, attendu que ces quartiers furent dans une misère extraordinaire et que la plupart des habitants abandonnèrent leurs biens et les laissèrent en friches » (2).

Le Curé de Siran percevait sur les habitants la dîme des cochons, due par portée. En 1786, Antoine Darses, de cette paroisse, s'est refusé à acquitter cette redevance et le Curé Jacques Soubrier, prieur de Siran, par acte de Teret, huissier à la Roquebrou, l'a cité par devant la cour du baillage d'Aurillac.

Le corps commun des habitants de la paroisse a aussitôt

(1) *Minutes de Serres, not. royal.*
(2) *Minutes de Fréjeac, notaire.*

pris fait et cause pour ledit Darses; le 1er juillet de cette année (1786) il s'est assemblé extraordinairement et pour recevoir les graves décisions qui allaient êtres prises à ce sujet, il a convoqué deux notaires royaux, Mre Larmandie, du lieu et Mre Denevers, de la Roquebrou.

Après avoir mûrement délibérés, ils décident : « de demander à M. l'Intendant de la province, de les autoriser à s'imposer de la somme de 300 livres, afin d'intenter une action devant la cour du bailliage d'Aurillac à M. Soubrier, prêtre et curé de cette paroisse, qui prétend exiger un petit cochon comme dîme de ceux qui sont nés chez les habitants. Ils disent que si quelques-uns ont acquittés cette dîme depuis quelques années, ce n'est qu'à titre de présent, cette pratique aurait l'inconvénient d'introduire un droit nouveau dans cette paroisse. C'est cette prétention qu'affirme le sieur Curé, par l'action qu'il a intentée envers ledit Darses » (1).

Le Curé fut maintenu dans la possession de sa dîme, mais sa quiétude fut de courte durée; voici que l'année suivante, son supérieur, Mre Bompar d'Arquier, prieur et seigneur d'Escalmels (2) et de Siran, réclame cette dîme des cochons siranais comme lui revenant de droit. M. le Curé faisant la sourde oreille se voit encore intenter un procès (3). Nous ignorons qu'elle en fut l'issue et par conséquent lequel des deux bénéficia durant les quelques années qui restaient à courir, du régime des dîmes et des redevances, de celle en question.

Le territoire de la commune est très étendu; il compte 30 villages et de nombreux hameaux. Sa surface territoriale est de 5.100 hectares.

Le village de la *Condamine* doit être très ancien, puisqu'il y a été découvert deux urnes avec des cendres, ainsi que quelques monnaies qui n'ont point été conservées; on y a trouvé aussi des tuiles à rebord et des substruction cimentées.

Tous ces vestiges doivent se rapporter à quelque ancienne station Gallo-Romaine.

Le 29 mars 1449, La Condamine a fait hommage et reconnaissance à Messiré Jean de Boussac, prieur et seigneur d'Escalmels (4).

Le 6 mars 1563, les habitants de ce village de la Condamine, dit d'Escazals, ont fait un autre acte d'hommage à Gilles de Montal, seigneur et baron des baronnies de la Roquebrou et de Carbonières « sur la redevance annuelle et perpétuelle de dix setiers de seigle, cinquante-sept sols argent, un mouton à laine, deux gélines (poules), soixante œufs et douze charrettes de bois, pour leur part et portion des deux cents charrettes (5).

---

(1) *Minutes de Denevers, notaire à la Roquebrou.*

(2) *La présentation du prieur de Siran appartenait à celui d'Escalmels* (Dict. st. et st.).

(3) *Dictionnaire historique et statistique,* tome 5, page 395.

(4) *Invent. som. des arch. de la commune d'Aurillac* HH12.

(5) *Archives de Laroquebrou. (Ces 200 charrettes mentionnées dans la transaction de* 1481).

Le Teil est un hameau et ancien fief où il y avait autrefois une verrerie. Cette industrie y avait été importée au commencement du XVIIe siècle, par les Colomb gentilshommes verriers, venus de Laguépie (Haute-Garonne (1). En 1694, Noble Jacques Colomb, écuyer, sieur du Teil, l'y exerçait, de même que par la suite son fils Abraham, qui épousa Léone de Cambefort. Leurs descendants ont encore la propriété du Teil. M. Firmin Colomb, ancien maire de Siran et conseiller d'arrondissement du canton, y a fini ses jours, le 11 mai 1910.

Au village de Cabanes se trouvait une autre verrerie exploitée au XVIIe siècle, par les d'Issoire, sieurs de la lande et au XVIIIe par les de Grenier-Fraissinet.

Les verriers de Cabanes et ceux du Teil concluaient entre eux des traités « considérant la difficulté de se procurer des ouvriers et les matériaux, ils s'engageaient à ne mettre leur manufacture de verre en activité, que pendant six mois, à tour de rôle » (2).

« C'était une curieuse corporation, celle de ces gentilshommes verriers, qui est connue historiquement par des actes officiels depuis le XVe siècle, parmi lesquels la « Charte des Verriers » de 1448, que signa Jean de Calabre, marquis du Pont, en l'absence de René d'Anjou.

Au début il y est dit que cette charte a pour but de reconnaître « plusieurs beaux droitz, libertez, franchises et prérogatives dont culx et leurs prédécesseurs ayant joui et usé de tous temps passez, et esté tenuz et réputez en telle franchise comme gens nobles ». Ces franchises et prérogatives visées dans l'acte concernant l'exemption pour les verriers et leurs successeurs, des « tailles aydes et subsides » les impôts, extraordinaires levés en temps de guerre, les « droits dost et de

(1) *Monographie de Lacapelle-Marival, par le Dr Cadiergue.*

(2) *Ils fabriquaient « des taupettes, carrelets et carcagnoux » et aussi des bénitiers de chevet, ornementés de fleurs coloriées, le tout en verre. (De Sarrauste, not. royal).*

chevauchée » exercés par le seigneur pour le suivre à la guerre comme vassal; du « gîte » c'est-à-dire l'obligation de loger le prince et les gens de sa suite. Ils avaient le droit de « chasser à l'environ des dites verrières à bestes grosses et rousses, à chiens et harnois de chasse, de prendre poissons ez rivières et ruisseaux ».

On est à se demander comment une industrie privée a pu jouir d'autant de privilèges. C'est que cette industrie était considérée comme favorisant le développement de l'agriculture en défrichant les immenses forêts qui en ce temps là couvraient le pays. Les verriers étaient des industriels nomades. Lorsqu'ils avaient brûlé, pour chauffer leurs fours, tout le bois d'un cantonnement, ils démolissaient leurs huttes et allaient s'installer sur un autre point. Les agriculteurs succédaient alors aux verriers sur le sol défriché et les fermes remplaçaient les huttes primitives (1).

Un archiviste paléographe limousin, M. Champeval, a aussi étudié cette industrie. Il dit :

« Cet art du verre fournit ample et piquante matière à de curieuses pages pour la France. Si nos joyeuses rivières pouvaient parler! Quelle vie aventureuse, étrange, vagabonde à travers les plus secrets replis de la Cère et autres rivières, aux riantes ondulations de notre région! Cette gaie noblesse patriarcale, passait ainsi trois mois dans une forêt, trois mois dans une autre, en une étroite association d'intérêts comme de parenté, ses membres se mariant généralement entre eux. Dès que sonnait le ban royal du printemps, l'armée trouvait toujours tout prêts à mettre leur épée au service national de tels hommes aguerris on ne peut mieux, par la chasse ou la pêche, par une existence *sub Jove,* ainsi mouvementée, laborieuse et sobre, sans cesse campée en plein groupe des ateliers volants de leurs ouvriers de métier...

Autant de verreries autant de petits fiefs, *ipso facto,* c'est-à-dire de lieux affranchis, d'impôts... » (2).

C'est ainsi que procédaient les verriers de la vallée de la Cère, ceux du Teil ou de Cabanes, qui passaient des baux de 30 années pour des espaces considérables de bois, en y spécifiant qu'ils auraient le droit d'y construire des fours et habitations.

Ils connaissaient bien les privilèges conférés à leur industrie, aussi se refusaient-ils à participer aux charges du Consulat de la paroisse de Siran (3).

La Grillère est un village situé sur un point élevé et assez rapproché de la Balbarie; il a existé une famille du nom de la Grillère.

Hugues de la Grillère, damoiseau, tenait en 1331, le château pour l'Abbé d'Aurillac, sous la suzeraineté du Comptour de Saint-Christophe (4). Au XVIIe siècle, les seigneurs de Messac étaient aussi seigneur de la Grillère.

---

(1) *Congrès des sociétés savantes,* 1908.

(2) *Généalogie de la famille de Colomb, par J.-B. Champeval, avocat. Tulle* 1900, *page* 13.

(3) *Minutes des notaires de là Roquebrou.*

(4) *Le château désigné est celui de la Grillère-les-Glénat.*

Salvanhac est un autre village situé à peu de distance de la route d'Aurillac à Saint-Céré et non loin de la Roquebrou. C'était un ancien fief et repaire (maison forte), qui en 1419, appartenait à Jean de Sermur. Il passa ensuite aux de Montal, d'une branche cadette des seigneurs de la Roquebrou.

Claude de Montal, écuyer, sieur de Salvanhac et de Labonnefoucie, vendit à Mre Jean Sarrauste, avocat au bailliage d'Aurillac, tous les droits de justice directe et autres devoirs seigneuriaux, ainsi que des rentes sur le village de Salvanhac, Jean Sarrauste les revendit en 1692, à Marc Antoine de Valuech, sieur de Salvanhac, avocat en parlement, pour le prix de 300 livres.

Un autre Marc Antoine, de Valuech, petit-fils du précédent, était, en 1775, procureur d'office du marquizat de la Roquebrou, sa fille Demoiselle Camille de Valuech, épousa cette année Jean-Antoine Destanne de Bernis, avocat exerçant au bailliage et siège présidial d'Aurillac; leurs desecendants possèdent la belle propriété de Salvanhac. (Voir Conseil Général).

A Salvanhac, se trouvent d'anciens souterrains, refuges qui doivent remonter à une époque reculée, mais qui ont été sûrement utilisés lors des compagnies anglaises au XIVe siècle, qui n'étaient que des bandes de pillards qui dépouillaient les pauvres paysans. Ceux-ci creusaient de profonds souterrains sous leurs villages pour se soustraire à leurs méfaits. On en trouve dans les principaux villages de cette commune, à Labro, à Roudette, il y en aurait même au chef-lieu. Ils consistent en des salles reliées par des couloirs, le tout creusé dans le tuf.

Salvanhac aurait d'abord porté le nom de Salvatiou (Délivrance) et l'affinement de la banque française en a fait Salvanhac (Duc de la Salle de Rochemaure). Qui sait si le but des souterrains-refuges na point contribué à cette première dénomination?

Le village de *Lavergne* est placé dans une colline et est peu éloigné du chef-lieu.

Il est le lieu d'origine de M. L.-J.-Augustin Capmau, élève de l'école des Beau-Arts et artiste-peintre réputé à Paris, qui y est né en 1877.

Celui de *Roudette* est à l'extrémité de la commune vers la limite du Lot.

Mgr Bray, évêque des missions apostoliques de la Chine, décédé en 1898, en était originaire.

Las Mousinies est un autre village placé entre deux ruisseaux et situé près de la Balbarie.

En 1443, Jean Roudier de Lasmozinia a fait hommage à Amaury de Montal, de tout ce village (1).

Laquille est un village situé dans les bois où résidait en 1787, Hilaire Azémar, avocat en parlement et sieur d'Escazals.

A *Montagut*, est un château appelé de Montal, qui est resté à une famille de ce nom, jusqu'à ces derniers temps.

Lasbordes est un village situé non loin de la Cère.

En 1673, Géraud Fargues, juge au Marquizat de la Roquebrou,

(1) *Invent. des arch. com. d'Aurillac.* HH65.

avait la justice haute, moyenne et basse, sur ce lieu, que lui contestait Charles d'Escars, seigneur de la Roquebrou (1).

En 1553, Jean Dufour, du village du *Roudier*, a fait hommage à Amaury de Montal, de sa part de « Lachamp Amalrugo ».

Le territoire, ainsi désigné, est ce vaste plateau désertique, sis à l'est de la commune, battu par tous les vents et dont le terrain, des plus stériles, n'est occupé que par des genévriers qui attristent encore le paysage. Malgré cela il est préféré des chasseurs et il a sa légende, que M. A. Aymar a comprise dans ses « Notes de Folkore Cantalien » et que nous rapportons ici.

La chasse volante. — « Cette chasse serait une poursuite sans répit, que les démons font aux âmes après la mort; écoutons avec attention le récit d'un grand chasseur devant l'Eternel, pour lequel les bois et les landes des environs d'Aurillac n'ont pas de secrets.

En 1892, au mois de février, me trouvant en partie de chasse chez des amis de la commune de Glénat, l'idée me vint d'aller jusqu'au pont de Rhodes, où des passages de bécasses étaient signalés depuis plusieurs jours. Je partis de très bonne heure, par un magnifique clair de lune, et je m'en fus tranquillement jusqu'à l'endroit dit « la Camp Marue » (2). Là, je choisis pour me reposer un poste très connu: les « Quatre Arbres ». Je caressais mon chien Constant et je fumais une cigarette lorsque, tout à coup, j'entendis à une distance assez éloignée, un lancé de chiens courants. Tiens, pensai-je, voici les chasseurs de la Roquebrou qui n'ont pas craint de se lever matin. Peu à peu la meute se rapprocha et bientôt l'entendant tout près, je me levai pour la voir défiler. Sûrement, elle ne passa pas devant moi à plus de deux mètres et je ne vis rien. Quelques instants après, j'entendis parler les chasseurs; ils passèrent aussi devant moi et je ne vis encore rien. Pourtant j'étais bien éveillé! je me frottai les yeux pour n'avoir pas de doute. Très impressionné, je repris sans enthousiasme le chemin du pont de Rhodes. Arrivé au village de la Balbarie, je rentrai dans une petite auberge que je connaissais déjà. L'aubergiste et sa femme, en train de se chauffer, furent surpris de ma visite matinale et de mon air tout préoccupé. Pendant qu'on préparait le café, pressé de questions, j'avouai qu'il venait de m'arriver une chose véritablement surprenante.

— Vous avez été arrêté dans la Camp Marue?

— Certes! non!

— Ah! je devine, dit l'homme en souriant, vous avez entendu la Chasse volante et vous n'avez vu ni les chiens ni les chasseurs?

Je ne pus que répondre affirmativement. On m'expliqua alors que la chasse venait souvent dans ces parages et qu'il ne fallait pas s'effrayer, car il n'y avait aucun danger pour celui qui l'entendait.

(1) *Minutes de Desarrauste, not.*).

(2) *C'est le nom actuel qui s'est un peu modifié depuis l'acte de* 1553.

La Balbarie

Le Nemrod (1) nous a donné toutes les assurances sur la véracité du fait (2).

A. Aymar (3).

Le village de *La Moyssetie* dépendait de la seigneurie de Pénières, par contrat d'échange passé entre le seigneur Louis de Noaille, duc d'Ayen, marquis de Maintenon et Françoise Charlotte de Corre de Brissac, son épouse, il a passé à Dame de Lastic, veuve de Bonaventure d'Escars, seigneur de La Roquebrou, par acte devant Ballot, notaire au Châtelet de Paris (4) en 1750.

LA BALBARIE

Ce village, qui est une anexe de la commune de Siran, est situé sur la pente du couchant de ce vaste plateau, dont la *Grillère*, très rapproché, occupe un des points culminants.

Il est environné de vastes champs de culture, très productifs de seigle, et dont les haies de clôture sont garnis de grands arbres, chênes et châtaigners.

En dehors de la zone d'action des cultivateurs du lieu, règne la lande inculte, avec ses bruyères où gîtent les lièvres et où croissent des genévriers que peuplent, à l'époque de la migration, les grives friandes de leurs fruits.

L'Eglise de la Balbarie fut bâtie vers la même époque que celle où fut reconstruite celle de Siran et aussi d'après l'initive du même prieur Gourdon de Lavercantière.

C'était au début une église succursale desservie par un vicaire (1744), puis elle devint une paroisse succursale en 1842.

Gorges de la Cère

C'est sur le territoire de cette commune de Siran que se trouvent une grande partie de ces admirables « Gorges de la Cère », dont on se fera un aperçu par les descriptions suivantes empruntées à divers auteurs.

Voici d'abord, celle, technique, du rapport officiel des ingénieurs qui y ont édifiée la voie ferrée.

« Entre les stations de la Roquebrou et de Laval-de-Cère, la ligne suit constamment le fonds d'une vallée de déchirement, espèce de fissure dont la profondeur dépasse parfois 300 mètres, et où l'on rencontre des terrains de formation ignée, les plus différents, granites, quarzites, micaschistes, gnéiss et une grande variété de diverses roches porphyriques qui s'y succèdent dans un bouleversement général. »

M. Marcel Monmarché, rédacteur aux *Guides Joanne*, les a magistralement décrites.

« ..... La féérie va commencer.

Brusquement, la vallée s'étrangle et s'assombrit : ce n'est

(1) *Celui-ci, dit M. Aymar, est M. F. D., âgé de 62 ans, qui a fait ses humanités et a vécu à la campagne une grande partie de sa vie.*

(2) *Cette légende de la Camp Marue nous a été contée bien avant la date de ce récit, par une personne autre.*

(3) *Revue de la* Haute-Auvergne, *tome 9, page 95.*

(4) *Reconnaissance Lagarrigue, notaire.*

plus qu'une gorge sauvage et tortueuse entaillée entre des escarpements de rocs déchirés, fourrés d'épais taillis. Tout au fond les eaux se brisent dans un lit encombré de rochers. Durant de nombreux kilomètres la voie, prodigieux ouvrage d'art, va lutter corps à corps avec le torrent, lui disputer l'étroit passage qu'il s'était ouvert et que seul depuis des siècles il emplissait de son tumulte. Les rails sinueux courent sur d'étroites corniches, accrochées aux parois à pic, au-dessus des eaux écumantes; ils s'engouffrent dans la noirceur des souterrains où s'éteignent leurs reflets d'acier, où s'étouffe le sifflet aigu de la locomotive : vingt-deux tunnels, coup sur coup, percent les éperons que la Cère enveloppe de ses replis. Entre chacune de ces éclipses, c'est une surprise, une soudaine apparition de la gorge sous un aspect renouvelé, inattendu. La solitude est complète et imposante : une maisonnette de cantonnier, de loin en loin une petite gare isolée, jalonnent seules ce long couloir désert. Si profonde est la coupure dans le plateau, qu'elle suspend la vie d'une lèvre à l'autre : la gorge était vierge encore de toute trace humaine, quant la locomotive vint mêler son halètement de colosse au fracas éternel du torrent. Le défilé s'ouvre enfin et nous voici dans un riant bassin où la petite ville de la Roquebrou s'étage au-dessus de la rivière apaisée. Un vieux château en ruines et une Vierge toute blanche dominent le fouillis pittoresque des maisons ».

Marcel MONMARCHÉ (*Le Cantal*, 1898).

Voici encore la description qu'en fait un de nos grands écrivains Cantaliens :

« Mais la Jordanne et la Cère, bien reposées, sont impatientes de repartir, ensemble désormais pour baigner la Roquebrou où se cuisent encore des poteries; le train va suivre le tracé de la rivière, s'engouffrer dans ces gorges épiques de la Cère où, du compartiment, l'on assiste à un déroulement de nature, d'eau, de roches, d'arbres, aux chaotiques conflits, dans la solitude de ces défilés étranglés, où l'on ne se plaint plus de la lenteur du train, grâce à laquelle se prolonge l'adieu à l'Auvergne et se renouvellent les impressions de furieuse beauté du Pas de Compaing et du Pas de la Cère, et de la « reine des vallées » (1) ».

C'est par les Gorges de la Cère que se fait la migration des petits oiseaux de la région. A l'automne ceux-ci s'étant réunis par espèces, s'engagent dans les gorges et par petites journées gagnent les plaines qui se trouvent à la sortie.

Le retour au printemps s'effectue de même (2).

(1) *L'Auvergne, par Jean Ajalbert, page* 185.

(2) *Nous avons eu la confirmation de ceci, tout récemment. En allant nous assurer de l'exécution du sentier pour touristes qui doit permettre la visite de ces pittoresques gorges; projet dont nous poursuivons la réalisation depuis dix années et que nous avons la satisfaction de voir exécuter, nous avons assisté ces premiers jours de mars, une fois, à l'arrivée d'un vol important de chardonnerets et de tarins et un autre jour à celui d'un vol de mésanges* (mars 1912).

Gorges de la Cère

A la Révolution la Garde nationale fut organisée à Siran. J.-B. Séryex, du village de Lasmousinie, en était le commandant.

A cette époque les relations entre Siran et la Roquebrou, furent tendues. Comme on l'a vu plus haut, les effets de la disette se firent particulièrement sentir dans cette dernière et la commune de Siran, alors comme aujourd'hui, importante productrice d'une excellente qualité de grains, se refusait à venir approvisionner les marchés du chef-lieu.

Les municipaux exposent cette situation au district d'Aurillac et le 20 brumaire, an 2, une réquisition leur est adressée pour être transmise en forme à celle de Siran. Elle resta sans effet et le 7 frimaire ils adressent une sommation, avec injonction de satisfaire dans le plus bref délai à l'arrêté de réquisition. Le marché suivant n'en fut pas pour cela plus approvisionné. Ils envoient alors une pétition aux administrateurs du département, leur disant « que vu leurs pressants besoins ils les prient de donner des ordres précis et de requérir personnellement les officiers municipaux de Siran, d'avoir à se conformer à la réquisition ».

C'est cette situation fâcheuse qui dut certainement contribuer à provoquer le conflit regrettable qui se produisit à La Roquebrou le 17 septembre de cette année et qui est relaté dans le registre des délibérations.

« Les citoyens de Siran étaient réunis sur la place à l'effet de procéder au recrutement. Ils ont été invités par les citoyens commissaires, par les officiers municipaux et par la Gendarmerie à entrer dans l'église, lieu désigné à cet effet, après avoir été requis de déposer leurs bâtons. Ces citoyens se sont obstinés à ne pas les déposer et ont fait résistance. Ils se sont alors approchés avec violence de la gendarmerie, qui a été forcée et aurait succombé sous la fureur de téméraires, si la garde nationale de la Commune, qui n'avait en ce moment aucune arme, ne s'attendant point à cette insurrection, n'avait couru s'armer et n'avait volé au secours de la gendarmerie, de sorte que malheureusement, un des citoyens de Siran a péri dans la mêlée » (1).

C'est le jour même où s'est produit cet événement que la municipalité s'est réunie et qu'un membre leur en a fait l'exposé ci-dessus. Ils décident alors d'adresser une pétition aux administrateurs du département « pour obtenir des secours en armes et en munitions, pour surveiller la commune de Siran, prévenir une seconde insurrection, ainsi que la suite des menaces faites ».

Les esprits se calmèrent heureusement, l'apaisement se fit et les registres municipaux n'eurent point à enregistrer d'autres fâcheux événements.

Cette même année 1793, M. Bordes, maire de Siran, fut l'objet d'une tentative d'assassinat, que l'on mit sur le compte d'adversaires politiques; le fait ayant été porté à la connaissance du Directoire d'Aurillac, celui-ci envoya à Siran un déta-

(1) *Registre des délibérations de la Roquebrou.*

chement du 3e bataillon, alors en formation dans cette ville, qui y séjourna durant quinze jours, en étant logé chez les habitants (1).

Peu après, Bordes fut administrateur du district d'Aurillac.

Lors du passage du représentant du peuple, Borie, venu en mission dans le Cantal, Boisset, administrateur du département, membre de la Commission qui avait remplacé le Comité révolutionnaire, faisant sans doute allusion à la tentative ci-dessus, dit à Bordes que « s'il avait quelqu'un dans sa commune qui l'embarrasse, il l'en débarrasserait ». Borde, interrogé après thermidor, sur ce propos, par le représentant Musset, ajouta qu'il ne lui connaissait aucune mauvaise intention (2).

En l'an 4, les administrateurs du département furent avisés qu'un nombre considérable de déserteurs et de prêtres réfractaires, se tenaient dans les communes avoisinant le Lot, dont celle de Siran.

L'agent municipal de cette commune, à la séance de l'Administration Municipale du canton de la Roquebrou, du 21 prairial, certifia que la tranquillité la plus parfaite régnait dans sa commune et qu'il n'y avait aucun rassemblement de déserteurs ni de prêtres.

Le 28 ventôse il leur fut annoncé que les piques, déposées à la maison commune de Siran, avaient été enlevées par les habitants (Voir appendice).

Le 3 germinal, ayant porté ce fait à la connaissance de l'Administration municipale, l'agent municipal y déclare que cet enlèvement a été commis par des jeunes gens au-dessous de l'âge de la réquisition qui ne connaissaient pas les conséquences de cette démarche, que les piques ont été rétablies à la maison commune le jour même et que depuis l'ordre n'a cessé d'y régner.

Hugues Fel, curé de Siran, fut porté sur la liste des émigrés du canton. Le 11 nivôse, an 6, il a adressé une pétition pour être autorisé, vu ses infirmités, à rester sous la surveillance des autorités constituées, au lieu d'avoir à quitter le territoire de la République, conformément à la loi du 9 frimaire.

Siran a été la résidence d'un notaire, Pierre Larmandie, notaire à Ytrac,, s'y établit en 1668, en y contractant alliance; ses descendants y ont remplie cette fonction durant nombre de générations. (Voir aux délibérations de l'Administration Municipale de l'an III). Cette étude a été réunie vers 1880, à celle du chef-lieu du canton.

La contribution foncière de cette commune, en l'an III, était de 354.457 livres. La contribution de l'emprunt forcé, de l'an IV, était de 694.000; le tout en valeur en assignats.

---

(1) *Archives départementales (communication de M. Jean Delmas).*

(2) *La Révolution du Cantal, page* 76.

Liste chronlogique des Maires de la commune de Siran (Cantal)

1792 : Bordes.
12 août 1792 au 15 floréal, an VI : Rieu Jean.
15 floréal an VI, au 12 vendémiaire an XII : Clamagirand Jean-Louis.
12 vendémiaire au XII, au 18 mars 1844 : Larmandies.
18 mars 1844, au 9 août 1855 : Clamagirand.
9 août 1855, au 24 août 1865 : Dumas, docteur.
24 août 1865, au 12 février 1869 : Larmandies.
12 février 1869, au 27 novembre 1877 : Destannes de Bernis.
27 novembre 1877, au 26 septembre 1881 : Lacambre.
26 septembre 1881, au 12 mars 1904: Colomb Firmin.
12 mars 1904, au 15 juillet 1907 : Bouygues Edouard.
15 juillet 1907 : Balthazar Joseph.

Siran en 1912

Superficie de la commune: 5.098 hectares.
Population: 1.312 habitants. — Electeurs: 404.
Contributions directes: 13.742 fr. 02.
Maire: M. Balthazar Joseph. — *Adjoint:* M. Rebeyrols Louis.
Curé: M. Couderc. — *Vicaire:* M. Peythieu.
Instituteur: M. Tiravy (1). — *Adjoint:* M. Rieu.
Institutrice: Mme Lherm. — *Adjointe:* Mme Arnal.
Postes et Télégraphes: M. Arnal, facteur-receveur.
Recette-buraliste: M. Durand.
Syndicat agricole: Président, M. Balthazar; Vice-président, M. Gouzou; Trésorier, M. Rebeyrols; Secrétaire, M. Delort; Secrétaire-adjoint, M. Tiravy.
Foires: 30 avril; 28 août.
Fête patronale: Saint Barthélemy: 24 août.
Courriers: Siran, départ à 6 heures du matin; arrivée à Laroquebrou, à 7 heures. — Départ à 7 h. 30; arrivée à Siran, à 9 h.— Départ à 2 h. du soir; arrivée à Laroquebrou, à 3 h. — Départ à 4 h. — Distance du chef-lieu : 7 kilomètres.
La Balbarie (annexe): *Curé:* M. Roussel. — *Institutrice :* Mme Puech.
Chemin de fer : Halte sur la ligne d'Aurillac à Saint-Denis, (chemin d'accès difficile).

(1) *M. Tiravy est l'auteur d'une brochure* « Les Leçons d'un Paysan » (Rubens Lescure éditeur, 1912), *qui a été pour l'auteur l'objet d'appréciations flatteuses et honoré d'une souscription du Conseil Général du Cantal* (Séance du 22 août 1912).

ESCALMELS

Les restes du monastère d'Escalmels, dont dépendait la paroisse de Siran, se trouvent vers l'extrémité de la commune, mais sur le territoire de celle de Saint-Saury, voisine.

On y voit une chapelle voûtée, munie d'un porche, qui a servi pour les délibérations du corps commun des habitants d'Escalmels, qui a été jadis une paroisse.

On y retrouve des restes informes d'importants bâtiments qui étaient ceux du prieuré, du monastère et de l'Eglise; un barrage rompu retenait les eaux du ruisseau et formait un vaste étang tout près des constructions.

Le fondateur spirituel du prieuré d'Escalmels était le moine Bertrand de Griffeuille et cette fondation remonte à l'an 1120 (1).

Les seigneurs de la Roquebrou en étaient les fondateurs temporels et ce sont eux qui ont dû y faire édifier les constructions primitives; plusieurs se sont fait enterrer à Escalmels. En 1299 et en 1467, ils ont conclu des accords avec les prieurs (2).

Le monastère qui s'y établit appartenait à l'ordre des Augustins. Le prieur percevait les dîmes, cens et rentes sur les paroisses de Saint-Saury, Siran, la Balbarie, Pontverny et Calviac, en Quercy; elles s'élevaient à la somme de dix mille livres qui devait être portée à Paris (3).

Le monastère était composé d'un prieur, d'un sous-prieur, d'un procureur, d'un archiviste, d'un trésorier et de plusieurs autres religieux. Le Seigneur prieur d'Escalmels avait la justice, haute, moyenne, basse, mixte et impaire sur les cinq paroisses.

Le couvent subsista jusqu'aux guerres de religion, où il s'y produisit un fait très rare. C'est son prieur, Louis de Loumagne de Cardaillac, qui ayant embrassé la religion reformée, se mit à la tête d'une bande de partisans et commença par brûler son monastère, il ravagea ensuite le pays jusqu'aux environs de Figeac. Il s'empara d'un château de cette région, dans lequel il se fortifia; il y fut assiégé par le seigneur de Peyronne, qui y pénétra. Sur le point d'être pris et ne voulant pas tomber vivant aux mains de ses adversaires, Cardaillac se précipita du haut d'une tour.

Les religieux du monastère, à la suite de leur prieur, avaient aussi embrassé la religion calviniste; les registres de l'église

---

(1) *Bertrand de Griffeuille et le cartulaire de N.-D.-du-Pont. Revue de la* Haute-Auvergne *tome* 10, p. 133.

(2) *Inventaire des arch. com. d'Aurillac.* HH73.

(3) *Dict. hist. et st. du Cantal.*

Chapelle d'Escalmels

Glénat

de Saint-Saury y contiennent de nombreuses abjurations d'hérésie, qui eurent lieu après la mort de leur supérieur (1).

Les guerres de religion passées, le couvent incendié ne fut pas relevé de ses ruines, seule la chapelle fut reconstruite et la communauté qui s'était réfugiée dans les locaux du moulin transformés en habitation, devint un simple prieuré à la nomination du pape (2).

La chapelle est sous le patronage de Saint Eutrope et M. le Curé de Saint-Saury y célèbre une messe chaque année, le premier dimanche de mai, à laquelle assistent tous les estropiés de la contrée.

Le ruisseau qui passe à Escalmels porte le nom de l'ancien prieuré. D'après M. de Rochemonteix, il guida les religionnaires qui vinrent ravager la province. « C'est du Quercy, en remontant la Cère, avec une pointe sur Saint-Saury, par l'Escalmels et l'Aveyron, par le Mur-de-Barrez, que les protestants arrivèrent jusqu'au cœur du Cantal » (3).

Près d'Escalmels se trouve une vaste forêt appelée la louisette, qui appartenait au Monastère et qui a sa légende (4).

En 1631, Jean de Venrias, procureur d'office de l'Abbé Bauyn, seigneur prieur d'Escalmels, exerçait des poursuites contre le sieur Cassard, qui malgré la défense du seigneur prieur, avait tué de grosses pièces de gibier, telles que: cerfs, biches et sangliers, sur ses terres (5).

Les seigneurs de la Roquebrou jouissaïent à Escalmels, du droit des fourches patibulaires (6).

Glénat

Glénat est un lieu très ancien, mentionné dans la charte de Clovis : il y est dit : « A Glénat, sont deux métairies occupées par les serfs Imbert et Dodon, qui font des charrois, donnant une mesure de blé et deux sous ».

L'église est ancienne, mais a été mal restaurée. Le clocher date de 1624.

Glénat était le siège d'une justice seigneuriale du ressort au bailliage d'Aurillac et en appel de la prévôte, de Maurs.

Il y avait à Glénat une communauté de prêtres richement dotée, qui fit hommage, en 1540, au roi.

Il y a un château, qui était classé, en 1650, au nombre de ceux qui étaient considérés comme importants à la défense du

---

(1) *Manuscrit inédit de M. l'Abbé Figeac.*

(2) *Histoire de l'Abbaye de la Couronne, par l'abbé Blanchet.*

(3) *Les Eglises romanes de la Haute-Auvergne, par M. de Rochemonteix, p. XXVI.*

(4) *Voir Dict. hist. et st. du Cantal, tome* 5, *p.* 182.

(5) *Archives de la Roquebrou.*

(6) *Nous avons fait une excursion à Escalmels avec M. le Docteur Four* (juillet 1911).

pays. Il appartenait alors à plusieurs seigneurs qui coopéraient en commun à son entretien.

A son origine il consistait en une grosse tour entourée de constructions crénelées et ayant des machicoulis, c'était une forteresse enoturée en outre de fossés; il était alors appelé le château supérieur.

Durand de Montal, seigneur de la Roquebrou, en fit hommage, en 1251, au Comte de Rodez.

En 1562, M. de Brezons, gouverneur d'Aurillac, y plaça une garnison de soldats (1).

En 1502, Philippe de la Grillère, en était le seigneur propriétaire. Cette maison le possédait encore en 1632. Il passa ensuite aux de Beauclair, seigneurs de Messac. C'est cette famille qui a fait reconstruire à la moderne, le château actuel, l'ancien tombant en ruines. Il était aussi appelé le château de la Grillère, nom qu'il tenait du fait de ses possesseurs. Il est actuellement la propriéte de M. Four.

Le bourg de Glénat, au XVe siècle, était fortifié, étant pourvu d'une muraille de défense qui se rattachait au château.

Le 6 août 1444, Amaury de Montal, seigneur de la Roquebrou, a fait un accord avec Noble Elie de Miers, Pierre Durban et Pierre de la Grillère, cosseigneurs de Glénat et les habitants dudit lieu pour la fortification de la place de Glénat, par lequel acte lesdits habitants sont tenus de la clôre de murailles (2) ».

La muraille construite, le bourg ayant par la suite, progressé, les nouveaux habitants durent se bâtir en dehors de l'enceinte, y édifiant les fauxbourgs de Glenat où résidait, en 1635, Hugues Vabre (3).

Génat était administré par trois Consuls qui y percevaient l'impôt royal qui était de 3.000 livres en 1696.

Au XVIIe siècle, ce lieu fut un foyer du protestantisme, il est au nombre de ceux ou d'après l'édit de Nantes, les protestants pouvaient édifier un temple.

Le 9 juin 1632, Damoiselle Anne de la Grillère, cosseigneuresse de Glénat, par un acte notarié, mit « à perpétuité, à la disposition de M. de Lafon, ministre de la religion prétendue, réformée à Glénat, le château de la Grillère-lez-Glénat, avec cette obligation pour ses héritiers qu'ils ne pourront se libérer de cette servitude qu'en faisant construire à leurs frais un temple dans le bourg de Glénat » (4).

A une réunion des Consuls d'Aurillac, en 1639, le consul Lacarrière, proteste contre l'élection du sieur Gourlat, disant « que c'est un huguenot qui a fait porter le corps de frère à Glénat, où les huguenots de cette province ont coutume de s'assembler » (5).

---

(1) *Dict. hist. et st. du Cantal.*

(2) *Inventaire sommaire des archives communales d'Aurillac, 2e volume* HH48.

(3) *Dessarauste, notaire royal. Cassier, en* 1366, *était un faubourg de Glénat, Et. civil.*

(4) *Desarauste, not. à la Roquebrou.*

(5) *Invent. des arch. com. d'Aurillac,* 1er *volume.*

Les testaments de cette époque mentionnent dans cette région de nombreux legs faits à l'église réformée de Glénat.

En 1630, Jean de Sarrauste, notaire royal à la Roquebrou, était juge de Glénat.

Le bourg de Glénat a un groupe scolaire édifié en 1880, qui constitue un bel enclos sis à la jonction de deux routes, près la place du lieu.

Pompidou est un village au nord du bourg de Glénat, où se trouve un château où résidait, en 1698, Pierre de Boisse (1). Il appartient aujourd'hui, avec la propriété, à M. Dessales.

Dans un champ voisin, il fut découvert, il y a moins de vingt ans, une sépulture probablement gallo-romaine, consistant en une pierre creusée avec son couvercle et renfermant une urne avec des cendres.

A *Labro* est un château placé sur un point élevé, qui appartient aussi à des membres de la famille Dessales.

ESPINADEL

Sceau de la Municipalité d'Espinadel

Ce village est certainement ancien, car il en est fait mention dans le testament de Bertrand de Montal, en 1275, et dans le pouillé de Saint-Flour, du XIVe siècle (2).

Espinadel était le chef-lieu d'une paroisse qui comprenait en outre les villages du Pompidou et de Clamagirand et dans des temps plus reculés d'autres, dont on trouve des vestiges dans le voisinage.

Avant sa destruction, l'église, très ancienne, était placée sur une colline élevée; elle fut d'abord sous le vocable de Saint-Cosme, puis sous celui de Saint-Martin; elle était sous voûte avec nervures (3).

(1) *Les de Boisse étaient originaires du lieu de Boisse, en Rouergues, dont ils étaient les Seigneurs.*

(2) *Dictionnaire Amé.*

(3) *Sur son emplacement s'élève une grande habitation; on y conserve l'ancienne pierre qui formait la clef de la voûte.*

En 1636, c'était un chapelain de la Trémolière de la Roquebrou, Mre Géraud Rozière, qui était pourvu de la cure d'Espinadel; le 11 mai de cette année, jour de la fête de la Pentecôte, venant d'y célébrer les offices avec son clerc, ils furent tous les deux tués par la foudre, étant sur leurs montures, qui n'eurent aucun mal, au haut de la côte des « Rossilles » (1).

Gilles de Carbonières était seigneur d'Espinadel, en 1625.

En 1789, Espinadel fut une des 21 communes qui composèrent le canton de la Roquebrou.

C'est par une ordonnance royale du 25 février 1829, que les communes d'Espinadel et de Glénat furent réunies en une seule, dont le chef-lieu fut fixé à Glénat.

La contribution foncière de Glénat à l'an III, fut de 164.293 livres.

La contribution à l'emprunt forcé de l'an IV, fut de 254.000 livres.

La contribution foncière d'Espinadel à l'an III, fut de 25.464 livres.

La contribution à l'emprunt forcé de l'an IV, fut de 134.000 livres (2).

Liste chronologique des Maires de Glénat

1790: Theulière, officier municipal.
2 février 1791 : Moissinac Pierre.
21 octobre 1792 : Serres Géraud.
De 1808 à 1815 (inclusivement) : Serres Jean-Marie.
De novembre 1815 à 1828 : Vabre Jean-Antoine.
1828 : Darses Antoine.
Du 1er janvier 1844 jusqu'en juillet 1851 : Serres Jean-Marie.
De juillet 1851 à octobre 1854 : Darses Géraud-Alexis.
De décembre 1854 à 1861 : Dessales Jean-Baptiste-Sylvain.
Du 17 décembre 1861 à octobre 1865 : Serres Félix.
D'octobre 1865 à 1874 : Dessales Ovide.
De novembre 1874 à juillet 1876 : Darses Jean.
Du 2 juillet 1876 à janvier 1878 : Dessales Ovide.
Du 21 janvier 1878 en mars 1882 : Bessières Léopold.
Du 24 mars 1882 au 17 mai 1896 : Dessales Firmin.
Du 17 mai 1896 au 9 novembre 1899 : Lescure Paul.
Du 5 novembre 1899 au 8 mai 1904 : Souqual Pierre.
Du 8 mai 1904 au 17 mai 1908 : Dessales Gabriel.
Du 17 mai 1908 à ..... : Cordonnier Clément.

Maires d'Espinadel

Cette commune semble n'avoir eu qu'un seul maire, M. Jean Bourrieu de Boisse, qui était en fonction en 1793 ; sous le Directoire il en fut l'agent municipal et il reprit ensuite sa place de maire jusqu'à la fin de 1807. A partir du 1er janvier

---

(1) *Archives de La Roquebrou.*
(2) *Valeur en assignat.*

Saint-Gérons et sa passerelle sur la Cère en construction

suivant, ce furent les maires de Glénat, qui administrèrent séparément les deux communes jusqu'à l'époque de leur réunion, en 1829.

Glénat en 1912

Superficie de la commune : 2.428 hectares.
Population : 609 habitants. — Electeurs : 202.
Contributions directes : 13.742 fr. 02.
Maire : M. Cordonnier Clément. — *Adjoint :* M. Brugnes Ovide.
Curé : M. Puéchayy.
Instituteur : M. Lassus.
Institutrice : Mme Lassus.
Bureau téléphonique.
Foire : 26 avril.
Fête patronale : 3 février.
Distance du chef-lieu du canton : 9 kilomètres.

Saint-Gérons

Le chef-lieu est un petit bourg situé non loin de la rive gauche de la Cère et sur le flanc de la colline.

L'Eglise est sous l'invocation de Saint-Gérons et est ancienne. C'était un prieuré dépendant, en 1624 du chapitre de la Collégiale de Saint-Flour ; il valait alors 500 livres.

Les écoles édifiées en 1880 sont à une certaine distance du bourg, sur un point plus élevé et près du chemin conduisant au village d'Espinet, qui est le plus important de la commune.

Un pont, actuellement en construction, va y relier les deux rives de la Cère.

C'est près du bourg, en aval de la rivière, que se trouvait un beau dolmen qui a été détruit en 1898 (1).

La commune de Saint-Gérons comprend 25 villages ou hameaux :

A *Labarthe* était un château autrefois aux Carbonnières.

Noble Pierre de Carbonnières a fait, en 1502, hommage au Seigneur de Montal de la Roquebrou de tous les biens et édifices qu'il possède dans la paroisse de Saint-Gérons et confrontant avec la croix de la Descargue, les affars de Maroncles, de la Fabrie, de Laborie (Nêpes) et du fleuve de Cère (2).

Le 27 janvier 1626, Noble Robert de Carbonnières, habitant au château de Labarthe « ayant grand désir de porter les armes pour le service de sa Majesté et sur le point de s'acheminer avec d'autres habitants de la Roquebrou, dans le régiment du Comte de Balzac, a fait son testament » (3).

---

(1) *La belle pierre qui en formait la table fut dépécée par un ouvrier inconscient, pour confectionner les bancs qui ornent l'esplanade ombragée du champ de foire de la Roquebrou.*

(2) *Archives de la Roquebrou.*

(3) *Minutes de Guirbal, not. royal.*

En 1665, Géraud de Carbonnières épousa Damoiselle Charlotte de Moles, dame suivante de la Marquise d'Escars. Il est mort en 1695, sans laisser de postérité.

En 1786, Labarthe était la résidence de Jean-Charles Delzort de Labarthe, avocat en parlement et juge de Montvert. Son fils, Louis Delzort de Labarthe, acquit, en 1779, la charge de lieutenant-criminel d'Aurillac de M. de Niocel, qui devait si chèrement payer, en 1792, le zèle qu'il avait mis à remplir cette fonction. En 1790, Delzort fut président de l'assemblée du département, à Saint-Flour.

De 1791 à l'an III, il fut commissaire du directoire exécutif de l'Administration Municipale du Canton de la Roquebrou; de l'an IV à l'an VIII, juge au tribunal de première instance d'Aurillac. Il mourut en fonction en 1824. Il avait refusé la présidence du tribunal, sous la Restauration.

Sa sœur, Marguerite Delzort, avait épousé, en 1775, Pierre Hébrard, alors avocat et qui fut par la suite juge au marquisat de la Roquebrou et député à l'Assemblée Nationale.

A l'époque de l'empire, le château fut reconstruit dans le style de cette époque; il a eu par la suite divers propriétaires et appartient actuellement à M. Laveyrie, ancien notaire.

Lafabrie est un hameau avec grande propriété.

En 1403, Yrlande Lafabrie reconnaît en hommage de Noble Jean de Montal, les villages de Maniane, de Moles, de Laborie de Bernet et de lou Bets haut, ainsi que son repaire de Moles (1).

En 1654, Lafabrie appartenait à Pierre Pradal, bourgeois de la Roquebrou, sa fille Jacquette Pradal l'apporta en dot à Charles d'Escars de Saint-Hilaire, d'une branche des seigneurs de la Roquebrou.

Leur arrière petite fille épousa, en 1771, M. Cassaignade, avocat en parlement de la ville de Martel, en Quercy et lui apporta en dot cette propriété qui appartient encore à leurs descendants.

Grattepaille est un village avec un château qui appartenait, en 1693, à Noble Louis d'Estang, seigneur de Borèze, maison à laquelle s'allia, en 1172, Basile de Riouzal, seigneur de Sexcles, en Limousin.

Ce château est composé d' un assez vaste corps de logis à deux étages avec une tour qui contient lescalier. Il est actuellement la propriété, ainsi que Lafabrie, de M. le Docteur Four.

Maroncles est un village où résidait, dans son repaire (maison forte) en 1693, Noble Abraham Duboyer, seigneur de la Caze. A cette maison c'est alliée, avant 1779, M. Sclafer de Chabrinhac, avocat en parlement, plus tard procureur de la ville de Tulle. M. Joseph Sclafer de Chabrinhac, avocat, leur descendant résidant au château de Cavaroque, près de la Roquebrou, possède cette propriété.

C'est à la *Margide* que M. Durif place ce monument druitique, qui présentait le plus grand intérêt « le Roc Cobolaïre » qui

(1) *Ce sont les ruines de tous ces villages que l'on rencontre sur plusieurs points de cette propriété.*

Château de Lamargide

était composé, dit-il, de plusieurs pierres brutes, d'inégales grandeurs superposées et jointes irrégulièrement, qui s'élevaient à une hauteur de 2 mètres.

Deux de ces blocs portaient chacun dans leur partie inférieure un signe ou sculpture en creux, ayant la forme d'un O. D'après la conformation du terrain et l'étymologie du mot margide mark, frontière) le cobolaïre était probablement une borne séparative de tributs (1).

C'est dans le jardin attenant au château, qu'en y creusant un fossé, il y a été découvert, en 1828, plusieurs bracelets et monnaies de bronze, d'autres monnaies ont été aussi recueillies depuis dans les champs de la propriété.

La Margide dépendait des seigneurs de la Roquebrou et acquittait « la censive annuelle de 4 setiers seigle, 3 setiers et une carte avoine, 4 pintes de pois verts, 25 sols d'argent, la moitié d'un mouton à laine, 30 œufs, 1 manœuvre, 2 charretées de bois et 5 sols pour la part de viande et guet le tout payable et portable au château de la Roquebroû » (2).

La propriété confrontait avec la « Calm du puy-del-lac » où se trouvait la « Croix de la Bataille (3).

La Margide appartient présentement à M. Aman Taule, de Barayrac, qui a récemment adjoint à cette agréable demeure un beau pavillon et qui a augmenté considérablement la propriété.

Palach, était au XVIIIe siècle, un gros village de la paroisse de Saint-Gérons. Jean Sarrauste, sieur de Roquefort, y résidait en 1644, et c'était aussi la résidence d'un notaire royal, Maître Dilhac.

En 1748, le village de Palach a fait reconnaissance nouvelle et hommage à Dame Elisabeth de Lastic, veuve de Messire Bonaventure d'Escars, seigneur de la Roquebrou. Cette reconnaissance est faite sous la rente et censive annuelle foncière, directe et seigneuriale de 32 setiers de seigle et 24 setiers avoine, 12 setiers de pois, six livres, trois sols et cinq deniers en argent, six gélines (poules), si poulets, trois moutons et 205 œufs, le tout à apporter à certaines dates fixées au château de ladite Dame à la Roquebrou.

La Dame Marquise d'Escars avait en outre sur ledit village le droit de lods, de prélation, de *fondalisé* et autres droits seigneuriaux, les droits de boade, vinade, manœuvres, guet, (4) etc...

Le village de Palach payait aussi annuellement aux Chapelains de la Trémolière de la Roquebrou, cinq setiers de seigle, mesure de la Roquebrou.

Hugues Noyer de Palach était, en 1815, maire à la fois

---

(1) *Dictionnaire hist. et st. du Cantal.*

(2) *Reconnaissances féodales à Dame de Lastic* (*Laguarrigue, notaire*) 1750.

(3) *Reconnaissance à Gilles de Montal,* 1564. (*Doucet et Astorgis, not.*).

(4) *Archives de Laroquebrou.*

des communes de Saint-Gérons et de Saint-Etienne-Cantalès. Ce village a été rattaché à la Roquebrou, en 1883.

Nêpes est une grande propriété avec un château bâti sur la lisière de hautes futaies avec au devant de belles prairies occupant toute la colline. Des fenêtres du château et de sa terrasse, l'on jouit d'un beau panorama embrassant l'ensemble de la vallée jusqu'à la ville de la Roquebrou, étagée sur les rives de la Cère.

Tout près du château se trouve un beau viaduc de la ligne du chemin de fer.

Nêpes était autrefois appelé Laborie.

En 1502, Messire Jean Sarrauste, curé de la Roquebrou et héritier des biens d'Amalric Sarrauste, son père reconnaît tenir en hommage du seigneur de la Roquebrou, Amalric de Montal, la moitié de son boriage et repaire (maison forte) de Laborie, attenant au village de Linols, paroisse de Saint-Gérons, sous réserve par ledit vassal de la justice, jusqu'à 60 sols.

En 1519, Mre Jean Sarrauste de Nêpes, fut arbitre dans un procès entre Amalric Bronugue, prêtre, et Jean d'Orgon, pour un partage des eaux du ruisseau de Bronugue (1).

Mre Jean de Sarrauste, notaire royal et juge de Glénat, y résidait en 1630.

Nêpes, depuis, n'a cessé d'appartenir à cette Maison, qui a compté parmi ses membres, des prieurs, des magistrats, avocats, docteurs et M. Emile Sarrauste de Menthière, ancien conseiller de préfecture, qui a été le plus distingué agriculteur de la région, il est décédé en 1910. Son fils, M. Paul Sarrauste de Menthière, y continue les méthodes de culture de son père.

Puech Misery est une belle résidence avec une belle propriété, sise sur la rive opposée de la Cère.

Il a autrefois existé une famille de ce nom.

En 1565, Mre Pierre Puech-Misery, prêtre dudit lieu, a fait reconnaisance en emphythéose et perpétuelle pagésie à Mre Bertrand Laplaze, licencié-ès-droit, conseiller magistral, présidial, ordonné en la ville d'Aurillac (2).

Hélips Puech-Misery fut au nombre des consentants à l'accord des habitants de la Roquebrou avec Charles d'Escars, du 15 mars 1673.

« En 1803, on découvrit dans les dépendances et sur le bord d'un champs situé au-dessus d'un chemin, des pierres en granit où était gravée l'inscription « Mementote Tenaquil périit et illa ». On désira faire des fouilles, mais le propriétaire s'y opposa, craignant un éboulement. Ces pierres ont été perdues. Il semblait que le feu avait été violent en ce lieu, sans doute

---

(1) *La sentence par lui rendue est en patois « nous aven visita et polpat les débats et différents de l'aigue del rieu de Bronugua.....*

M. Amalric Bronugua prendro l'aiguo en levado del molé tont qué né poyra passa per un traou dé taraire ». Compulsoire en 1775 (Denevers, notaire).

(2) *Invent. des arch. de la comm. d'Aurillac* E. 924.

Château de Nèpes

Château de Puech-Misery

c'était celui du bûcher de Tanaquil, et un tombeau y aurait été ensuite élevé. Il serait intéressant de reprendre ces fouilles » (1).

La dénomination de Puech-Misery, suivant certains, devrait être traduite par ces deux mots latins « puteum miseriœ » puits de misère. L'on en déduit que ce plateau où se trouve Saint-Etienne, Gresses, la Margide, où se sont produits anciennement des événements militaires (2), finissant brusquement à Puech-Misery, en un point des plus escarpés, véritable puits au fonds duquel coule le ruisseau d'Auze, quelque détachement de cavalerie poursuivi, s'y serait précipité et la pierre à l'inscription découverte de 1803, recouvrirait le tombeau du chef de la colonne anéantie.

Puech-Misery était, en 1793, la résidence de M. Bastide, maire de Saint-Gérons. Il appartient actuellement à la famille Puech.

M. Puech, architecte, l'a considérablement embelli. Ses quatre fils, qui exercent des fonctions des plus honorables : Architecte, Lieutenant de vaisseau, Chevalier de la Légion d'Honneur, Juge de tribunal civil et Ingénieur agronome, aiment aussi cette résidence et sont heureux de s'y trouver réunis à l'époque des vacances.

Au village de la *Bouygue* était un tènement appelé de Corpilhac, qui produisait annuellement six setiers de seigle, quatre setiers d'avoine et trois sols tournois argent, qui servaient à payer annuellement un prêtre qui devait desservir la chappellenie Saint-Mathieu, dans la chapelle Saint-Georges de l'Eglise Notre-Dame-de-Miséricorde de la Roquebrou. Cette rente fut confisquée à la Révolution, la fondation avait été confirmée en 1624.

Noble Antoine de Lerou, sieur de la Hugues, résidait à la Bouygue, il émigra en 1792; il lui fut confisqué son domaine de la Bouygue, qui était affermé 800 livres.

Le mobilier vendu par Antoine Bordes, le 15 thermidor, an 2, produisit 295 livres et le chetel du domaine 9.980.

Sa mère, Hélène Dumont, veuve de Lerou, mère d'émigré, eut son domaine de la Hugues confisqué, il s'affermait 2.100 livres.

Revenu de l'émigration, sous le Directoire, M. de Lerou, d'après des instructions reçues, était l'objet de la surveillance de l'Administration Municipale du Canton de Laroquebrou.

La contribution foncière de Saint-Gérons à l'an III, fut de 160.517 livres.

La contribution à l'emprunt forcé à l'an IV, fut de 341.000 livres (3).

---

(1) *Dict. hist. et st. du Cantal. M. Puech, qui avait la connaissance de ces lignes, disait qu'il donnerait une belle somme à celui qui lui indiquerait l'endroit dont il est question.*

(2) *Voir article Saint-Etienne.*

(3) *Valeur en assignat.*

Liste chronologique des Maires de la commune de Saint-Gérons

1792 Bastide.
1793 Fau.
1795 Falvelly.
1816 Noyer Hugues.
1820 Sclafer de Chabrinhac.
1828 Alary Antoine.
1832 Salabert Géraud.
1859 Traissac Hugues.
1871 Mathieu Antoine.
1874 Salavert Jean-Pierre.
1881 Latournerie.
1888 Couderc Jean.
1889 Maurel Géraud.
1900 Denevers Alexis.
1900 Sarrauste de Menthière Paul.
1905 Gardes Antoine.

Saint-Gérons en 1912

Superficie de la commune: 2.134 hectares.
Population: 358 habitants. — Electeurs: 138.
Contributions directes: 5.502 fr. 02.
Maire: M. Gardes Antoine. — *Adjoint:* M. Cassan Pierre.
Curé: M. Delpuech.
Instituteur: M. Auzolles.
Institutrice: Mme Trémouille.
Fête patronale: 10 octobre.
Distance du chef-lieu du canton: 3 kilomètres.

Saint-Etienne-Cantalès

Saint-Etienne-Cantalès

Cette commune est séparée de celle de Saint-Gérons par la rivière de Cère.

Le chef-lieu ne compte que quelques maisons autour de l'Eglise; le presbytère y est attenant et au devant se trouve une terrasse d'où l'on a une belle vue sur la vallée en amont de la Cère.

L'Eglise, sous l'invocation de Saint-Etienne, formait autrefois un prieuré qui a été uni à celui de la Ségalatière.

L'école mixte est à l'est du bourg et non loin de la route.

En 1725, Guillaume de Grignols, bachelier de la faculté de Paris, prieur et seigneur de la Séglatière et de Saint-Etienne, habitant en son château de Senesque, paroisse de Saint-Etienne-de-Maurs, percevait du curé de Saint-Etienne-Cantalès, la somme de 486 livres pour la dîme lui revenant sur cette paroisse (1).

Le château de *Gresses*, sis au nord de Saint-Etienne, appartenait, en 1726, à Marie Dubois, qui l'apporta en dot au chevalier Martial Dufayet de la Tour de Saint-Vincent, l'un des 200 chevau-légers de la garde ordinaire du roi.

Par une alliance contractée en 1785, le château et la propriété sont passés à la maison de Falvelly, qui les possèdent actuellement.

La charte de Clovis mentionne un village du nom de Gressus,

Une francisque a été trouvée dans le voisinage et déposée au musée d'Aurillac.

En un point du plateau, aux abords de Gresses, se trouve une croix dénommée « la Croix de la Bataille » (2) où il aurait été trouvé des médailles et de vieilles armes.

« Certains auteurs pensent qu'elles pourraient se rapporter au passage de la grande armée d'Attila, en 451. Cette armée, venant d'Orléans et de la Sologne, étant poursuivie par les Romains et le roi des Francs, aurait été atteinte dans les plaines d'Anglards au moment où elle gagnait les montagnes d'Auvergne, après avoir traversé le plateau de Saint-Etienne-Cantalès, Saint-Santin-Cantalès et Nieudan; d'autres, qu'il s'agirait de l'époque où Euric, roi des Goths, arracha l'Auvergne à la domination latine.

Ce qu'il y a de certain, c'est que de grands événements militaires se sont passés sur ces vastes plateaux, l'histoire ne les a point conservés, la tradition et quelques indices y servent d'indication » (3).

---

(1) *Minutes de Bertrand, notaire à la Roquebrou.*

(2) *Cette croix se trouve dénommée dans des actes du XVIe siècle.*

(3) *Henri Durif (Dictionnaire hist. et st. du Cantal).*

A *Labro* est une vaste demeure qui a appartenu aux Ladurantie. En 1688, Raymond Ladurantie était conseiller général en l'élection générale de la Haute-Auvergne.

Marguerite Ladurantie de Labro, avait épousé Louis de Lorus, ex-capitaine de cavalerie, chevalier de Saint-Louis, qui était maire d'Aurillac en 1789 et qui se réfugia à Labro, lors des insurrections qui se produisirent plus tard dans cette ville. Ils n'eurent pas d'enfants. Marguerite Ladurantie est décédée en l'an 4.

A *Vabret* est un château situé sur un plateau bien cultivé et ses dépendances s'étendent jusqu'à la rivière de Cère. Il appartenait, au XVIe siècle, aux de Lapanouze. Isabeau de la Panouze épousa, en 1575, Noble Jean de la Valette, du château de Viescamp. Pierre de la Panouze, écuyer, sieur de Vabret et d'Olivier, sur le point de partir pour aller à la guerre, pour le service de sa Majesté, en Italie, sous les ordres du Comte de Polignac, a fait son testament en 1635.

Noble Laurent du Saulnier, sieur de la Gourdon, possédait Vabret, en 1677.

En 1760, le château était la résidence de Messire Louis Henry de Suères, écuyer, chevalier de Saint-Louis, ancien officier dans le régiment de la Sarre. Actuellement il appartient à M. le Docteur Robin Massé, gendre de M. Claverie.

En creusant une tranchée du chemin de fer d'Aurillac à Saint-Denis, près de Vabret, il y a été découvert, en 1884, un bracelet celtique, en terre cuite, dite de Marseille et qui est décoré de traits gravés (1). Tout près, à Miécaze, est un filon houiller.

La superficie de la commune est de 1.112 hectares.

La contribution foncière à l'an III, fut de 41.262 livres.

La contribution à l'emprunt forcé, à l'an IV, fut de 110.000 livres (2). (Voir appendice).

Liste chronologique des Maires de la commune de Saint-Etienne-Cantalès

1792	Traissac.
1793	Plougeaut.
1794 à 1796	Lacassagne.
1801 à 1816	J.-L.-Joseph de Falvelly.
1816 à 1825	Hugues Noyer.
1825 à 1828	Sclafer de Chabrinhac.
1828 à 1832	Antoine Alary.

(1) *Cet objet, recueilli par M. Lacaze, conducteur des ponts et chaussées à la Roquebrou, se trouve actuellement dans la collection de M. Charles Puech, Ingénieur de l'arrondissement.*

(2) *Valeur en assignats.*

Château de Vabret

1832 à 1847 (1) Géraud Salavert.
1847 à 1848 Hugues Traissac.
1848 à 1864 Louis-Etienne de Falvelly.
1864 à 1868 Joseph de Falvelly.
1868 à 1878 Henri Gros.
1878 à 1892 Joseph de Falvelly.
1892 à 1902 Humbert de Falvelly.
1902 à 1909 Joseph de Falvelly.
1909 Maximin de Falvelly.

Saint-Etienne-Cantalès en 1912

Superficie de a commune: 1.112 hectares.
Population: 208 habitants. — Electeurs: 56.
Contribution directe: 2.584 fr. 60.
Maire: M. de Falvelly Maximin. — *Adjoint:* M. Pouget Pierre.
Curé: M. Felgines.
Institutrice: Mme Martin.
Distance du chef-lieu du Canton: 4 kilomètres.

Miécaze, station au point de jonction de la ligne d'Aurillac à Eygurande à celle d'Aurillac à Saint-Denis-les-Martel.

(1) *De 1816 à 1847, les communes de Saint-Gérons et de Saint-Etienne-Cantalès, avaient le même maire.*

Lacapelle-Viescamp

ARMOIRIES DE M. DE LASSERRE
Seigneur de Viescamp

(Collection de M. Picard, à Aurillac).

Le nom latin de ce lieu *Vetérès Campi,* laisserait supposer que dans les temps anciens il y aurait eu quelque campement militaire dans cette région.

Le chef-lieu est un petit bourg composé de quelques habitations groupées autour de l'église, qui a des bas côtés et doit être ancienne. Elle a été restaurée et attenant au clocher, se trouve une tour ronde élancée. Les écoles attenantes sont à une bonne exposition.

Lacapelle-Viescamp dépendait à la fois de la seigneurie de la Roquebrou et de celle de Pénières. Il acquittait en redevances à cette dernière 5 setiers, 1 carte de seigle, 2 setiers 1 carte d'avoine, 5 sols 8 deniers et la moitié d'une géline (poule). (1).

CHATEAU DE VIESCAMP

A *Viescamp,* sur la rive droite de la rivière d'Authre, se trouve un château remarquable par sa situation, il commande les défilés de cette vallée et avec ses terrasses élevées il présente un aspect grandiose

Il est composé d'un vaste corps de logis, de forme carrée, d'une grande élévation, ayant à son sommet un couronnement de belles consoles faisant déborder l'étage supérieur avec ses anciennes meurtrières.

Un autre corps de bâtiment y est attenant, mais est moins élevé et a sa toiture à la mansarde. A l'intérieur il y a un tableau du peintre Lebrun.

Viescamp était habité, en 1220, par Noble Guirbert; en

(1) *Invent. des arch. de la com. d'Aurillac* E. 871.

Lacapelle-Viescamp

Château de Viescamp

1251, par Guillaume Gosselin; il fut saisi et vendu par Astorg d'Aurillac et fut tenu de lui sous foi et hommage.

En 1284, il lui appartenait définitivement. Cette année, avec Henri Comte de Rodez, ils firent un accord désignant des arbitres pour établir l'hommage de Viescamp, Montal et autres lieux, pour acquitter les frais de la guerre qu'ils s'étaient faite (1).

En 1327, il a donné pour dot, à sa sœur Françoise d'Aurillac, dans son contrat de mariage avec Philippe, seigneur de Campjean, le château et la seigneurie de Viescamp et lui en a fait faire reconnaissance par les emphythéotes et paysans (2).

Viescamp passa, en 1350, à la Maison de Parlan et il était alors sous la suzeraineté de Guillaume de Montal, seigneur de la Roquebrou.

Les La Panouze leur succédèrent en 1521 et en restèrent seigneurs jusqu'en 1575, où Isabeau de la Panouze l'apporta en dot à Noble Jean de la Valette. Leur descendante, Marianne de la Valette, épousa, en 1753, Théodore de Lasserre, seigneur de Conques, écuyer de la Compagnie des mousquetaires noirs de la garde du roi.

Il est inexact, comme le dit le Dictionnaire historique et statistique du Cantal, que le château de Viescamp ait été incendié et reconstruit à la moderne, en 1752, attendu qu en 1755, M. de Lasserre « a fait recouvrir à chevilles neuves, la toiture du château et refaire les contre-vents de la grande salle, de la chambre du prieur (3), de celle du chevalier et de celle de M. de la Valette, réparations déjà reconnues urgentes lors du mariage dudit seigneur de Lasserre avec la Dame de la Valette, en 1753 » (4). M. Théodose de Lasserre est mort en 1792. Son fils, Jean-Charles de Lasserre, ayant émigré à la Révolution, le château fut confisqué, ainsi que les biens en dépendant, qui consistaient en le domaine et réserve de Viescamp, le domaine de la Garrigue, le moulin de Viescamp et le domaine d'Auriols.

L'inventaire du mobilier du château a été fait le 24 germinal, an 2, par le citoyen Dausset, commissaire nommé à cet effet, par les administrateurs du district d'Aurillac; la vente eut lieu du 6 au 10 nivose, an 3; elle produisit la somme de 6.124 livres.

Le procès-verbal descriptif du château et des propriétés, a été dressé, le 20 ventôse 1795, par le citoyen Rames J.-B. expert, nommé par délibération de l'Administration du département du Cantal. Il mentionne « un cy-devant château, dont une partie incomplètement reconstruite ou réparée, qui menace la ruine la plus prochaine, une portion de son couvert n'étant encore que douellée et sans tuiles, le pignon oriental ou les cheminées doivent être placées non encore bâti, ni ouvertures, ni fenêtres,

---

(1) *Invent. des arch. de la com. d'Aurillac, page* 337.

(2) Id. HH4.

(3) *Un de Lavalette-Parizot, de Viescamp, a été prieur de Saint-Santin.*

(4) *Minutes de Denevers, not. royal.*

ni planchers et les portes en étant bouchées; ce qui reste du vieux château étant aussi en mauvais état et presque inlogeable, l'escalier en étant en partie démoli et tout ouvert; une masure de chapelle (1) une cour, des écuries, greniers.... »

En plus de la confiscation du château et des propriétés, il fut saisi et vendu le mobilier des appartements, qu'occupait à Aurillac, défunte Marianne de Lavalette, veuve de M. de Lasserre, mère d'émigré et qui étaient sis rue de la Bride, au 1er étage de la maison des mineurs Delzons.

Un inventaine avec apposition de scellés, y avait eu lieu le 14 août 1793, les deux demoiselles de Lasserre y avaient été laissé gardiennes du mobilier.

Le 7 vendémiaire, an 3, le citoyen Manhes, administrateur du district d'Aurillac, avec deux commissaires, s'est transporté à ce domicile, afin de procéder « au recollement dudit inventaire et après avoir exposé aux demoiselles de Lasserre l'objet de leur mission, les ont interpellées d'avoir à leur représenter les meubles et effets compris dans le premier inventaire », elles ont répondu « que dans l'intervalle tout le cuivre, le fer, l'argenterie, ont été pris et retiré par le Comité révolutionnaire ou par Delthil, commissaire-délégué du représentant Taillefer (2) », elles ont en outre observé que devant quitter ces appartements, elles avaient écrit à l'Administration d'établir un autre gardien.

Les Commissaires ont alors procédé à la désignation et à l'estimation de ce mobilier, qui s'est élevé à 907 livres.

Jean Charles de Lasserre, qui avait été porté sur la liste des émigrés, le 26 juillet 1792, en fut éliminé le 17 fructidor, an 9.

L'arrêté du Conseil d'Etat dit que les Consuls de la République ont prononcé la radiation définitive de la liste des émigrés de Jean-Charles Lasserre, que l'arrêté porte que ce citoyen rentrera dans la jouissance de ceux de ses biens qui n'auraient pas été vendus, sans néanmoins pouvoir prétendre aucune indemnité pour ceux qui se trouveraient aliénés (3).

Parmi les biens non vendus, se trouvait le château de Viescamp, dont Charles de Lasserre rentra en possession et qui lui appartenait en 1851.

En exécution de la loi du 27 avril 1825, il lui a été accordé, à titre d'indemnité pour les biens vendus, la somme de 14.708 fr. 70 (4).

Le château et la propriété sont actuellement aux des-

---

(1) *Il est dit dans une pièce du dossier, que les volontaires de la Garde nationale de Lacapelle-Viescamp ont transportés les objets servant au culte, dans cette chapelle à la Municipalité.*

(2) *Comme dans d'autres inventaires, le cuivre et le fer étaient réservés pour les armées et l'argenterie était envoyée à la Monnaie pour être convertie en espèces*

(3) *Archiv. départ. Dossier* n° 150.

(4) Id.

cendants de M. Joseph de Bonnafos de Lamothe, près Mourjou, qui en 1784 avait épousé Marie-Anne de Lasserre, M. Aymar de Bonnafos, maire de Lacapelle-Viescamp, est l'un d'eux.

La grande lande de Pont-Bernard chantée par notre grand poète Cantalien, le Capiscol Arsène Vermenouze et qui s'étend jusqu'à Saint-Paul, a une partie de son étendue en cette commune de Lacapelle-Viescamp.

Voici la description qu'il en fait dans son admirable recueil « *Flour de Brousso* » :

» — Pont-Bernard, je ne sais pas pourquoi elle s'appelle ainsi : — c'est la lande la plus fameuse de Saint-Paul; — elle n'est pas bien large, mais elle est longue, — et c'était dans le temps, tellement plein de boue, tellement marécageux, tellement si mou, — que vous y seriez bien entré jusqu'au cou. — Aujourd'hui, pour aujourd'hui, elle n'est plus ce qu'elle était, — mais j'ai toujours cru, et même je le crois encore, — que le premier Bernard qui y passa, — et de son nom la baptisa, cela ne pouvait être guère qu'un chétif bernard-pêcheur.....

Regardons le pays qui se voit d'ici... — Sur la droite, ce vieil étang, — c'est l'étang délabré de M. de Lasserre. — J'ai Prentegarde à la main gauche — et devant moi, là-haut, dans le ciel bleu et clair, — de grands puys blancs comme l'écume de la mer : — c'est le Griounel, le col-de-Cabre, le Puy-Mary, fourchu, qui, diriez-vous, se cabre, — allonge le cou, sous sa crinière de neige, — et comme un fier cheval, hennit dans le ciel. — Le surplus du pays, bruyère et lande le remplissent, — avec des flaques, çà et là, qui reluisent, — et le long des pentes, sur les crêtes, éparpillés, — quelques bouleaux maigres et de rousses broussailles. — Des pins, tous pareils, tous de même hauteur (l'on dirait des carrés de soldats en bataille), — et déployés comme le velours d'un tapis, — mettent leur tâche verte au milieu de la brousse grise.

De gazon, nulle part : cette terre est pauvre. — Personne ne la défriche, jamais personne ne la laboure; — elle ne reçoit pas de fumier, par an, une pleine civière; — aussi vous n'y voyez pas un simple écobuage; — pas un petit pré comme la main, pas un chaume; — et quelque bergère à la longue quenouille, — d'où sort la laine noire ou blanche d'un *monel,* — seule y garde son troupeau..... J'en suis de ce pays, ce n'est pas loin de Saint-Paul, — que fume la cheminée de notre vieille maison. — Sans ce puy, là-bas, sans le Puy-de-Cossouire, — qui la cache, d'ici, presque, nous pourrions la voir. — Le cœur, en devenant vieux, s'attendrit; aujourd'hui — je sens, dans le mien, naître et croître une racine — qui m'attache, toujours plus forte et plus solide, à notre Auvergne bénie, — à la terre où les miens, ceux de mon sang, — dorment leur dernier somme.....

« Le ciel, qui était si bleu, maintenant est nuageux; il pleut, — la brume, sur la lande, est déjà descendue. — Un vol d'oiseaux, rangés en longue file, — s'en va, là-bas, vers Peyre-Levade. — L'on entend siffler quelque pluvier perdu, — et la voix d'un bouvier, par la brume caché, — et qui laboure en amont, par-delà la lande, — envoie, jusqu'à moi les notes de la « Grande ». Le soleil blanchâtre, noyé dans le ciel gris, — semble un charbon qui, dans la cendre, s'éteint...

Un train passe à Jalès, dans une heure d'ici; — prenons doucettement le chemin de la gare (1).....

Au *Ribeyrès*, hameau et hôtel au bord de la Cère, se trouve un viaduc remarquable de 54 mètres d'élévation, construit entièrement en fer et utilisé par la ligne de Capdenac à Arvant, par Aurillac, pour y franchir la large colline au fond de laquelle coule la rivière.

Immédiatement au-dessous se trouve un pont de pierre, qui sert de passage à la route de Pers à Aurillac.

En l'an VI, il n'y avait en ce point qu'une barque pour y franchir la rivière (2)

A la belle saison c'est un site agréable et un merveilleux pays pour la chasse et la pêche, aussi est-il très fréquenté.

A la Révolution, la garde nationale fut organisée à Lacapelle-Viescamp.

Le curé, Antoine Pradenne, âgé de 45 ans, se maria le 16 floréal, an II, avec une dame Mazer, veuve, âgée de 30 ans. Après le concordat l'évêque ratifia cette union.

La contribution foncière de Lacapelle-Viescamp à l'an III, fut de 188.702 livres.

La contribution à l'emprunt forcé de l'an IV, fut de 44.300 livres (3).

Liste chronologique des Maires de la commune de Lacapelle-Viscamp

Janvier 1793 : Izoulet Jean-Baptiste, officier public, procureur de la commune.
Fructidor an III : Miécaze Guillaume.
Frimaire an IV : Puexhbroussou Jean, agent municipal, maire, an IX.
Fructidor an X : Issolier Pierre Louis.
1813 : De la Serre Jean-Charles.
Juin 1815 : Issolier Pierre-Louis.
Juillet 1815 : Bonnet Baptiste.
Août 1815 : De la Serre Jean-Charles.
Janvier 1816 : Cabanes Bernard.
17 août 1848 : De la Serre Charles.
Juin 1868 : Lescure Marcelin.

(1) « Flour de Brousso », *d'Arsène Vermenouze. Traduction de la versification patoise, par M. Ajalbert* (*L'Auvergne*, page 204).

(2) *Voir délibération de l'Administration Municipale du Canton de la Roquebrou* (*Archives départementales*).

(3) *Valeur en assignat.*

Grand Viaduc du Ribeyrès

Mai 1871 : Issolier Ludovic.
Avril 1874 : Lescure Marcelin .
Octobre 1876 : Baron de Bonnafos Henry.
Mars 1881 : Issolier Ludovic.
Mai 188 : Maisonobe Jean-Louis.
Mai 1896 : De Bonnafos Aymar.

Lacapelle-Viescamp en 1912

Superficie de la commune: 1.710 hectares.
Population: 532 habitants. — Electeurs: 176.
Contribution directe: 7.037,38.
Maire: M. de Bonnafos Aymar. — *Adjoint:* M. Treps Louis.
Curé: M. Arbonnel.
Instituteur: M. Méral.
Institutrice: Mme Delmas.
Foire: 5 novembre.
Fête patronale: Saint Roch, 16 août.
Distance du chef-lieu du Canton : 9 kilomètres.

Lacapelle-Viescamp est une station sur la ligne d'Aurillac à Capdenac.

Viescamp-sous-Jalès, autre station. Point de jonction de la ligne d'Aurillac à Saint-Denis-les-Martel avec celle d'Aurillac à Capdenac.

Nieudan

Le chef-lieu de cette commune est situé sur la hauteur dominant la plaine qui s'étend jusqu'au delà de Saint-Paul-des Landes.

Son nom latin *Novo Dompno,* qui signifie « nouvel échec » lui viendrait d'une bataille qui se serait livrée entre les romains commandé par un lieutenant de César et les Arvernes qui auraient été vainqueurs.

Suivant certains auteurs, le champ de bataille où se serait déroulée la lutte entre Attila et Etius, général romain, aurait compris Nieudan et les plateaux avoisinants.

On a voulu reconnaître à l'est du village les traces d'un

camp romain, ce qui serait un indice de la présence en ces lieux des guerriers de cette nation (1).

L'Eglise peu remarquable est sous l'invocation de Saint-Julien. L'école mixte lui fait vis-à-vis.

Il a existé une famille du nom de Nieudan. Jean de Nieudan fut bailli de Calvinet, en 1298.

Irlande de Nieudan fut, en 1429, abbesse du Buys, à Aurillac.

Nieudan était imposé de 1500 livres en 1695.

Au sud du bourg, sur le sommet d'une élévation, est une chapelle dédiée à la Vierge sous le nom de Notre-Dame du Puy Rachat.

Elle existait déjà au XVe siècle, car elle est mentionnée dans un acte des archives de la Roquebrou, relatif au prieuré de Griffeuilles, de l'année 1496. Elle est encore citée dans un hommage rendu en 1502, par Guillaume de Cabane, curé, Dominique del Bruel et Jean Imbertie, prêtres, composant la communauté de l'Eglise de Nieudan, à Amalric de Montal, seigneur de la Roquebrou (2).

D'après des testaments en langue espagnole, l'érection de cette chapelle aurait été faite par des originaires de cette région ayant combattu les Maures en Espagne pour accomplir un vœu (3).

Plusieurs legs à cette chapelle, constatés dans les dispositions testamentaires des XVIe au XVIIIe siècles, attestent qu'elle est depuis longtemps l'objet de la vénération des fidèles.

En 1793, la statue de la Vierge fut conservée par une pauvre femme. La chapelle fut vendue le 23 prairial an 4 et cédée à la fabrique.

De toutes les paroisses avoisinantes on y organise des processions, particulièrement pour solliciter des temps plus propices aux récoltes.

En 1863, la chapelle tombant en ruine, M. l'abbé Soulhié, curé de la paroisse, entreprit le projet de sa reconstruction.

A l'âge de 65 ans, d'une complexion des plus débiles, ayant pris, suivant son expression, son bâton de pèlerin, il s'élança à travers la France pour recueillir des dons.

Il eut la satisfaction de mener à bonne fin son entreprise, ayant réuni une importante somme qui lui permit de la reconstruire en l'agrandissant et d'y adjoindre un clocher à la flèche élancée qui d'une grande distance attire le regard. Son œuvre terminée, il prit la plume et dans une brochure qu'il publia (4), il s'efforça d'être l'historien du sanctuaire après en avoir été le méritant restaurateur.

---

(1) *Bouillet* (1834).

(2) *Inventaire des archives du château de Cavaroque* (*Denevers, notaire*).

(3) *Guide du Cantal* (*Boule et Farges*).

(4) *Nieudan et son antique pèlerinage, par l'Abbé Soulhié* (*Clermont-Ferrand* 1884).

Chapelle de Nieudan

ARMOIRIES DES SEIGNEURS DE BRONUGUES

A *Bronugues*, est un petit château où résidait, en 1650, Antoine Duboys, seigneur de Longuayrès et de Bronugues.

Il y avait une chapelle, dont le local subsiste encore, mais a une autre destination; elle avait été pourvue de rentes par Madeleine de Prallat, sœur d'Antoine du Boys. Le 15 avril 1783, l'Evêque de Saint-Flour en conférait la chapellenie à Mre Charles-Marie de Bonne Savardin, prêtre du diocèse de Grenoble, et son vicaire général. Le nouveau titulaire ne devait pas être *persona grata* au château de Bronugues, car, lorsque le 2 juillet suivant, Pierre Pagès, chapelain de la Trémolière et vicaire de la Roquebrou se présenta en qualité de procureur fondé de M. de Bonne-Savardin, pour prendre possession du bénéfice, il essaya en vain de pénétrer dans la chapelle dont la porte était soigneusement fermée.

S'étant alors présenté au château, une chambrière lui déclara tout net que son maître était sorti en emportant la clef de la chapelle. Force fut à Pierre Pagès, de reconnaître que cette réponse équivalait à un refus et de se contenter pour toute prise de possession corporelle, réelle et actuelle de la chapellenie et des droits y appartenant du toucher de la porte. Ce que le notaire Denevers constata et proclama aussitôt à « haute et intelligible voix » aux oreilles attentives des témoins requis, un chapelier, un tanneur, un cordonnier et un tireur de laine de la Roquebrou. Après quoi l'assistance se rendit en l'église de Nieudan, afin d'y parachever les cérémonies usitées et nécessaires à toute installation (1).

(1) *Minutes de Denevers, not. royal à la Roquebrou et arch. départementales. Registre des Insinuations.*

L'expédition a ensuite repris le chemin de la Roquebrou.

Jeanne Duboys, fille d'Antoine, porta le domaine et le château, en 1704, à Joseph de Comarques, originaire de l'Agenois. Leur arrière petite-fille Louise de Comarques a épousé M. de Chabrier, sénateur inamoville, décédé en 1869 et qui, par son testament, en mémoire de son épouse, a fondé l'ouvroir municipal de la Roquebrou.

Le château et la propriété appartenaient, en 1786, à Louis Delzort de Labarthe, lieutenant-criminel à Aurillac, par la suite ils passèrent à leur descendance, les Pichot-Duclot, d'Aurillac.

Le château a été en grande partie démoli, ce qui en reste appartient à plusieurs propriétaires, de même que la propriété, jadis une des plus belles de notre région.

Le Bruel est un ancien château placé à une bonne exposition et d'où l'on a un beau point de vue s'étendant jusqu'à la chaîne des montagnes.

Une tour isolée du château contient la chapelle. Dans l'intérieur on y remarque, appendus, deux écussons accolés où sont sculptées les armes des Maisons de Gain de Montagnac et de Cébier, anciens propriétaires du Bruel.

Dans une prairie, en face du château, en déblayant, en 1860, un terrain inculte, on trouva une ancienne monnaie, deux crémaillères, trois clefs anciennes et un sabre à la poignée d'ivoire, incrustée en argent et ayant sur 'a lame un soleil et trois étoiles gravées (1).

En 1644, de Cébier du Bruel, avocat du roi en l'élection, ayant été emprisonné à son dernier voyage à Paris, comme responsable du paiement de 2.500 livres imposés sur la ville d'Aurillac, à l'occasion de l'heureux avènement du roi, le Conseil décide qu'il recevra une somme de 200 livres pour le dédommager de ce qu'il a subi (2).

En 1688, son fils Antoine de Cébier, était conseiller du Roi et lieutenant criminel au bailliage et siège présidial de la ville d'Aurillac.

En 1758, Anne de Cébier, fille de Charles de Cébier, seigneur de Boyssière et du Bruel, épousa J.-B. de Gain de Montagnac du château de Cavaroque.

Leur fille, Anne Elisabeth, épousa M. Jean Bourrieu, de Boisse, dont les descendants possèdent le château et la propriété du Bruel.

Au hameau de *Payrelevade* se trouvait un monument celtique près de l'ancien chemin d'Ayrens à la Roquebrou. Il consistait en deux pierres isolées, celle qui faisait table avait 1 mètre 75 de long sur 1 mètre 37 de large et 0 mètre 36 d'épaisseur, elle était un peu arrondie. Cette table avait une forte inclinaison. Elle reposait sur une autre pierre qui avait deux mètres de longueur hors de la terre dans laquelle elle s'enfonçait. Ce monument est depuis longtemps renversé.

---

(1) *Cette arme se trouve encore au château du Bruel.*

(2) *Inventaire sommaire des archives de la ville d'Aurillac,*

M. l'abbé Soulhié signale dans sa brochure, un tumulus ayant 60 mètres de circonférence à sa base et surmonté d'un couronnement de grosses pierres qui se serait trouvé dans le voisinage, nous n'avons pu le retrouver (1).

Le hameau des *Garrigues,* tout près du chef-lieu, a été le berceau de la famille Pouget, dont plusieurs membres ont occupé des postes importants de notre canton. Sa généalogie comprend cinq notaires.

En 1792, Pierre Pouget, bourgeois du village de la Garrigues, fut nommé juge de paix du canton de la Roquebrou.

Son descendant direct fut M. Claude-Cyprien Pouget, docteur distingué, chevalier de la légion d'honneur et officier de l'instruction publique, président du Conseil d'arrondissement. Il fut longtemps maire de la Roquebrou où il décédait en 1893, en y laissant le souvenir impérissable de son dévouement et de son désintéressement.

M. l'Abbé Pouget, curé de Montsalvy, est aussi un descendant de l'ancien juge.

La contribution foncière de Nieudan à l'an III, fut de 57.568 livres.

La contribution à l'emprunt forcé de l'an IV, fut de 20.800 livres (2).

Liste chronologique des Maires de la commune de Nieudan

1790 Pouget.
1792-1800 Pouget François.
1800-1830 Sérieys Claude-Gaspard.
1830-1837 Verdier Joseph.
1837-1848 Sérieys Claude-Gaspard.
1848-1856 Pouget Pierre.
1856-1859 Bessières Jean-Baptiste.
1859-1876 Mongauze Léger-Georges.
1876-1889 Sérieys Grille.
1889 Conthe Pierre-Eugène.

Nieudan en 1912

Superficie de la commune: 1241 hectares.
Population: 223 habitants. — Eecteurs: 49.
Contribution directe: 4.024.95.

(1) *Il se pourrait qu'il ai disparu lors de l'établissement des diverses routes qui sillonnent ces lieux, dont une est même de construction récente.*

(2) *Valeur en assignats.*

Maire: M. Conthe Eugène. — *Adjoint:* M. Rieu Firmin.
Curé: M. Borderie.
Institutrice: Mme Viguié.
Fête patronale: 8 septembre.
Bureau téléphonique.
Distance du chef-lieu du canton : 7 kilomètres.
Nieudan est une station de la ligne d'Aurillac à Eygurande.

Saint-Victor

Cette commune a son chef-lieu qui occupe une position pittoresque sur un rocher formant presqu'île, dont une petite rivière contourne le site.

Saint-Victor a été autrefois un point fortifié, ce qui explique le choix de sa position sur le point escarpé qu'il occupe. Amaury de Montal joignait à son titre de seigneur de la Roquebrou celui de seigneur des places de Saint-Victor et de Glénat (1).

Le territoire est couvert de bois, de rochers et coupé de ravins profonds, les hommes y émigrent beaucoup, allant au dehors exercer des industries, principalement celle de la chaudronnerie.

L'Eglise, autrefois annexe d'Ayrens et placée sous le vocable de Saint-Victor, s'élève sur les ruines de l'ancien château, que la famille de Veillan avait donné à la commune.

Elle a toutes ses ouvertures à plein cintre de même que le chœur qui est la seule partie voûtée.

Elle contient quelques statues anciennes sculptées sur bois, peintes et dorées et quelques objets mobiliers assez curieux; un bénitier en cuivre rouge, repoussé d'une forme élégante, un plat également en cuivre, dont le fonds est constitué par une grande fleur de lys aussi repoussée et dont le bord gravé porte l'inscription « pour Saint-Michel », ces derniers objets sont sans doute des dons de quelque ancien émigrant du lieu.

L'école mixte est en contre-bas de l'église et dominée encore au fond par un énorme rocher.

La seigneurie de Saint-Victor était, en 1251, à Durand de Montal, seigneur de la Roquebrou. Il en fit hommage cette année au comte de Rodez. Elle fut donnée en fief par lui à la famille de Selves et en 1281, Pierre, chevalier et Bernard de Selves, seigneur de Saint-Victor, furent l'un arbitre et l'autre témoin de la charte accordée aux habitants de la Roquebrou, par le seigneur de Montal.

La maison de Prallat succéda à celle de Selves.

Noble Antoine de Prallat, écuyer, seigneur de Saint-Victor, gentilhomme ordinaire de la Chambre du roi, épousa, en 1652, Madeleine Duboys, fille du seigneur de Vals et d'Arnac.

(1) *Invent. des archives d'Aurillac* E. 668.

Saint-Victor et vis-à-vis Aleix

Noble Robert de Prallat, écuyer, sieur de la Caumette de Saint-Victor et de Bélestat, résidait, en 1635, à la Roquebrou.

Les de Jugeals de Peyrac de Veillan succédèrent aux de Prallat.

En 1793, « Jean-Joseph Peyrac Jugeals Veillan, ancien chevau-léger de la garde ordinaire du ci-devant roi résidant à Labontat, commune de Saint-Victor », est venu à la Roquebrou se faire délivrer par la Municipalité un certificat de résidence, attestant d'après la déclaration de témoins « qu'il n'avait pas quitté le territoire de la République depuis 1792 » (1).

A cette dernière famile s'est alliée le général baron Philippe Higonet, maréchal de camp des armées de l'Empire qui, en 1827, fut député du Cantal.

M. Jacques Daslosse, dans ses observations de 1782, confirme ce qui a été dit plus haut au sujet du chef-lieu; il dit « que le bourg ne renferme que quatre maisons, y compris le presbytère, qu'il occupe le cantonnemment le plus désert et le plus isolé, de sorte que l'approche en est pénible de toutes parts, à cause de la pente rapide et des rochers considérables de ses coteaux; qu'un grand nombre de ses habitants sont contraints de s'expatrier pour se procurer dans les provinces des facultés pour acquitter les fortes charges auxquelles leurs biens sont asservis » (2).

La commune compte sept villages.

Saint-Victor a une annexe, *Alex*, village qui a été érigé en succursale par ordonnance du 21 février 1845. L'Eglise y est dédiée à Saint-Alexis.

La contribution foncière de Saint-Victor, à l'an III, fut de 127.958 livres.

La contribution à l'emprunt forcé de l'an IV, fut de 263.000 livres (3).

Liste chronologique des Maires de la commune de Saint-Victor

1792 Carsac.
1808 à 1829 Louis Sainrames.
1829 à 1836 Bac Antoine.
1836 à 1836 Couderc Jean.
1836 à 1838 Sainrames Jacques (adjoint).
1838 à 1843 Maisonobe Antoine.
1843 à 1846 Vals André.
1846 à 1848 Maisonobe Antoine.
1848 à 1865 Ceinrames Jean.

(1) *Registre de la Municipalité.*
(2) *La Haute-Auvergne, à la fin de l'ancien régime, op. cit.*
(3) *Valeur en assignats.*

1867 à 1870 Montagut Germain (adjoint).
1865 à 1867 Gantié Pierre.
1870 à 1876 Montagut Germain.
1876 à 1877 Laparra Pierre.
1877 à 1884 Laparra Pierre.
1884 à 1888 Belaubre Jean-Baptiste.
1888 à 1892 Montagut Germain.
1892 à 1893 Senrames Pierre.
1893 à 1894 Tible (adjoint).
1894 à 1896 Delom Pierre.
1896 à 1900 Montagut Germain.
1900 à 1904 Sainrames Pierre.
1904 à 1907 Montagut Germain.
1907 à 1907 Périer Géraud (adjoint).
1907 à 1908 Montagut Albert.
1908 Montagut Albert, off. d'académie.

Saint-Victor en 1912

Superficie de la commune: 1.352 hectares.
Population: 331 habitants. — Electeurs: 122.
Contribution directe: 3.800 fr. 07.
Maire: M. Montagut Albert. — *Adjoint:* M. Périer Géraud.
Curé: M. Mathieu.
Instituteur: M. Prat.
Fête patronale: 21 juillet.

ALEX

Curé: M. Mathieu.
Institutrice: Mme Danger.
Fête patronale: 17 juillet.
Distance de Saint-Victor au chef-lieu du canton : 18 kil.

Ayrens

Le chef-lieu est un petit bourg situé dans une plaine assez élevée et bien cultivée, elle est traversée par un ruisseau.

L'Eglise d'Ayrens était ancienne, elle remontait à la fin du XIe siècle. Son style était du pur roman. Elle était composée d'une nef flanquée de deux chapelles y formant les bras de la croix. Celle du midi avait été construite en 1370 par Jean et Guillaume d'Albars, seigneurs de Clavières.

Elle a été reconstruite en 1887, grâce à l'initiative de M. Reyt, alors curé de la paroisse, qui recueillit d'importantes souscriptions pour cet objet.

Ayrens

Armoiries de la famille de la Salle de Rochemaure

En 1851, à un lieu attenant du bourg, appelé de rosiers, on remarquait quelques ruines de l'ancien château que le cardinal de la Jugie fit restaurer. Il en est fait mention en 1287, il n'en reste rien.

Le Chapitre Saint-Géraud d'Aurillac était seigneur et prieur d'Ayrens, avec la justice, haute, moyenne et basse.

Il y avait, en 1760, une communauté de prêtres qui possédait alors deux prés et deux terres du produit de 60 livres.

M. Louis Estadieu, contrôleur du vingtième, dans ses observations de 1760, sur Ayrens, dit « que les habitants, bourgeois et paysans sont dociles, mais les uns et les autres inquiets et difficilement peut-on leur faire entendre raison. Cependant avec de la douceur, ils se rendent à leur devoir ».

Ayrens payait 2.073 livres de contribution en 1760; il est la résidence d'un notaire.

Il y a de belles écoles sises en dehors du bourg, sur un point élevé à mi-côteau.

DESCRIPTION

des armoiries de la famille de la Salle de Rochemaure

Ecu de gauche (La Salle).

Ecartelé, au 1er d'azur à trois chevrons brisés d'or, (qui est La Salle en Béarn). — Au 2e, d'argent à la bande de gueules accompagnée de six merlettes de sable (qui est Murat-Rochemaure). — Au 3e, parti de gueules aux trois fasces d'or et d'azur au château à trois tours d'argent (qui est de Sales du Doux. — Au 4e, parti d'azur aux trois bandes d'or et d'azur, aux trois coquilles d'argent, au croissant de même en abîme (qui est Capelle de Clavières). — Sur le tout de gueules à la tour d'argent donjonnée de deux pièces soutenue de deux troncs d'arbre écotés et deracinés d'or, posés en soutoir, au croissant d'argent en pointes (qui est La Salle-Auvergne).

Ecu de droite (Forceville). — D'argent aux trois merlettes de sable, au franc quartier de même.

Devise (en dialecte Béarnais) : « Que sien toustes ligats amasse » — « Soyons toujours unis ensemble ».

Cri de guerre « Salla » (nom Catalan primitif des La Salle).

Couronne de Duc.— Cimier: un lion couronné tenant une épée.

Supports. — Deux lions couronnés tenant une bannière.

Collier de Camérier Secret et Grands Croix de Saint-Grégoire-le-Grand, du Saint-Siège. — Des Charles III et d'Isabelle-la-Catholique, d'Espagne. — Des N.-D. de la Conception, de Portugal.

Le tout sous le manteau de Duc, velours bleu, frangé d'or, doublé d'hermine.

Château de Clavières

Clavières est un château remarquable, admirablement situé et le plus important de notre Canton.

Il est placé sur un terre-plein où aboutissent des prairies gracieusement ondulées, bordées de belles futaies d'ornement. L'ensemble constitue un splendide panorama vu de la grille monumentale en bordure de la route d'Ayrens à Aurillac.

La Maison d'Albars le possédait en 1284 et ses descendants en prirent quelquefois le nom. Guido de Clavières, fit en 1307, hommage de sa terre à Géraud de Montal, seigneur de la Roquebrou.

En 1367, Guillaume et Géraud de Clavières, pour des motifs de vengeance et d'intérêt se saisirent par violence du château de Pouls que possédaient alors Géraud Bec et Jacques de Bure, son gendre (1).

En 1363 il y résidait Dame Gilberte de Gibertès, veuve de Guy d'Albars en son vivant seigneur de Clavières; cette année elle a cédé à Mre François Lizet, écuyer, 5 livres, 13 sols de rente (2).

Les de Guirbaud succédèrent aux d'Albars en 1515 et les de Giscard à ces derniers par le mariage de Gilberte de Guirbaud avec Gabriel de Giscard, gentilhomme du Quercy, en 1665.

Le château de Clavières fut démantelé en 1579, d'après les ordres de M. de Canilhac, gouverneur du Haut-Pays, qui ne le trouvait pas suffisamment fortifié pour pouvoir résister à un siège.

La terre de Clavières passa ensuite à la famille de Cardaillac, dont un des membres, François de Cardaillac, seigneur de Saint-Cernin et de Clavières, épousa Marguerite de Montal-Nozières, fille du seigneur de Valens. Elle devint veuve en 1666 et elle résidait habituellement au château de Clavières, avec son fils, Louis de Cardaillac, qui était lieutenant-colonel.

En 1684, son propriétaire était François de Bréchet-de-Peyrusse, qui était seigneur de Poussanges et de Clavières. Sa fille, Gabrielle porta par alliance, Clavières, à la maison de Salvert. Louis de Salvert en était le seigneur en 1715; il se livrait à la culture de la propriété. En 1727 il s'apprêtait à recueillir les fruits de ses travaux lorsqu'un orage de grêle éclata le 30 juin, ruinant toutes ses espérances de cette année. M. de Clavières fut si affecté de cette perte qu'il ne put surmonter son chagrin et le 23 août suivant il se suicidait dans la grande salle du château (3).

---

(1) *Voir article château de Pouls*).

(2) *Invent. som. des arch. de la Commune d'Aurillac E* 605.

(3) *Inventaire sommaire des Archives d'Aurillac (manuscrit Textoris page* 272).

CHATEAU DE CLAVIÈRES

CHATEAU DE CLAVIÈRES

Vue latérale II

Façade Nord III

CHATEAU DE CLAVIÈRES

La Chapelle

IV

CHATEAU DE CLAVIÈRES

Le grand perron

CHATEAU DE CLAVIÈRES

Cabinet de travail

Planche I

CHATEAU DE CLAVIÈRES

Cabinet de travail

Planche II

CHATEAU DE CLAVIÈRES

Le grand vestibule VIII

La grande galerie gothique
Musée des objets historiques IX

CHATEAU DE CLAVIÈRES

Salle à manger X

Salon Louis XVI XI

CHATEAU DE CLAVIÈRES

Chambre Louis XIV XII

Chambre du prince Bonaparte

Des illustrations du château de Clavières ont été communiquées par M. le Duc de la Salle de Rochemaure. Les clichés sont de M. Baudel, à St-Céré (Lot).

Chambre du Prince Henri d'Orléans XIV

Jardin d'Hiver XV

Il ne laissait qu'un fils jeune et orphelin et Clavières fut mis au pillage, l'héritier fut dépouillé de l'argent, titres, etc. Ce dernier François-Gilbert de Salvert épousa, en 1729, Marie-Anne Dufayet de la Borie-de-St-Vincent. En 1760 il possédait encore Clavières pour lequel il acquittait 1.050 livres de contribution (1).

Clavières appartint ensuite à la famille de Sales-du-Doux, dont un membre était, en 1785, garde du roi (2). Avant 1850 son petit-fils, M. Capelle de Clavières l'a restauré en conservant les anciennes tours.

Son propriétaire actuel est M. le Duc de la Salle de Rochemaure qui en fait sa principale résidence après l'avoir encore embelli, augmenté avec style et meublé avec goût.

Notre distingué compatriote a encore d'autres mérites que nous ne saurions ici passer sous silence : Il est l'auteur des *Récits Carladéziens,* écrits en dialecte auvergnat; *Impressions d'Espagne et de Portugal, Esquisses Rhénanes, Uno bisito o Mistral* et tout dernièrement *Les Troubadours Cantaliens,* deux importants volumes du plus grand intérêt pour notre littérature régionale. Avec Vermenouze, il reste le grand parleur du dialecte Cantalien.

M. de la Salle est majoral du félibrige, Grand Croix de Saint-Grégoire-le-Grand du Saint-Siège et décoré de l'ordre du Christ du Portugal. (3)

Au village d'*Angouste* se trouve un château, où Cardonne de Vigier, dame de Leybros, fonda une chapelle en 1646.

Ce château a aussi appartenu aux de Montal, qui s'allièrent par la suite aux d'Andurand de Tannuès.

Au village de *Boutonnet,* placé à mi-coteau, était une seigneurie qui, en 1325, appartenait à Pierre de Selves Damoiseau, ainsi qu'au camérier du monastère d'Aurillac.

En 1634, Louis-François de Plagnes, seigneur de la Garde et de Béllestat, y habitait. Son fils Jacques épousa Marguerite de Vair de Tournemire.

Il y avait une chapelle dite de Saint-Joseph, dont leur fils Jean était chapelain en 1720.

Cels est un gros village bien bâti et placé sur la hauteur, et dont le nom se joint à Ayrens, on dit souvent Ayrens-les-Cels.

On présume, dit le Dict. hist. et st., que le monastère Saint-Géraud d'Aurillac avait en ce lieu une succursale ou une réunion de moines.

Cels, appartenait en 1365 à Guillaume de Brezons, damoiseau, qui le vendit à Durand de Montal, seigneur de la Roquebrou. Gabriel de Langeac, seigneur de Négrestang était aussi seigneur de Cels en 1546. François de Lignerac, bailli des montagnes, et Gilbert, son frère, avaient des rentes sur Cels; ils les vendirent en 1580 à Jean de Cambefort d'Aurillac.

---

(1) *La Haute-Auvergne à la fin de l'ancien régime, op. cit.*

(2) *Inv. som. des archives de la Commune d'Aurillac* E. 1.014.

(3) *Le Duc de La Salle de Rochemaure est né à Aurillac en 1858. Il commença ses études chez les frères, puis les continua au Collège d'Aurillac et les compléta à Paris.*

A *Selves* est un château avec un moulin sur le même plateau et dominant Ayrens.

Au XIIIe siècle, une famille de ce nom possédait ce fief. La famille de Cambefort a possédé le château de Selves qui passa ensuite à celle de Massebeau.

Au village de Tannuès s'est établi un rameau de l'ancienne maison des Montal par le mariage de Géraud de Montal, seigneur de Teissières, qui épousa, en 1795, Catherine d'Andurand de Tannuès.

A *Niac,* se trouve un gisement de cinérites (cendre de volcans) où l'on recueille de belles empreintes de la flore, qui se trouvait sur le sol lors de la pluie des cendres provenant des volcans des monts du Cantal, alors en activité.

Colin est une ancienne et belle résidence bien située à micoteau, non loin de Crandelles ; un dolmen se trouve dans le voisinage.

La contribution foncière d'Ayrens, à l'an III, fut de 157.762 livres.

Sa contribution à l'emprunt forcé de l'an IV, fut de 586.000 livres.

Liste chronologique des Maires de la commune d'Ayrens

1790 Lintilhac.
6 janvier 1793 au 28 mai 1793: François Maleprade.
28 mai 1793 au 29 pluviose an II: Dejour.
29 pluviose an II au 28 vendémiaire an III: Lafon.
28 vendémiaire an III au 8 vendémiaire an V: Andrieu.
8 vendémiaire an V au 16 ventôse an V: Pierre-Joseph Lolier.
16 ventôse an V au 17 germinal an VII: Valret Jean.
17 germinal an VII au 12 floréal an VII: Bonhomme Louis.
12 floréal an VII au 14 prairial an VIII: Maleprade.
14 prairial an VIII au 7 frimaire an X: Maisonobe Antoine.
7 frimaire an X au 27 ventôse an XI: Vigier Jean.
27 ventôse an XI au 19 vendémiaire an XI: Capelle François.
19 vendémiaire an XII au 26 décembre 1906: Maisonobe.
19 cctbore 1806 à 1808 : Devèze.
1808 à 1816 Bonhomme Antoine.
1816 à 1817 De Montal Salvanic.
1817 à 1848 De Montal Antoine.
1848 à 1852 Lafon Durand.
1852 à 1857 Rengade Louis.
1857 à 1865 Deconquans Firmin.
1865 à 1865 Maisonobe François.
1865 à 1876 Rengade Jean.
1876 à 1888 Gazard Emile, docteur en médecine.
1888 à 1896 Rebeyrol.
1896 à 1904 Mallet.
1904 à 1910 Réniac Jean-Léon, docteur en médecine.
1910 Vidal Pierre.

Ayrens en 1912

Superficie de la commune: 2.546 hectares.
Population: 852. — Electeurs: 242.
Contribution directe: 13.214 fr. 70.

Arnac

Ce clocher que l'on voit d'une lieue à la ronde
Ces vieux toits, ces vergers, c'est Arnac mon pays
Qui m'est toujours plus cher que le reste du monde
Car c'est là que bambin j'ai tant joué jadis !

Etienne MARCENAC.

Maire: M. Vidal Pierre. — *Adjoint:* M. Maisonobe Louis.
Curé: M. Lalande (M. Raymond Four son successeur depuis Août 1912). — *Vicaire:* M. Souq.
Instituteur: M. Moissinac. — *Adjoint:* M. Cuelhes.
Institutrice: Mlle Clavières. — *Adjointe:* Mme Prunet.
Notaire: M. Mercadier.
Bureau télégraphique-téléphonique: Receveuse: Mlle Bringer.
Foires: 27 avril; 27 novembre.
Fête patronale: 25 juillet.

Ayrens est rattaché à la perception de Saint-Paul-des-Landes.

Courriers (Aurillac et Ayrens): Départ d'Aurillac (été), 4 h. soir; (hiver), 3 heures; arrivée à Ayrens (été) 6 h. 30; (hiver), 5 h. 30. — Départ d'Ayrens (été), 6 h. matin; (hiver), 7 h.; arrivée à Aurillac (été), 8 h.; (hiver), 9 h.

Nieudan (gare) à Ayrens : Départ de Nieudan (gare), 8 h. 20, matin; arrivée à Ayrens, 9 h. 20 matin. — Départ d'Ayrens, 5 h. 40 matin; arrivée à Nieudan 6 h. 40 matin.

Distance du chef-lieu du canton : 17 kilomètres.

Arnac

Cette commune est séparée du canton de Pleaux par la rivière la Maronne qui a, en ce point, un lit très profond, entouré de rochers.

Le chef-lieu, bien situé, est sur un plateau découvert. Son église, très ancienne, était sous l'invocation de Saint-Laurent; menaçant ruine elle a été reconstruite il y a quelque vingt ans et pourvue d'un clocher avec une flèche élancée que l'on aperçoit d'une grande distance; c'était un prieuré au XVe siècle.

Ce bourg est pourvu de belles écoles, dont celle des filles de construction toute récente.

En 1352, Jacques de Burc, chevalier et Raymond de Montal, ont fait entre eux échange ou permutation de divers biens qu'ils possédaient en la paroisse d'Arnac (1).

La seigneurie d'Arnac appartenait aux de Tournemire. Elle s'augmenta du fief de la Beccarie. Marguerite de Tournemire l'apporta en dot, en 1603, avec celle de Vals, à Jean Dubois, bourgeois de la Roquebrou; elle passa ensuite par alliance aux de Métivier qui le vendirent, en 1762, pour la somme de 6.870 livres, à Bonnefons, sieur de Lintilhac, paroisse de Saint-Paul-des-Landes (2).

M. Jacques Daslosse, contrôleur du vingtième, dans ses observations de 1782 sur Arnac, dit « que les habitants qui ne recueillent pas à un quart près de quoi fournir à la subsistance de leurs familles, vont se pourvoir aux marchés de la Roquebrou et de Pleaux. La majeure partie s'expatrie pour se procurer dans d'autres provinces des fonds pour acquitter les fortes charges de leurs impositions (3).

(1) *Invent. des arch. de la Com. d'Aurillac* HH40.
(2) *Denevers, not. royal.*
(3) *La Haute-Auvergne à la fin de l'ancien régime, op. cit.*

Cette commune comprend douze villages, dont Marcenat, Cavarnac, Vabre, Selves, la Gineste sont les plus importants.

Marcenat était un fief qui a donné son nom à une ancienne famille. Gilbert de Marcenat fut témoin dans le combat singulier qui eut lieu en 1178 entre Géraud de Fontanges, chevalier et Aymery, de Saint-Céré.

Le village de *La Gineste* s'étale sur une presqu'ile que forme la Maronne qui le sépare de l'annexe d'Enchanet, c'est un lieu pittoresque.

Près du village du Rouffet qui se trouve au point de jonction de trois cantons : Laroquebrou, Saint-Cernin et Pleaux, est un pont en pierres pour traverser la rivière la Bertrande, non loin de son point de jonction avec la rivière d'Etze.

Ce pont qui était reconstruit depuis peu, fut emporté par l'inondation, en 1733.

Un devis estimatif, administrativement dressé sur l'ordre de l'Intendant de la province pour son rétablissement, le dit : « sictué sur rivière d'*Ayses* et celle de la *Bertanne* » ajoutant qu'il avait deux arcades sur la rivière d'Ayses et l'autre sur la Bertanne.

En l'an VI (1797) il s'est encore écroulé par manque d'entretien (1).

Actuellement il est composé d'une arche sur chaque rivière et la ligne de Mauriac y franchit la Bertrande sur un beau viaduc, distant de quelques mètres du vieux pont.

En aval après un court parcours, la Bertrande se déverse dans la Maronne, que franchit le pont des *Estourocs* pour livrer passage à la route d'Aurillac à Pleaux (ancienne *routte* des troupes et communication du Quercy et du Limousin avec le haut pays d'Auvergne).

Les gorges de la Bertrande de l'Etze et de la Maronne réunies dans un espace peu étendu, constituent « les sites les plus sauvages et les plus déchirés ». « Les eaux roulent au fonds d'abîmes horribles et le plateau de bruyères qui domine ces ravins hérissés de forêts de chênes présente l'aspect d'un désert » (2).

En 1792, nous ignorons pour quelles raisons, il fut question de supprimer la paroisse d'Arnac.

Le 14 juin, les habitants des villages de Savalaure, Cavarnac, Raynal, Longuevernhe et du Rouffet, se sont réunis au chef-lieu et par devant Mre Denevers, notaire royal de la Roquebrou, ils ont pris une délibération comprise au rang de ses minutes, demandant instamment la conservation de la paroisse d'Arnac et le maintien de leur rattachement à cette dernière, au lieu de celle de Saint-Santin, dont ils sont du reste plus éloignés.

Le 12 février 1793, M. Pierre Lapierre, ancien lieutenant des grenadiers du régiment de Navarre, demeurant au village de

(1) *Délibération de l'Administration municipale du Canton.*

(2) *Bertrand de Griffeuille, par Marcelin Boudet* (*Revue de la* Haute-Auvergne, *tome* 10, *page* 153).

Cavarnac, est venu certifier à la Municipalité de la Roquebrou, qu'il n'avait cessé de résider sur le territoire de la République depuis 1791.

Cette déclaration étant transcrite sur le registre des délibérations, l'ex-lieutenant, requis d'avoir à la signer, a déclaré ne savoir le faire.

LE CHATEAU DE POULS

A l'extrémité d'une presqu'ile formée d'un escarpement de rochers à pic, dominant les ravins qui l'avoisinent et qui porte le nom de Savalaure, se trouvent les ruines du château de Pouls, qui font partie de la commune d'Arnac.

Il y aurait eu anciennement sur ce point trois châteaux distincts, dont l'un était au baron de la Roquebrou, qui en 1251, en fit hommage au Comte de Rodez, le second appelé la Tour de Poul, était à Géraud de Bec, seigneur d'Arnac, le troisième qui était le plus important, appartenait à Jacques de Bure, chevalier. Ce dernier, ayant épousé Antoinette de Bec, fille du seigneur d'Arnac, deux des châteaux appartinrent à cette famille.

Les seigneurs de Pouls et ceux voisins de Clavières de la paroisse d'Ayrens, vivaient en mauvais termes.

En 1367, Guillaume et Géraud de Clavières, pour des motifs de vengeance et d'intérêt, se saisirent par violence du château de Pouls.

Les seigneurs lésés pouvaient en appeler soit au roi ou à un seigneur plus puissant, ceux de Pouls s'adressèrent à Jean duc de Berry, qui obligea les seigneurs de Clavières à leur rendre leurs châteaux avec une importante indemnité (1).

Les de Pestels et les des Pralat leur succédèrent.

En 1462, Amaury de Montal et Guy de Pestels étaient en procès devant la cour du parlement, le premier ayant eu gain de cause le 24 novembre de cette année il fit saisir la terre (2). En 1475 ils étaient encore en différents au sujet de l'hommage de Pouls (3).

En 1470, les seigneurs de Pestels et de Pralat avaient laissé la garde du fort à Pierre Salvanhac, capitaine. Celui-ci, exécutant les ordres de ses chefs, avait fermé la porte et levé le pont-levis, lorsque le sergent du baron de Montal, accompagné d'une escorte, se présenta pour réclamer l'hommage dû à son seigneur. Salvanhac ne put satisfaire au désir de l'envoyé des Montal, n'ayant pas reçu d'ordres dans ce sens. Le seigneur de la Roquebrou fit alors saisir le château, la tour et les bois.

Lors des guerres civiles, en 1590, les huguenots, s'étant emparés d'un des châteaux de Pouls, s'y établirent et ils poussaient leurs incursions jusqu'à la ville de Pleaux. Pour les

---

(1) *Dict. hist. et stat. du Cantal*, 1er *vol., page* 90.
(2) *Invent. som. des Archives de la Commune d'Aurillac,* HH72.
(3) id. HH74.

tenir en échec il fut mis une garnison de 80 hommes dans une des tours voisines. Etant donné l'acharnement des partis, lors de ces luttes, ceux-ci si rapprochés ne furent point sans se livrer réciproquement des assauts, dont les châteaux durent souffrir. Les dégâts ne furent pas réparés et en 1678 il ne restait de Pouls, qu'une tour, des ruines de bâtiments avec cour et jardin, le tout appartenait alors à Charles d'Escars, seigneur de la Roquebrou.

Actuellement les quelques ruines qui y subsistent, ne témoignent guère l'importance passée de ce lieu, n'étaient les documents que nous venons de citer.

Le château était pourvu de nombreux et profonds souterrains qui n'ont jamais été explorés et dont les ouvertures y donnant accès ont été bouchées par les soins des habitants voisins, par crainte d'y voir égarer le bétail. Il a été recueilli d'anciennes monnaies dans le voisinage.

Enfin ce site des plus curieux a aussi sa légende, on assure que la cloche qui servait à sonner l'alarme, lors de la destruction du château, a roulé dans un gouffre voisin et les pâtres l'entendent tinter chaque fois qu'ils y lancent une pierre.

On établit même l'étymologie du nom de sa presqu'île *Savalaure.*

Un des seigneurs aurait eu une fille du nom de Laure, qui un moment exposée, fut sauvée lors d'un assaut.

Les villages de Cavarnac et de Saint-Rouffi dépendaient en partie de la seigneurie de Branzac (1).

Au bord de la Maronne, près du village de Longueyroux, qui fait partie du canton de Pleaux, mais sur le territoire de la commune d'Arnac, il y a une source d'eau ferrugineuse assez connue des environs, mais qui mériterait de l'être davantage.

Arnac est le lieu d'origine d'Etienne Marcenac, qui y est né le 29 août 1874 et qui réside à Paris où avec ses seuls moyens il s'est acquis une place dans le monde des lettres. Il a publié, en 1910 : *Quenouilles et Musettes,* recueil de poésie (2). De lui doit paraître prochainement : *Au pays des Bourrées* et *Ol couen del Contou,* poésies en dialecte auvergnat.

Citons également parmi ses chansons parues et les plus connues : *La Légende du Rosier, La Reine Margot* (3), *Gavotte d'Antan* (4), *Mariette endormie* (5), *La Fête de la Marquise* (6), *Chansons diverses* (7). M. Etienne Marcenac est officier de l'Instruction Publique.

L'apparition de *Quenouilles et Musettes* fut saluée par la presse en des articles élogieux; entre autres, dans le *Courrier*

(1) *Invent. som. des arch. d'Aurillac* E. 910.
(2) *Stock, éditeur,* 155, *rue Saint-Honoré, Paris.*
(3) *Schœnaers, éditeur.*
(4) *Labbé, éditeur.*
(5) *E. Weiller, éditeur.*
(6) *Hachette, Paris.*
(7) *Pitault, éditeur.*

de Paris, le maître Jean Ajalbert en a fait l'appréciation suivante :

« C'est un livre, sans éclat, mais d'une franche simplicité, de poète sinon d'artiste. C'est un livre rare, car la sincérité qui manque à tant d'œuvres plus brillantes emplit tout ce recueil débordant d'amour pour la terre natale. Ce sont les regrets du montagnard émigré dans les villes, loin des horizons de son enfance. A chaque vers lui reviennent les souvenirs familiers du village, des être disparus, des fêtes où il cueillait ses premiers honheurs. Tout un pays revit dans ces strophes d'un accent prenant, sympathique, avec son relief pittoresque, ses intimités rurales, son âme populaire ».

Pour donner un aperçu du talent délicat de M. Marcenac, nous donnons ici une de ses compositions se rapportant au cher pays.

LE CIMETIÈRE DE CHEZ NOUS

Ce n'est pas un grand cimetière
Mais au fond de leurs lits glaiseux,
Dans son enceinte hospitalière,
On sent que les morts sont chez eux.
En avril, quand l'herbe tressaille,
Le chant du rossignol est doux
Dans les fleurs et dans la muraille
Du cimetière de chez nous!

Les pauvres croix, toutes penchées,
Et qu'au printemps on ne voit plus
Tant les herbes les ont cachées,
Portent toutes des noms connus :
C'est le nom d'une jeune fille
Ou bien celui d'un bon époux
Qu'a pris un jour à sa famille
Le cimetière de chez nous!

De temps en temps la vieille porte,
Avec un bruit de lourd fourgon
Devant le cercueil qu'on apporte,
S'ouvre en grinçant sur chaque gond.
Lentement la foule s'avance,
Les sabots heurtant les cailloux :
Des sanglots rompent le silence
Du cimetière de chez nous!

Quand vient le temps des cerisettes
Dans un vieux cerisier voisin
Les gais garçons et les fillettes
Montent en se donnant la main.
Profitant de l'épais feuillage
Ils s'embrassent et font les fous
Malgré l'attristant voisinage
Du cimetière de chez nous!

Par un matin plein de lumière
On entend la faulx du sonneur
Couper l'herbe du cimetière,
L'herbe grasse encor tout en fleur.
Les bambins bravant les piqûres
Des longues ronces et des houx
Viennent gaîment manger les mûres
Du cimetière de chez nous!

Novembre! On voit rouler la feuille
Sur les tombes, au fond du clos;
C'est la Toussaint et tout s'endeuille
Les bois sont remplis de sanglots.
Les femmes de noir habillées
Vont alors se mettre à genoux
Sur la mousse et l'herbe mouillées
Du cimetière de chez nous!

C'est dans ce clos que dort mon père,
Qui fut un brave travailleur,
Tout à côté de ma grand'mère :
Ils vivent toujours dans mon cœur!
Quand on fermera ma paupière
Pour aller où nous allons tous
Pour moi rien ne vaudra sur terre
Le cimetière de chez nous!

ETIENNE MARCENAC.

(Quenouilles et Musettes).

La Contribution foncière d'Arnac en l'an III, fut de 81.246 livres.

La contribution à l'emprunt forcé de l'an IV, fut de 146.000 livres (1).

---

(1) *Valeur en assignats.*

Saint-Santin-Cantalès

Le tronc cerclé de fer ainsi qu'une futaille
Dont se gonflent les flancs remplis de vin qui bout,
Le solide tilleul où l'ouragan bataille
Sur la place du bourg reste toujours debout

Etienne MARCENAC.

Liste chronologique des Maires de la commune d Arnac

1793 Carsac Pierre.
1801 Longuevergne Antoine.
1807 Lombard Bernard.
1819 Bessière Jean-Joseph.
1833 Capelle Joseph.
1837 Longuevergne Antoine.
1837 Relier Antoine.
1840 Fesq Guillaume.
1846 Cabanes Camille.
1875 Calvet Antoine.
1888 Vacarie Antoine.

Arnac en 1912

Superficie de la commune: 607 hectares.
Population: 627 habitants. — Electeurs: 187.
Contribution directe : 8.698 fr. 88.
Maire: M. Vacarie Antoine. — *Adjoint:* M. Barthélemy Alphonse.
Curé: M. Soulier.
Instituteur: M. Suberbielle.
Institutrice: Mme Four.
Foires: 5 mai; 2 septembre.
Fête patronale: 25 juillet.
Bureau téléphonique.
Distance du chef-lieu: 18 kilomètres.

Saint-Santin

Le bourg de Saint-Santin remonterait à une époque reculée, puisqu'un reste de tour y porte la date de 800. Il est situé sur un plateau d'où l'œil embrasse de vastes étendues et où l'on respire un air pur et vivifiant. Aussi à la belle saison il est un lieu de villégiature très apprécié.

L'église est d'architecture byzantine, au devant de l'entrée se trouve un porche ogival; elle est sous l'invocation de Saint-Santin. Le clocher, de forme carrée, vient d'être reconstruit.

Il y a un groupe scolaire bien situé en bordure de la route.

Il y avait autrefois un couvent qui était sur la place, au nord; il fut incendié par le huguenots ainsi que l'ancienne église et une partie du bourg.

Une modeste habitation, sise près de l'entrée de l'église, a de belles croisées à menaux, qui ont dû faire partie d'un bâtiment plus considérable.

Saint-Santin était autrefois un riche prieuré. En 1516, le prieur était Louis de Montal. Cette même année, le 27 novembre, les jurés et consuls (1) de cette paroisse lui ont prêté serment de fidèlement gérer les affaires de la paroisse, de cotiser les tailles, etc... (2).

Les seigneurs de Saint-Santin étaient les de Villa. Bernard de Villa fit en 1306, des dons considérables à l'église de Saint-Santin; en 1322, il fit hommage à Géraud de Montal, seigneur de la Roquebrou, de son repaire de Vals.

Dans ses observations, Louis Estadieu, contrôleur du vingtième en 1760, dit « que cette paroisse est très étendue, située en plat pays et divisée en quatre quartiers qui comprennent 157 feux et autant de maisons assez bien bâties; que le terrain y est assez bon, que les habitants, bourgeois et paysans sont mutins et qu'on peut difficilement leur faire entendre raison.

Dans les moindres affaires qui leur arrivent, ce sont des attroupements auxquels les huissiers et la maréchaussée n'osent pas s'exposer » (3).

Cette opinion du contrôleur sur les habitants de Saint-Santin était sans doute le fait d'événements dont le bourg avait été le théâtre l'année précédente et qui avaient motivé la délibération suivante du corps commun.

« L'an 1759, le 23 septembre, au lieu de Saint-Santin et sur la place publique, au devant de la porte de l'Eglise, par devant Mre Denevers, notaire royal de la Roquebrou, ont comparus M. Jacques-Philippe de Métivier, écuyer seigneur de Vals, Pruns et Arnac, Joseph de Lassalle, écuyer, seigneur de la Barrière et les consuls et notables composant la majeure et plus saine partie des habitants, lesquels ont déclaré constituer pour leur procureur général, Mre Delrieu, avocat, auquel les habitants donnent pouvoir de donner plainte des vexations qui ont été faites depuis peu de jours par les envoyés et exécuteurs des ordres de la justice criminelle de la ville d'Aurillac, contre certains particuliers de la paroisse et dont l'épouvante a rejailli sur tous lesdits habitants, et ladite plainte donnée icelle poursuivre en la cour du parlement jusqu'à jugement et arrêt définitif » (4).

Il existait à Saint-Santin, un souterrain qu'on n'a pas osé fouiller, il y a lieu de présumer qu'il s'agit du souterrain-refuge du lieu.

A l'est du bourg se trouve le château de la *Barrière;* une tour y est munie des corbeaux qui supportaient les machicoulis.

---

(1) *Il y avait à Saint-Santin, trois Consuls. L'impôt royal, par eux perçu, était, en* 1696, *de* 1550 *livres.*

(2) *Inventaire sommaire des archives de la Commune d'Aurillac, 2e volume.* HH62.

(3) Haute-Auvergne, *à la fin de l'ancien régime, op. cit.*

(4) *Minutes de Denevers, notaire.*

Château de Vals

Une longue et belle allée d'arbres part du château et aboutit à un point d'où l'on jouit d'un point de vue pittoresque, comprenant le lieu de Saint-Victor.

Ce château a été la propriété des de la Salle de la Barrière, seigneurs de la Barrière.

Un Guillaume de la Salle, était garde des sceaux du baillage des montagnes, en 1489.

François de la Salle de la Barrière fut maintenu dans sa noblesse en 1666 avec quatre fils, il avait épousé, en 1647, Demoiselle de Bourrieu, fille de Jean Bourrieu, bourgeois de la Roquebrou.

Jacques Paulin de la Salle de la Barrière, écuyer, était garde du corps du Roy, en 1758.

En 1793, la Municipalité de la Roquebrou, lui a délivré un certificat, attestant qu'il n'avait point quitté le territoire de la République depuis 1791. Il fut maire de Saint-Santin pendant la période révolutionnaire. Leurs armoiries étaient : De gueules, à trois besants d'or mis en bande. En 1666, par le fait d'aillances, elles étaient plus compliquées.

Sanhaboux est un village rapproché de la Roquebrou. En 1602, Noble Michel de Carbonnières, seigneur de la Barthe, percevait sur ce village une rente annuelle de cinq setiers de seigle, cinq setiers d'avoine, 10 sols argent et la moitié d'un chevreau (1)

CHATEAU DE VALS

Dans cette commune se trouve le joli château de *Vals,* agréablement situé dans un vallon où coule la rivière de Detze et où serpente la voie ferrée de Mauriac avant de s'engager dans les gorges sauvages de la Maronne.

Il est composé d'un assez vaste corps de logis avec une tour munie de son ancien couronnement de défense et d'une tourelle à un des angles. Une autre tour se trouve séparée de ces constructions. C'était autrefois un fief relevant de la Roquebrou et il a appartenu à différentes familles.

Bernard de Villa en était seigneur en 1260, Jean Chazal, bourgeois d'Aurillac, le possédait en 1349, son fils le vendit en 1354, à Alzian de Griffeuil. Adhémar de Griffeuil en fit hommage, en 1398, à Jean de Montal, seigneur de la Roquebrou. Il a aussi appartenu à un Guillaume de Vals, qui l'avait acquis de Bertrand de Montal, pour le prix de 400 livres.

Alzian de Griffeuil vendit, en 1412, le repaire (maison forte) de Vals, à Jacques de Saint-Paul, bourgeois d'Aurillac.

Antoinette de Saint-Paul fut mariée, en 1448, avec Pierre de Tournemire, seigneur de Marse. Cette famille a possédé Vals durant plusieurs générations.

En 1568, les huguenots s'emparèrent du château et se saisirent de M. de Tournemire. Il fut jeté dans une prison où il dut séjourner assez longtemps, n'ayant pu réunir la forte rançon que l'on exigeait de lui. Ce Tournemire avait droit à une chapelle à Notre-Dame-d'Aurillac, qui lui avait été concédée par le Chapitre.

---

(1) *Archives départementales E p.* 181.

Guy de Tournemire, seigneur de Vals, avait épousé Hélis de Montal. Leur fille, Marguerite de Tournemire, apporta la terre en 1603, à Jean Dubois, bourgeois de la Roquebrou, qui acheta la seigneurie d'Arnac et la co-seigneurie de Pouls, du seigneur de Laroche-Loupiac, moyennant 2.000 livres et se fit anoblir par lettres-patentes du roi Louis XIV, en date du mois d'avril 1647.

Jean Dubois, seigneur de Vals et d'Arnac, résidait habituellement à la Roquebrou en sa maison sise près du pont où il est mort en 1647. Par son testament il constitua une rente à la Communauté des prêtres de la ville, pour servir à payer un prédicateur à la dernière semaine de Carême.

Il a fait reconstruire, en 1622, la chapelle du château de Vals, que les huguenots avaient démolie et il obtint l'approbation pour cette édification de Mgr de Noailles, évêque de Saint-Flour.

Une descendante, Madeleine Dubois, fit, en 1679, par testament, des dons considérables à l'église de Saint-Santin.

Gaspard Dubois, seigneur de Vals, en 1685, avait épousé Françoise de la Valette, dont il n'eut qu'une fille, Louise, qui apporta en dot, en 1744, la seigneurie de Vals à Pierre Métivier, écuyer, seigneur du Doux (1).

Leur fils, Jacques-Philippe de Métivier de Vals, épousa Mademoiselle Froquière, fille du président de ce nom, qui était prévôt civil et criminel en la prévôté du Carladès.

Aubin Géraud de Métivier de Vals, ex-mousquetaire du roi, leur fils ayant émigré à la Révolution, le château lui fut confisqué, ainsi que le domaine de Vals, affermé 1.350 livres et un moulin.

Le procès-verbal d'estimation y mentionne un château à deux étages, avec deux tours, dont une contient l'escalier, une belle cour ayant à l'un de ses coins une chapelle, des écuries voûtées, etc...

Le mobilier du château fut vendu les 26, 27 et 29 prairial an 2, aux enchères par le ministère de Bordes, administrateur et produisit la somme de 1.562 livres, 9 sols (2).

Le château et le bien furent vendus à Aurillac, le 13 mars 1794, 39.575 livres.

Le 13 janvier 1793, Marguerite de Payrac, épouse de Aubin de Métivier, émigré, qui s'est retiré à Vic-sur-Cère avec ses cinq enfants, chez sa belle-mère, Mme veuve Jacques Philippe de Métivier, dont les biens furent aussi confisqués comme étant à une mère d'émigré, sollicite un secours de l'Administration du département, en produisant un certificat d'indigence de la Municipalité de Vic.

Le Directoire du district lui accorde la moitié du revenu du domaine de Vals (3).

---

(1) *Cette famille, dont le nom figure au Nobiliaire d'Auvergne, est des plus distinguées par ses services militaires.*

(2) *Archives de l'Enregistrement à la Roquebrou.*

(3) *Archives départementales.*

En exécution de la loi du 27 avril 1825, qui accordait aux anciens propriétaires des biens confisqués une indemnité des deux tiers du produit des ventes, il a été remboursé à M. de Métivier 26.383 fr. 34.

Avant 1851, M. Rames, notaire à Aurillac, a fait à Vals d'importantes restaurations; il appartient actuellement à M. Gustave de Labeau.

Au point où le chemin aboutissant au hameau de Sainrames se détache du chemin d'intérêt commun de la Roquebrou à Arnac, au milieu de la lande déserte, on trouve une pierre en granit, ayant la forme d'un carré long de 1 mètre de haut. Sur chacune des faces se trouve gravé en creux un écusson, sans attribut héraldique, le fond en est seulement quadrillé. Au-dessous de chaque écusson se trouve un trou de scellement, de même que sur le sommet de la pierre. Les gens du voisinage assurent que ceux-ci retenaient des anneaux de fer, qu'il y a même peu d'années il en subsistait un que les bergers ont fini par détacher.

Un acte de 1647 (1) mentionne dans ces parages un tènement, dit des *quatre seignours* (4 seigneurs). Un autre acte de cette époque donne comme point de délimitation la pierre, del Sou (2) borne entre les habitants de Monédières, de Sainrames, M. de la Salle de Mansergues, seigneur de Cazaret et le seigneur prieur de Griffeuille.

On peut très bien admettre que ces actes cités se rapportent à la pierre décrite ci-dessus.

La contribution foncière de Saint-Santin en l'an III, fut de 593.741 livres.

La contribution à l'emprunt forcé fut de 910.000 livres (3).

M. l'Abbé Fuzet, ancien vicaire de Saint-Santin y a écrit un ouvrage: « Le Lingot Mystérieux », qui est une œuvre d'imagination, par conséquent sans valeur documentaire et qui se rapporte aux temps passés de notre pays.

Un atelier national à salpètre pour la fabrication des poudres de guerre fut créé à Saint-Santin pendant la Révolution. Il fut supprimé sous le Directoire le 20 brumaire an 5 (4).

Liste chronologique des Maires de la commune de Saint-Santin-Cantalès

1790 Relier.
1792 François Sagirand.
1793 à 1796 Bories.
1796 à 1798 Jacques-Paulin Lassale de Labarrière.
1798 à 1800 Jean Longuevergne.
1800 à 1803 Jacques-Pau'in Lassale de Labarrière.

(1) *Dessarauste, not. royal* (9 septembre 1647).

(2) *C'est encore ainsi que cette pierre est nommée, et l'on assure que les anneaux de fer servaient à attacher les chevaux des seigneurs venant chasser dans ces plaines.*

(3) *Valeur en assignats.*

(4) *Archives départementales.*

1803 à 1825 Gabriel Petit.
1825 à 1831 Antoine Lelier.
1831 à 1836 Hilaire Decinqpeyres.
1836 à 1846 Géraud-Mathieu Fageole.
1846 à 1848 Géraud Petit.
1848 à 1852 Pierre Couderc.
1852 à 1864 Jean-Auguste Claux.
1864 à 1870 Jean-Louis Verdier.
1870 à 1874 Jean-Pierre Valat.
1874 à 1878 Valentinien Rebeyros.
1878 à 1882 Jean-Pierre Valat.
1882 à 1896 Louis Lafon.
1896 à 1901 Firmin Lacassagne.
1901 à .... Adrien Duguet, off. du Mérite Agricole.

Saint-Santin en 1912

Superficie de la commune: 5.425 hectares.
Population: 811 habitants. — Electeurs: 244.
Contribution directe: 11.124 fr. 37.
Maire: M. Duguet Adrien, off. du Mérite Agricole. — *Adjoint:* M. Gardes Justin.
Curé: M. Gibert.
Instituteur: M. Conte. — *Adjoint:* M. Bouysse.
Institutrice: Mme Bergantière. — *Adjointe:* Mme Bouysse.
Percepteur: M. Elléonet, pour les communes de Saint-Santin, Arnac, Rouffiac, Cros-de-Montvert, Montvert, Saint-Victor.
Bureau téléphonique.
Facteur-receveur: M. Magne.
Foire: 25 avril.
Fête patronale: 26 juillet.
Syndicat agricole : Président, M. Sabatier ; Secrétaire, M. Bouysse.
Syndicat d'Initiative: Président, M. Duguet; Secrétaire-trésorier: M. Conte.
Distance de Saint-Santin au chef-lieu du canton: 16 kilom.

Montvert

SCEAU DU PRIEURÉ DE MONTVERT

Le chef-lieu de cette commune est un bourg très ancien mentionné dans la charte de la Roquebrou de 1281 et dans les vieux actes où il est cité, il est qualifié du nom de ville. C'était même une ville forte close par une muraille qu'entourait extérieurement un fossé.

En 1579, Guiou de Jalet et Géraud Desplats, tous les deux bourgeois de la ville de Montvert, étaient en procès pour la jouissance des eaux coulant des fossés de la ladite ville (1). La principale porte s'ouvrait sur la grande rue del Barry, qui était « tendante de la place à l'Eglise, à l'Hospital et au champ de foire appelé lou mercadial (2) ».

Les minutes des notaires de la Roquebrou au XVIIe siècle, comprennent de nombreux actes passés aux faubourgs de la ville (3).

Montvert était un prieuré qui dépendait de l'abbaye d'Aurillac et était le siège d'un lieutenant de juridiction pour le seigneur Abbé (4).

(1) *Acte mis au rang des minutes de Denevers, notaire.*
(2) *Minutes de Frégeac, not. royal,* 22 mars 1626.
(3) *C'est-à-dire en dehors de l'enceinte fortifiée.*
(4) *En* 1636, *ce lieutenant s'appelait Lapauque.*

La ville était administrée par trois Consuls, la taille royale par eux perçue était, en 1696, de 300 livres.

L'Eglise a son architecture de l'ordre byzantin, elle est remarquable par les colonnettes qui font le tour du chœur et qui supportent une moulure dite à copeaux qui y règne dans toute la partie circulaire. Les fenêtres sont décorées extérieurement d'un rang de billettes.

La démolition récente d'une grange qui y était attenante a dégagé une assez belle porte ogivale ayant de chaque côté de la voûte des sculptures romanes.

Une des chapelles, dite de Saint-Blaize, avait été construite et était entretenue par la maison de Villars, bourgeois de Montvert (1).

Il y a une chapelle souterraine aujourd'hui comblée qui était dédiée à N.-D. de pitié.

En 1767, le curé François Four, fit construire à ses frais le clocher et refondre une cloche.

Les écoles sont à l'extrémité du bourg attenant à une vaste esplanade dite « le Foirail ».

Il y avait autrefois à Montvert une communauté de prêtres. En 1568, leur chapitre a offert de participer pour la somme de cent livres aux réparations des murailles de la ville d'Aurillac (2).

Le seigneur Abbé d'Aurillac aussi seigneur et prieur de Montvert percevait les cens, rentes et autres redevances dudit prieuré et le Curé était réduit à la portion congrue.

En 1638, Messire Géraud Méval, chanoine de l'église collégiale Saint-Géraud d'Aurillac, seigneur prieur de Montvert, s'est refusé à acquitter cette portion à Messire Emile Taulier, curé dudit lieu et celui-ci, par exploit de Catdeuille, sergent, l'a assigné en la cour du baillage d'Aurillac, pour avoir sa congrue portion ou la somme de deux cents livres de pension annuelle.

Finalement, le 3 juillet de cette année, par acte de Mre Guirbal, notaire royal à la Roquebrou, les deux parties se sont accordées « ledit prieur désirant vivre en paix et n'avoir point de litige, a promis au sieur Taulier, pour sa pension annuelle, la quantité de quarante setiers de seigle, mesure dudit Roquebrou et de plus la moitié de la dîme du *carnen et laine* lui appartenant ».

Le château est au nord du bourg, il formait clôture à l'enceinte de la ville à ce point. Il a appartenu aux de Sermur, originaires du Rouergue, jusqu'en 1554.

« A l'époque des guerres civiles, le seigneur de Montvert se joignit aux troupes de ceux de la nouvelle religion qui enlevèrent et prirent un grand nombre de mulets appartenant aux muletiers du haut pays d'Auvergne, de sorte que de ce fait, en 1569, le transport des marchandises était impossible (3) ».

En 1630, Noble Vincent de Montal, sieur de Salvanhac et de

(1) *Minutes de Denevers, notaire.*
(2) *Inv, somm. des archiv. d'Aurillac,* 1 vol.
(3) *Inv. som. des archiv. d'Aurillac,* 1er *vol.*

Eglise de Montvert

(Byzantine)

Château de Montvert

la Bonnefoussie, demeurait au château de Montvert; il fut tué cette année dans un guet apens, par son neveu Jacques d'Escars de Merville, au lieu de Momust (1).

Sa veuve, Anne de Jalet, professait la religion réformée. Leur descendante, Anne de Montal, apporta le château en dot en 1746, à François de Castres, qui le vendit, en 1752, à M. de Lerou. Ce dernier le céda, en 1774, à la famille Four, à laquelle par la suite s'est alliée M. de Cantel.

Le château de Montvert a été important, un procès-verbal d'état des lieux, en 1774, y mentionne trois tours et dit que les croisées de la façade sont divisées par « une croix de pierre ».

Il fut reconstruit peu après et il n'y reste des anciennes constructions qu'une tour et une tourelle. Il appartient actuellement à M. Prunet, notaire à Pleaux.

Henri-Joseph de Giou, baron de Caylus, fut coseigneur de Montvert en 1739, par la possession du domaine d'Asplots, qu'il vendit en 1787 aux frères Four. Cette grande propriété appartient présentement à M. Ferrand de Cantel.

Il existe au-dessous du bourg des souterrains-refuges que l'on suppose très étendus. En 1851, l'on pouvait en visiter une partie bien conservée; on pensait alors qu'ils avaient été construits du temps des Gaulois et qu'ils ont servis aux cérémonies mystérieuses du culte druitique.

On raconte à leur sujet une anecdote qui n'est peut-être qu'une légende.

Il y aurait quelque cinquante ans, après de copieuses libations, un museteur de la contrée déclara qu'il pénètrerait seul dans les souterains que l'on n'osait explorer jusqu'au bout et qu'il n'en ressortirait qu'après les avoir entièrement parcourus.

Il prit son instrument et tout en jouant, il s'engagea dans le couloir, ceux qui l'avaient accompagné jusqu'à l'ouverture, entendirent le son de la musette décroître progressivement et enfin cesser; ils attendirent vainement son retour et il ne put être retrouvé.

Lors de l'établissement des diligences, la situation de Montvert, sur la route royale n° 120, de Limoges à Rodez par Aurillac, lui valut d'être un poste de relai.

Ce bourg attira alors à lui la plupart des services publics installés au chef-lieu du canton, postes, gendarmerie, perception. Des hôtels avec de grandes remises s'y construisirent.

Mais cette prospérité fut éphémère et disparut avec la dernière diligence.

En 1860, tous les fonctionnaires avaient regagné la Roquebrou et Montvert était devenue la peu importante bourgade d'aujourd'hui, n'ayant que la renommée de ses foires de moutons.

Il est un village disparu de la paroisse de Montvert, qui était autrefois le point de jonction de plusieurs chemins et qui était nommé *Labonnefoucie.*

A ce point, en 1693, un marchand du Limousin y arrêtait

---

(1) *Justice et police prévotales en Auvergne, par Marcellin Boudet, page* 80.

tous les grains que l'on conduisait au marché de Laroquebrou, ce qui en ruinait les habitants, les obligeant à se procurer ailleurs des grains à un prix plus élevé.

Le 1er janvier, le corps commun s'est réuni e a donné mission à François Esteyries, l'un des Consuls, de se transporter avec d'autres habitants à Labonnefoucie, paroisse de Montvert « pour y détruire ce commerce illicite ». Celui-ci s'est acquitté de cette mission et y a trouvé 15 ânes chargés de grains déjà arrêtés, qu'il a fait immédiatement conduire au marché dudit Roquebrou, pour y être vendus au prix courant (1).

Aux abords du bourg et de la route royale se trouvait le grand étang de *Paupipan* (2) qui appartenait aux seigneurs de la Roquebrou.

Timbre-date du bureau de poste de Montvert, en 1850

Il était formé par un grand barrage, dont il subsiste une partie qui s'opposait au passage des eaux du ruisseau de Cabrespine.

C'est à Montvert que résidait Mre J.-B. Dubuisson, qui avait le titre de lieutenant de M. le premier chirurgien du roi et qui fut le père du docteur Antoine Dubuisson, le maire de la Roquebrou, à la Révolution.

La contribution foncière de Montvert en l'an III, fut de 52.050 livres.

La contribution à l'emprunt forcé de l'an IV, fut de 50.000 livres (3).

Liste chronologique des Maires de la commune de Montvert

1792 Bonnefons Jean.
1793 Trayssac Pierre.
1795 Villars François.
1804 Jaulhac Jean-Baptiste.

(1) *Minutes de Frégeac, not. à la Roquebrou.*
(2) *Minutes de Lagarrigue, not. à la Roquebrou.*
(3) *Valeur en assignats.*

1826 Couderc Jean.
1833 Bourbouze Jacques.
1843 Traissac Jean.
1847 Bourbouze Jacques.
1852 De Cantel Aimé.
1861 Bourbouze Anselme.
1863 Brousse Antoine.
1881 De Cantel Henri.
1904 Lacoste Maurice.
1912 Besse Antoine.
1912 Mizermont Antoine.

Montvert en 1912

Superficie de la commune: 1.135 hectares.
Population 352 habitants. — Electeurs: 96.
Contribution directe: 3.899 fr. 77.
Maire: M. Mizermont Antoine. — *Adjoint:* M. Delbert Baptiste.
Curé: M. Suc.
Instituteur: M. Lafon.
Institutrice: Mme Devèze.
Foires: 3 mars, 11 avril, 22 mai, 14 septembre, 3 novembre, 2 décembre.
Fête patronale: 14 septembre, jour de la foire.

GRIFFEUILLE

Le prieuré de Griffeuille était érigé sur le territoire de la paroisse de Montvert. Il était sous l'invocation de Saint Jean. Il avait été fondé en l'an 1120 par le moine Bertrand de Griffeuille (1) (le même qui a aussi fondé celui d'Escalmels).

Les moines étaient de l'ordre de Saint-Augustin, de l'abbaye de la Couronne d'Angoulême. Ils possédaient des revenus assez considérables sur les paroisses voisines et sur celle de Saint-Paul-des-Landes.

Les bâtiments du prieuré furent détruits lors des guerres de religion, ils ne furent pas relevés, seule la chapelle fut reconstruite.

Ils étaient situés sur une éminence où il en subsiste encore des vestiges (2). A quelque cent mètres se trouve un barrage artificiel rompu, qui retenait les eaux d'un ruisseau, pour former un vaste étang autour du monastère.

En 1498, Don Astor Delam, était prieur de Griffeuille (3), Jean de Beauclair en 1642 et Pierre de Beauclair en 1701, ont été investis de ce titre.

Le dernier prieur fut l'abbé Tissandier de Seignerolles, qui

---

(1) *Bertrand de Griffeuile, op. cit.*

(2) *J'ai recueilli dans ces ruines une petite et ancienne colonnette qui est placée dans la cour de l'Hôtel-de-Ville de la Roquebrou et les débris d'une coupe en verre de Venise, ainsi que des monnaies d'argent dont une de Charles VII (Carolus Vincit).*

(3) *Archives de Laroquebrou.*

s'employait à faire, en 1789, de la chapelle de Griffeuille, une paroisse annexe de Montvert, devant comprendre les villages voisins de Sanhaboux et de Monédières, lorsque la Révolution vint ruiner ce projet en confisquant et vendant le prieuré.

C'est le 9 février 1791 que la vente eut lieu à Aurillac, les biens consistaient en la chapelle, l'étang et un terrain attenant. Ils furent adjugés pour la somme de 1800 livres à Antoine Teulière, Jean Lavialle, et Joseph Algayrès, laboureurs du village de Monédières.

En 1828, des restes de bâtiments subsistaient à Griffeuille, ils figurent au plan cadastral de la commune de Montvert sous les numéros 20, 21, 22 et 23. Les restes qui s'y trouvent actuellement sont les anciennes fondations, les matériaux qui consistent principalement en blocs de schiste taillés rectangulaires, doivent être enlevés pour être utilisés à la ferme voisine à quelque construction comme y ont servis les pierres de l'ancien monastère.

La chute annuelle des feuilles nivèlera ensuite l'emplacement, car la forêt a depuis longtemps envahi l'espace qui était enclos par les bâtiments et il ne restera plus en ces lieux aucune trace matérielle de la fondation de Bertrand de Griffeuille au XIIe siècle. Une légende y subsistera peut-être, celle de la cloche du couvent ensevelie dans les profondeurs de l'étang desséché et que les bergers entendent tinter en temps d'orage.

Rouffiac

Rouffiac est un lieu bien ancien, puisqu'il a donné son nom à l'une des plus ancienes divisions territoriales, dans notre région, celle des vigueries carlovingiennes.

Il est situé sur un petit plateau entouré de collines et de coteaux bien cultivés, l'on y voit quelques belles maisons. La place agrémentée d'une plantation de maronniers va être pourvue d'une belle et abondante fontaine actuellement en construction.

Sous la place même, il y a d'anciens souterrains-refuges, dont une partie est utilisée en caves.

L'Eglise, dédiée à Saint Martin, remonte au XIIIe siècle, elle avait titre de prieuré dépendant de l'archidiacre d'Aurillac depuis son union en 1281, mais à cette époque elle était moins grande qu'aujourd'hui; c'est en 1689 que le clocher a été construit, ainsi que les deux chapelles qui sont au-dessous.

Le grand autel datait aussi de cette époque, il était très grand et s'appuyait sur un retable qui divisait le chœur en deux parties et formait cloison, derrière cette cloison était la sacristie. Il a été remplacé en 1833.

Vers le milieu de l'église, à droite, se trouve un escalier conduisant à une chapelle souterraine.

En creusant les fondements de la partie de l'église qui remonte au XIIIe siècle, les ouvriers trouvèrent enfouis une madone parfaitement conservée. A l'endroit même où la madone fut trouvée on dressa un autel puis on entoura cet autel

Rouffiac

d'une voûte assez spacieuse formant une chapelle souterraine et sur cette voûte on bâtit l'Eglise.

C'est cette statue qui s'y trouve aujourd'hui et tout en elle atteste une haute antiquité, elle est très connue sous le nom de Notre-Dame-de-Sous-Terre (1).

Cette madone, si l'on s'en rapporte à la croyance des habitants aurait au temps jadis contribué à maintenir l'église au lieu qu'elle occupe.

A une certaine époque il fut question de la reconstruire. Deux emplacements étaient alors en vue : l'un, celui que l'édifice occupe actuellement, qui est le primitif; l'autre, une éminence où est placé le cimetière. Ces deux projets avaient chacun le même nombre de partisans résolus, aussi l'on ne pouvait parvenir à s'entendre. Quelqu'un proposa alors de s'en remettre pour le choix à la Vierge Noire de la chapelle souterraine qui est toujours vénérée dans la région.

Cette proposition fut adoptée et l'on transporta la Vierge à l'emplacement de l'éminence du cimetière. Mais, dans la nuit suivante, la statue réintégra sa place dans la chapelle souterraine, sans que l'on s'en aperçut. On renouvella l'expérience plusieurs fois en faisant alors une active surveillance et toujours la Vierge revint à l'endroit qu'elle occupe encore. En présence de ces faits, il n'y eut plus de résistance, l'emplacement actuel, englobant la chapelle souterraine, fut celui que l'on choisit pour la reconstruction de l'église. Mais d'aucuns furent persuadés que l'un des opposants intéressés avait connaissance des souterrains-refuges qui existent sur ce point et qu'il les utilisait pour faire accomplir à la statue le déplacement que nous venons de rapporter (2).

Les écoles sont en bordure de la place du bourg.

Rouffiac était administré par trois consuls, le montant de la taille qu'ils y percevaient, en 1696, était de 3.300 livres.

Louis Estadieu, contrôleur du 20e, dans ses observations de 1760, dit « que les habitants bourgeois et paysans sont d'un naturel dur, mais à les prendre par la douceur, ils se rendent à ce qu'on exige d'eux. Ils cueillent plus de blé qu'il ne leur en faut pour leur consommation et vendent le surplus ».

La seigneurie de Rouffiac dépendait de la baronie de Carbonnières, mais les seigneurs de Laroquebrou et de Pénières y avaient aussi des dépendances.

A la *Pachevie* se trouve un ancien château qui était un fief qui a été, en 1379, à Jean de Carbonnières. Cette terre passa, au VXIe siècle à la maison de Briguilange.

Jean de Briguilange, qui y résidait en 1624, ne laissa qu'une fille Louise qui en 1637 apporta en dot la terre de la Pachevie à Antoine Chapel de la Salle d'une famille ayant de beaux états de services militaires. Pierre-Joseph Chapel de la Salle, baron de la Pachevie, chevalier de Saint-Louis, y résidait en 1789.

---

(1) *Dict. hist. et st. du Cantal, article Rouffiac.*

(2) *Communication de M. de Chabrinhac, anc. maire de Rouffiac.*

En 1793, la Municipalité de la Roquebrou lui a donné un certificat attestant qu'il n'avait point quitté sa résidence de la Pachevie, municipalité de Rouffiac depuis 1791. Il n'en fut pas moins emprisonné, jugé et ses biens confisqués.

Ceux-ci consistaient en le domaine et réserve de la Pachevie, affermé 150 livres et le moulin de la Pachevie affermé 115 livres. Son épouse ayant fait agir des influences, un arrêté du comité de sûreté générale ordonna la révision du procès, le jugement rendu portant qu'il serait sursis à la vente des biens, le tribunal d'Aurillac fut dénoncé pour avoir agi avec faiblesse et Lapachevie fut traduit devant le tribunal révolutionnaire de Paris. Il y fut expédié d'Aurillac sur une charrette garnie de deux ou trois bottes de paille avec Mme de Fontanges et d'autres. Ils eurent la chance d'arriver après le 10 thermidor.

Le château et la propriété appartiennent aux descendants de cette famille à laquelle s'était allié M. de Lalaubie.

Au *Bouyssou* est une belle habitation où résidait, en 1648, Gaspard Fageoles qui cumulait les fonctions d'expert féodiste et de procureur d'office de la baronnie de Pénières. Il s'était acquis un renom de sévérité dans la région, car l'on y disait de celui qui avait commis le moindre délit que quelque chose l'attendait au puy du Bouyssou.

Le Bouyssou appartient présentement à M. Dabertrand, maire de Rouffiac.

En 1791, des troubles se produisirent à Rouffiac et la municipalité impuissante à les réprimer, se recommandant d'anciens traités offensifs et défensifs existant entre Rouffiac et la Roquebrou, demanda aide et protection aux officiers municipaux de cette dernière. Il fut immédiatement répondu à cet appel par l'envoi d'un détachement de la garde nationale (1).

MM. Auzolles Jacques et Lescure Louis, curé et vicaire de Rouffiac, furent les deux seuls ecclésiastiques du canton qui furent déportés pendant la Révolution.

Ils firent partie du deuxième convoi composé de 30 prêtres qui partirent d'Aurillac le 9 ventôse an 2 (27 juin 1794). A leur arrivée à Bordeaux ils furent enfermés au fort du Hâ, d'où ils furent directement embarqués sur le vaisseau le Gentil, le 14 brumaire an 3 (4 septembre 1794) (2).

La contribution foncière de Rouffiac à l'an III, fut de 282.393 livres.

La contribution à l'emprunt forcé de l'an IV, fut de 440.000 livres (3).

Liste chronologique des Maires de la commune de Rouffiac

1792 à 1808 Géraud-Timothée Denevers.
1808 à 1832 Raymond-Marie Chapel de Lapachevie.

---

(1) *Registre des délibérations.*

(2) *Prêtres déportés du Cantal pendant la Révolution, par Jean Delmas* (*Revue de la* Haute-Auvergne, 1911, page 259).

(3) *Valeur en assignats.*

Tours de Carbonnières

1832 à 1834 Jean Dampayrou.
1834 à 1843 Jean Vaurs.
1843 à 1847 Antoine-Firmin Fageole.
1847 à 1864 Géraud-Timothée-Auguste Sclafer de Chabrinhac.
1864 à 1871 Eugène-Paul Veyrac.
1871 à 1873 Antoine Bourbouze.
1874 à 1875 Paul-Théodore Sclafer de Chabrinhac.
1875 à 1878 Eugène-Paul Veyrac.
1878 à 1884 Antoine-Firmin Fageole.
1884 à 1903 Joseph Sclafer de Chabrinhac.
1903 à .... Camille Dabertrand, chevalier du Mérite Agricole.

Rouffiac en 1912

Superficie de la commune : 3.050 hectares.
Population: 769 habitants. — Electeurs: 250.
Contribution directe: 8.782 fr. 31.
Maire: M. Dabertrand Camille, chevalier du Mérite Aagricole.
Adjoint: M. Lacam Henri.
Curé: M. Bourbouze.
Instituteur: M. Terrail. — *Adjoint:* M. Terrail.
Institutrice: M. Palhol. — *Adjointe:* Mme Teulade.
Bureau de poste et téléphone: Facteur-receveur: M. Teulade.
Foires: 10 avril, 4 septembre.
Fête paronale: La Saint-Jean.

Courrier de Cros-de-Montvert à la Roquebrou, passe à *Rouffiac* à 5 h. du matin, arrive à Laroquebrou à 7 h.; départ à 7 h. 1/2, arrivée à Rouffiac à 9 h. du matin. Passage à 1 h. 1/2 du soir, arrivée à la Roquebrou à 3 h.; départ à 4 h., arrivée à Rouffiac à 6 h.

Distance de Rouffiac au chef-lieu du canton: 10 kilomètres.

CARBONNIERES

Les ruines de Carbonnières dont dépendait Rouffiac sont peu éloignées de cette localité, nous les avons visité il y a quelques années et nous avons noté nos impressions de cette visite, nous les transcrivons ici.

Septembre 1905. — Nous désirions depuis longtemps visiter les ruines de Carbonnières, qui sont près de Rouffiac.

La principale raison de ce désir était que cette ancienne forteresse était le chef-lieu d'une baronnie qui dépendait des seigneurs de la Roquebrou qui s'intitulaient dans tous leurs actes barons de Carbonnières.

Nous avons pu aujourd'hui mettre ce projet à exécution. En compagnie de mon neveu (1) et d'un de nos amis, nous nous sommes rendus à bicyclette à Rouffiac.

---

(1) *Marcel Ventax et M. Jean Frégeac, maintenant reçu ingénieur électricien à Paris.*

Arrivés sur la place du bourg, nous nous sommes entretenus avec un habitant âgé, du but de notre excursion; il nous dit avoir souvenance qu'il y a moins de 30 ans on pouvait arriver sur la plate-forme d'une des tours, d'où on jouissait d'un point de vue très étendu, vous ne pourrez le faire, dit-il, aujourd'hui; il nous assura qu'il y avait là pour plus de dix mille francs de pierres taillées.

Après le repas de midi, pris à l'hôtel bien tenu de M. Gourdy, nous nous sommes dirigés vers Carbonnières.

Un paysan, dont la demeure se trouve dans ce voisinage, venu à Rouffiac, nous a indiqué le chemin le plus direct pour s'y rendre.

Ces tours, nous dit-il, ont été bâties par Rigaud de Carbonnières en l'an 1.000. Nous avons négligé de lui demander d'où il tenait ce renseignement.

Sur notre passage nous trouvons le village de *Quarantepeyre,* dénomination qui semblerait indiquer qu'il y a eu autrefois quelque monument mégalitique ou celtique dont nous ne retrouvons aucune trace. Mais il nous rappelle qu'à la Révolution il y résidait un officier de santé du nom de Latronche Géraud ,qui en 1794, est venu faire attester par la municipalité de la Roquebrou qu'il n'avait point quitté sa résidence et qui sous le Directoire a fait partie de l'Administration municipale du canton. Nous avons connu le dernier descendant qui fut, par alliance, le proche parent de M. Filliol, ancien huissier à la Roquebrou, décédé en 1894 et qui fut très longtemps notre proche voisin. C'était un excellent homme et consciencieux officier ministériel, par contre grand mangeur et très amusant lorsqu'il racontait ses prouesses pantagruéliques.

Voici ensuite le village de *Salès,* puis celui rapproché d'*Anglards.*

Le chemin peu après, aboutit au bord d'une profonde colline au fond de laquelle coule un ruisseau et au sommet du versant qui nous fait vis-à-vis se détachent, imposantes, deux grandes tours carrées.

Nous nous engageons sur la pente pour gagner le ruisseau, aucune trace de chemin n'y existe, celui qui nous a conduit jusqu'à ce point se prolongeant vers une autre direction. Nous devons pénétrer dans un espace envahi par des genêts de grande taille dont nous n'échappons qu'au ruisseau. Celui-ci franchi, nous trouvons sur l'autre versant un sentier de pied qui aboutit aux ruines.

Les tours ont perdu leur couronnement qui y est remplacé par des arbustes. Un pignon de l'une s'est écroulé il y a quelque quarante ans et les matériaux ayant roulé sur la pente, jusqu'au cous d'eau, tuèrent un malheureuv berger.

Par l'ouverture laissée béante l'on aperçoit l'intérieur de la tour, ainsi qu'un escalier à vis qui y serpente dans l'épaisseur du mur.

Une porte sise à 1 m. 50 du sol donne accès à l'intérieur de la deuxième tour, mieux conservée et à une salle voûtée. La pièce qui est au-dessus avait un balcon ou une échauguette dont il ne reste que les supports en bon état et qui regardent le ruiseau.

Ces constructions ont été édifiées en pierres d'appareil de bonnes dimensions, en nature de granit blanchâtre dur, qui justifient l'estimation de l'habitant de Rouffiac.

Des vestiges d'anciens murs se trouvent dans le voisinage immédiat des tours.

Notre exploration des ruines terminée, nous nous disposions à reprendre le sentier suivi lorsque nous aperçumes une maisonnette dissimulée par un repli du versant.

Au moment où nous passions au-devant, une femme affligée d'un énorme goître s'avance vers nous et propose de nous procurer une échelle pour la visite de l'intérieur des tours. Nous déclinons cette offre vu l'heure tardive et nous nous engageons sur la pente où nous croisons au moment d'arriver au ruisseau deux vieilles pauvresses se disposant à gravir à leur tour le sentier des ruines.

A ce moment une nuée orageuse qui se trouvait au-dessus de nos têtes et était menaçante depuis un moment, laisse échapper de larges gouttes de pluie. Nous nous réfugions sous quelques chênes à portée pour attendre la fin de l'averse. Celle-ci fut heureusement de courte durée et le soleil refit aussitôt après son apparition. Nous quittons alors nos retraites momentanées et avant de nous éloigner nous jetons un dernier regard vers les tours.

Celles-ci découpent sur le ciel, leurs sommets aux contours inégaux, veufs de leurs anciennes plate-formes crénelées et le soleil fait scintiller les gouttes de pluie retenues par les aspérités de la pierre; et maintenant à mi-chemin de la côte entièrement dénudée, les deux vieilles mendiantes que n'a point arrêté l'averse, gravissent péniblement avec leur fardeau de pain noir amassé.

Ceci nous fait songer qu'au temps jadis les pauvres mendiants qui gravissaient cette pénible montée, devaient trouver au château une aumône compensatrice de l'effort accompli pour y aboutir, tandis qu'à présent, du seuil de ces ruines, ne se tendra aucune main secourable

Nous suivons un chemin cotoyant le ruisseau qui nous fait passer près d'un moulin et nous conduit après au château de la Pachevie composé d'un corps de bâtiment à plusieurs étages et de tourelles qui en sont séparé.

Nous avons pu voir sur le manteau de la grande cheminée d'une salle servant de cuisine, au rez-de-chaussée, une arquebuse à la crosse en noyer sculpté, que M. de la Pachevie envoya à la Municipalité de la Roquebrou, en 1789, pour armer la milice communale et qui lui fut retournée.

Nous étions revenus à Rouffiac à la chute du jour; sur divers points de notre parcours nous avons constaté les traces d'un ouragan qui avait sévi avec violence sur cette région, le mois précédent.

Notre retour de Rouffiac à la Roquebrou fut plusieurs fois interrompu par l'orage, éclatant par intermittences.

Cros-de-Montvert

Le chef-lieu est placé à l'extrémité ouest de la commune; il y a des maisons bien bâties et une place avec une belle fontaine.

L'Eglise ancienne appartient au style bysantin et a le chœur et le sanctuaire voûtés, le travail est d'un bon goût. A l'extérieur du chœur, sous la toiture, se trouvent des consoles portant des têtes ou autres attributs sculptés. A l'entrée du portail sont placées deux grandes colonnes de pierre qui doivent être des restes d'un porche.

Un beau groupe scolaire avec une façade monumentale y a été édifié en 1884 (1).

La seigneurie de Cros faisait partie de la baronnie de Pénières.

Jacques Daslosse, le contrôleur du 20e, dans ses observations, en 1782, sur cette paroisse dit « que les habitants ne recueillent point à quelque chose près de quoi fournir à la subsistance de leurs familles et vont se pourvoir aux marchés de Pleaux. Plusieurs s'expatrient pour se procurer dans les provinces voisines de quoi acquitter les fortes charges auxquels leurs biens sont asservis » (2).

De Frégeac, notaire royal à Cros, était en 1667, juge des baronies de Pénières et de Carbonnières.

CHATEAU DE PÉNIÈRES

A quelque cent mètres du bourg se trouve le château de *Pénières,* qui occupait une belle situation et qui fut fortifié au temps de la ligue.

En 1575, Gilles de Montal, seigneur de la Roquebrou, commandant des troupes catholiques du haut pays d'Auvergne, partit de la Roquebrou avec du canon et vint se joindre à Pénières, aux gens du duc de Noailles, pour aller faire le siège du château de Miremont, près de Mauriac.

L'importante Maison de de Noailles a possédé Pénières durant des siècles.

Jean II de Noailles, seigneur de Pénières, avait épousé en 1470, Gasparde de Merle, Dame de Merle et de Malesse; par cette aillance il devint cosseigneur de Merle en pays limousin.

Henri de Noailles, comte d'Ayen, baron de Carbonnières et de Malemort, gouverneur et lieutenant général du haut pays d'Auvergne en 1609, y résidait.

François de Noailles qui lui avait succédé pour la charge de lieutenant-général, y était fixé en 1622. Charles de Noailles, évêque de Saint-Flour, aimait cette résidence et y venait souvent.

---

(1) *Cette façade est pourvue d'une horloge, don de M. Gladines, ancien adjoint au maire.*

(2) *La Haute-Auvergne à la fin de l'ancien régime, op. cit.*

Cros-de-Montvert

« En 1643, une armée de paysans révoltés, venant du Rouergue et du Quercy, connue sous le nom de « Croquans », s'avança au nombre de 9 à 10.000 sur la frontière méridionale de l'Auvergne. Ils s'attardèrent heureusement à faire le siège de Villefranche (Aveyron). M. de Noailles, gouverneur et bailli des montagnes d'Auvergne, s'y enferma pour défendre la place.

Le gouvernement de la province était alors entre les mains de l'évêque de Saint-Flour, Charles de Noailles, qui se hâta d'assembler le plus de troupes qu'il put pour aller au secours de son frère, voué à l'égorgement s'il eut été capturé.

Le prévot Lacarrière lui mena sa compagnie à Saint-Cirgue du Quercy, lieu de concentration des forces.

L'arrivée à Villefranche du secours de M. de Noailles fit lever le siège. Les « croquants » poursuivis jusqu'à Vabres, l'épée dans les reins, se retirèrent sur Najac et les Auvergnats rentrèrent chez eux après avoir écarté de leur frontière l'invasion dévastatrice » (1).

En 1750, résidait à Pénières, Louis de Noailles, duc d'Ayen, marquis de Maintenon, qui avait épousé Françoise-Charlotte de Corre de Brissac.

Leurs armes étaient de gueules à bande d'or.

Cette Maison avait aussi une résidence en la ville d'Aurillac, l'hôtel de Noailles, sis dans la rue de ce nom et qui est décoré de belles peintures (2).

Le château et ses dépendances, le domaine de Mouïx, le grand domaine de Pénières, le domaine du Parc et le domaine de Lasbordes, ainsi que la grande forêt de Mouïx, furent confisqués en 1791 sur l'émigré Paul-Louis de Noailles, duc d'Ayen.

Le mobilier du château fut vendu du 26 au 30 brumaire an 3, par le citoyen Antoine Bordes, commissaire du district d'Aurillac. Cette vente produisit la somme de 11.289 livres, 18 sols.

La vente du château a eu lieu à Aurillac le 5 pluviôse an 3, le procès-verbal d'estimation dressé par Jean Boissou, commissaire-expert, mentionne :

« Un grand bâtiment à quatre tours appelé le Château-neuf, consistant en quatorze pièces au rez-de-chaussée, dont trois voûtées et une grande cave au-dessous aussi voûtée, dix pièces au premier, deux cabinets dans une tour, une autre chambre dans une tour, trois pigeonniers et greniers.

Un autre bâtiment appelé le Pavillon, consistant en cinq pièces au premier, trois pièces au-dessus, trois autres pièces encore au-dessus et greniers, le tout en bon état, contenant un demi arpent, comprenant la moitié de la terrasse au devant du châteaux ».

« La maison du métayer, curtif et four occupant 200 toises, grange, séchoirs et greniers, puis le moulin de Pénières » (3)

Le citoyen Antoine Lafage, commissaire du district d'Aurillac, fit vendre les bestiaux et les instruments aratoires des domaines confisqués. Des commissaires conduisaient ces ani-

(1) *La justice et la police prévotales, op. cit., page* 98.
(2) *Actuellement maison de Falvelly.*
(3) *Archives départementales.*

maux aux foires de la région, c'est le 3 germinal an 3, qu'il a remis le produit des ventes, qui a été :

1° Pour le grand domaine de Pénières, de 15.259 livres.
2° Pour le grand domaine de Pénières, de 9.508 livres, 50 sols.
3° Pour le domaine du Parc, de 3.518 livres, 25 sols.
4° Pour le domaine de Lasbordes, de 6.580 livres (2).

PÉNIÈRES APRÈS LA RÉVOLUTION

Après la vente de pluviôse an 3, le château est devenu la propriété de plusieurs acquéreurs; il y avait place pour tous, car au dire d'anciens, Pénières était tellement vaste qu'il était nécessaire d'avoir un guide pour le visiter sous peine de s'égarer.

En 1807, le feu y a éclaté et l'on n'est point d'accord sur les origines du fléau. Suivant les uns, une verrerie y aurait été créée sans les précautions que nécessite une telle installation et ce serait la fournaise nécessaire pour la vitrification qui aurait provoqué l'incendie. Suivant d'autres, le feu y aurat pris naissance dans un brasier destiné à opérer une lessive générale. Quel que soit le cas, les flammes gagnèrent les appartements où elles trouvèrent des aliments à leur convenance dans les anciennes charpentes et boiseries.

Durant toute une semaine, le fléau sévit avec des périodes d'acalmie suivies d'autres plus intenses. La nuit les lueurs de l'incendie éclairaient la campagne sur une étendue considérable. Il fut fait peu d'efforts pour enrayer le sinistre que l'on venait contempler de tous les points avoisinants. A l'attrait du spectacle se joignait pour beaucoup la satisfaction de voir s'anéantir ce lieu vers lequel convergeaient naguère les redevances.

Après l'incendie, les ruines ont durant un demi-siècle servi de carrière de pierres à toute la commune.

Ceux qui visitent actuellement Pénières, s'en rapportant à son ancienne importance, sont bien déçus.

Du bourg de Cros-de-Montvert, un chemin très aisé, établi sur le sable granitique, ayant en bordure des champs en culture, y aboutit en cotoyant sur un assez long parcours, les restes encore importants d'un mur de clôture, qui enserrait autrefois les dépendances du château parc, jardins, cours, etc...

A l'extrémité de ce mur on trouve une assez grosse tour ronde en ruine et n'ayant que 4 ou 5 mètres d'élévation avec les ouvertures rendues informes par suite de l'enlèvement des pierres taillées qui les garnissaient. A côté se trouvent d'autres vestiges d'anciennes constructions, la base d'une petite tour ronde et une partie de voûte.

L'emplacement occupé jadis par le château et qui est à l'ex-

(2) *Archives de l'Enregistrement à la Roquebrou. Nous n'avons pu découvrir les procès-verbaux de la vente des biens et du mobilier.*

trémité d'un plateau brusquement interrompu au nord par une vaste colline, comprend maintenant l'ensemble du village de Pénières.

A gauche du chemin, cinq ou six maisons alignées, ont des façades récentes et quelques autres semblables leur font vis-à-vis, sauf deux qui ont en face des jardins clos. Si l'on continue après être parvenu à l'extrémité du village, après une descente rapide, l'on se trouve sur un autre chemin parallèle et en contre-bas.

Ce dernier longe la façade en partie conservée du château qui regardait vers l'étang occupant le fond de la colline. L'on y voit deux tours rondes dont une conserve encore quelques consoles en pierre qui soutenaient le couronnement; les toitures à poivrière ont été remplacées par des toits à appentis. Elles sont reliées par un mur de façade percé d'ouvertures avec entablement; l'on y voit une grande porte à plein cintre à côté d'un éperon en pierres d'appareil.

C'est au-devant de ces anciennes constructions qu'ont été bâties les açades modernes dont il vient d'être parlé, de telle sorte que ces immeubles comprennent des appartements récents, mis en communication avec d'autres de l'ancien château.

C'est dans l'une de ces habitations où réside maintenant le forgeron du lieu, que se trouvait l'ancienne chapelle, elle occupait l'étage inférieur d'une des tours, sur le pourtour se trouve trois niches qui ont dû contenir des statues. A l'étage au-dessus se trouve un appartement bien conservé.

Dans l'autre tour, un escalier en pierre fait communiquer le rez-de-chaussée avec l'étage supérieur, il se prolongeait autrefois mais il a été détruit au delà.

Dans le fond de la colline que l'on aperçoit, se trouve l'étang de Pénières avec le petit moulin attenant, qui fut confisqué et vendu avec le château; il est très poissonneux. La pente qui y aboutit est désignée dans le procès-verbal d'adjudication, sous le nom de Calvaire, elle était alors plantée de noyers, châtaigners et tilleuls.

A peu de distance de Pénières commence la grande forêt de Mouïx. Confisquée en 1791, elle n'était pas encore vendue sous le Directoire. L' « Administration Municipale du Canton de la Roquebrou » y faisait exercer une surveillance très étroite pour y empêcher « les coupes sombres qu'y pratiquaient certains particuliers »; elles étaient de nature, y est-il dit dans une délibération de cette assemblée « de compromettre l'appoint important que la Nation devait retirer de cette vente » (1). Il s'y trouve encore quelques rares chevreuils descendants du gibier seigneurial de jadis.

(1) *Archives départementales.*

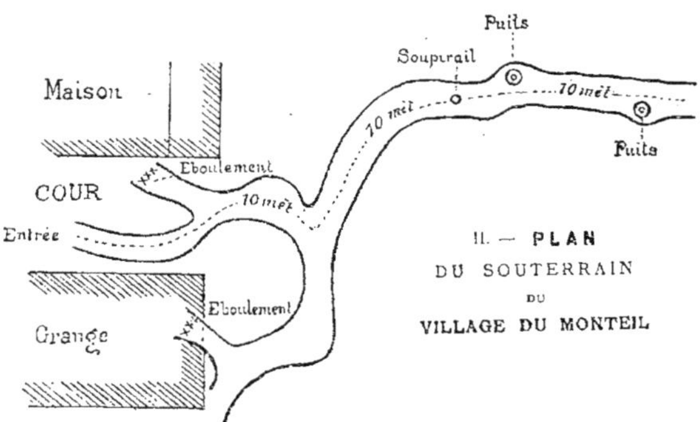

PLAN DES SOUTERRAINS-REFUGES

Au village du *Monteil* se trouvent d'importants souterrains-refuges que nous avons explorés en 1907; nous extrayons de notre communication sur « les « Souterrains-refuges du Canton de la Roquebrou », publiée dans la revue de la *Haute-Auvergne* (1), ce qui les concerne.

« Dans le numéro du mois d'août 1905, de la revue du *Touring-Club de France,* M. R. S. raconte que Naours, gros village de la Somme, situé à 16 kilomètres d'Amiens, possède une des curiosités les plus étranges qui se puissent rencontrer. Ce sont des refuges-souterrains creusés sous une colline et utilisés depuis l'époque des invasions normandes, par les populations de ce pays, pendant les périodes troublées qu'a traversé la Picardie. « Figurez-vous, dit-il, un dédale immense d'étroites rues qu'il faut des heures pour visiter, se superposant, s'entrecroisant, flanquées de chaque côté d'une infinité de grandes cellules qui forment autant de demeures séparées...........

D'énormes cheminées encore couvertes de suie sont combinées pour éviter le contact direct avec l'extérieur. Or il existe dans le canton de la Roquebrou un certain nombre de souterrains qui paraissent analogues à ceux de Naours et doivent certainement avoir la même origine. L'un d'entre eux est situé aux abords du village du Monteil, dans la commune de Cros-de-Montvert. Son entrée se trouve à 800 mètres environ du village, à l'extrémité d'un grand champ appartenant à M. Rentier, à l'obligeance duquel nous sommes redevables de l'indication de cette curiosité, comme il a bien voulu faciliter l'exploration que nous en avons faite de concert avec le Docteur Four, un autre chercheur acharné de tout ce qui peut intéresser l'histoire locale.

L'orifice de ce souterrain est à la base d'un petit monticule

(1) *Revue de la* Haute-Auvergne, *tome* 9, *page* 377.

recouvert de bruyères, et l'on y accède par une descente rapide qui conduit à un couloir de 60 centimètres environ de large et tout autant de hauteur, où l'on ne peut par conséquent avancer qu'en se déplaçant sur les genoux A 2 m. 50 de l'entrée, le couloir débouche dans une sorte de vestibule de forme ovale, suffisamment évasé dans sa largeur pour permettre à deux personnes de se placer une de chaque côté de l'orifice; cette disposition devant avoir probablement un but de défense. La hauteur de ce vestibule est de 1 m. 50, et une bouche d'aération percée dans la voûte aboutit à l'extérieur.

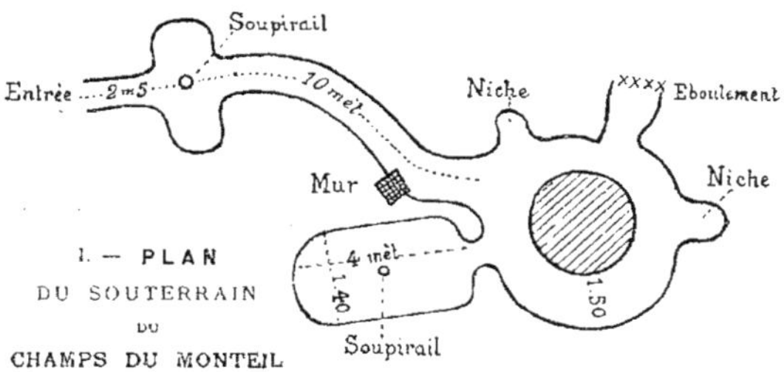

1. — PLAN DU SOUTERRAIN DU CHAMPS DU MONTEIL

Pour continuer à pénétrer dans le souterrain, il faut reprendre la position première et s'introduire à nouveau en rampant dans un couloir dont l'entrée se trouve justement vis-à-vis de celle par où l'on a débouché dans le vestibule. Cependant le passage ne tarde pas à s'améliorer; sa largeur et surtout sa hauteur augmentent peu à peu, et bientôt il est possible de se mettre sur pieds, sans toutefois pouvoir se redresser complètement.

Le couloir décrit une grande courbe vers la droite et l'on arrive à une pièce cylindrique avec, au centre un pilier rond obtenu par le déblaiement du terrain autour de sa circonférence. L'espace libre autour de ce pilier est de 1 m. 20 et la hauteur de la pièce de 1 m. 60. Dans la paroi cylindrique se trouvent creusées deux niches formant siège.

A droite de l'entrée un second couloir conduit à une salle rectangulaire à fond arrondi, ayant 1 m. 35 de large, 1 m. 50 de haut et 4 m. de profondeur. Dans la voûte de cette pièce on aperçoit une autre bouche d'aération aboutissant à l'extérieur et sur les parois de laquelle on distingue fort bien des traces de fumée et de suie, comme pour les cheminées qui existent dans les refuges-souterrains de Naours.

Presque vis-à-vis du second couloir se trouve le point de départ d'un troisième qui au bout de quelques mètres, est obstrué par un éboulement de terrain. Enfin, près de l'orifice du couloir, par où l'on pénètre dans le préau, on remarque une autre issue, mais fermée par un mur construit en pierres rejointées avec de la terre glaise.

Il existe aussi un de ces souterrains à l'une des extrémités du village du Monteil. Son entrée est située dans la cour d'une maison d'habitation, juste entre cette maison et la grange qui lui fait vis-à-vis. Pour en dégager l'orifice, il fallut d'abord déblayer une certaine quantité de terre; ce travail est dirigé avec compétence par M. Lacaze, notre excellent conducteur-voyer, retenu le matin lors de l'exploration du premier souterrain par un travail professionnel dans la région. Nous trouvons une dalle, celle-ci soulevée, le vide apparut.

L'entrée du couloir d'accès, de prime-abord exiguë comme dans le premier souterrain, ne tarde pas à prendre de plus vastes proportions, de telle sorte que l'on peut avancer très aisément et tout en conservant la position verticale. Ce couloir décrit une courbe où viennent aboutir plusieurs autres couloirs. Deux d'entre eux, situés presque aux extrémités de la courbe sont obstrués par des éboulements à quelques mètres à peine de l'orifice, mais un troisième nous donne librement accès.

Celui-ci va tout d'abord en droite ligne pendant cinq ou six mètres environ mais il ne tarde pas à obliquer brusquement A cet endroit se trouve un soupirail percé dans la voûte et aboutissant à l'extérieur, et un peu plus loin, dans l'angle formé par la déviation, un puits cylindrique, évasé dans la partie centrale et resserré à l'orifice, de 1 m. 50 à 2 m. de profondeur et d'un mètre environ de diamètre.

A moins de 10 mètres de là et contre la paroi opposée se trouve un autre puits de même forme et de dimensions semblables; après quoi et quelques mètres seulement plus loin, on se heurte encore à un éboulement de terrain.

En divers points et creusées dans les parois, on distingue fort bien des petites niches pouvant recevoir de menus objets, tels que lampes, verres, etc... Le sol est recouvert, comme dans le souterrain du champ, d'une couche de débris provenant des parois ou de la voûte. Cette couche est d'environ 40 ou 50 cent. Dans ces débris, nous avons recueilli des fragments de poterie grossière, pétrie à la main et façonnée sans l'aide du tour, analogues à ceux trouvés dans l'humus recouvrant le gisement de la grotte de Rolloroc, près de la Roquebrou.

Ces souterrains, dont nous avons relevé le plan (voir planche 1 et 2), ne sont pas les seuls qui existent dans la région. Sans sortir du village du Monteil, entre le village et le champ de M. Rentier, à un endroit planté d'une châtaigneraie, le propriétaire nous a affirmé que dans le sol de cette plantation se trouvaient également d'autres galeries souterraines, dont l'existence lui avait été révélée par une excavation qui s'était produite sous les pas d'un bœuf, que l'on avait eu de la peine à retirer. Cette ouverture fut comblée au moyen de matériaux sans que les lieux aient été l'objet d'aucune exploration. Aussi peut-on présumer jusqu'à preuve contraire, que tous ces souterrains étaient reliés entr'eux et, dans ce cas ils s'étendaient sur une surface des plus étendues.

A quelle époque, se demande-t-on, peut bien remonter l'origine de ces importants ouvrages? Leur disposition permet d'affirmer que ce n'étaient pas là demeures habituelles, mais seulement des refuges en cas de besoin. Il est probable que comme ceux de Naours, ces souterrains ont été utilisés aux époques d'invasion du territoire.

Michelet, dans son Histoire de France, parle certainement de ces abris sous terre, lorsqu'il décrit la misère du peuple au XIVe siècle. « La guerre entre les rois de France et d'Angleterre, ruina les campagnes, nous dit-il. Après les défaites de Poitiers (1356) où le roi de France, Jean le Bon, avait été fait prisonnier avec toute une armée de nobles Français, des bandes d'aventuriers à la solde des Anglais, s'établirent dans les places fortes et se mirent à rançonner le pays.

« La terreur était grande dans les campagnes; les paysans ne dormaient plus, les populations creusaient la terre et s'y réfugiaient.

« C'est là qu'on peut avoir quelque impression de l'horreur de ces temps. C'étaient de longues allées, voûtées de sept à huit pieds de large, bordées de vingt ou trente chambres, avec puits au centre pour avoir à la fois de l'air et de l'eau. Autour des puits de grandes salles pour les bestiaux. Les familles s'y entassaient à l'approche de l'ennemi; les femmes, les enfants y pourrissaient des semaines, des mois, pendant que les hommes allaient timidement au clocher voir si les gens de guerre s'éloignaient de la campagne ».

Une constatation qui se dégage de cette incomplète étude des œuvres du passé de ce canton, ce sont aussi les traces de l'effort continu en vue d'y assurer la sécurité de l'existence, préoccupation qui tient aujourd'hui si peu de place dans notre vie moderne.

C'était bien en effet pour leur défense, contre les animaux féroces que les troglodytes de Rolleroc et les occupants des plateaux de notre région, taillaient ces pointes de flèches ou de javelots qui y sont recueillis.

Plus tard et au moyen-âge, c'est contre leurs semblables autrement redoutables que les bêtes, qu'ils ont à se prémunir; le danger étant plus grand, l'effort devient commun.

Si l'agglomération est importante, elle disposera de plus grands moyens et dans ce cas ses habitants construisent une haute et épaisse muraille, qui l'enclavera, tels la Roquebrou, Glénat et Montvert.,

Pour les autres disséminés en rase campagne, toute résistance est inutile, aussi après avoir été dépouillés nombre de fois, ils reconnaissent qu'ils n'ont un salut qu'en la fuite dans les lieux cachés et sans retard ils se mettent à l'œuvre pour édifier ces refuges-souterrains que nous venons de décrire.,

Les bois des *Estourocs* qui sont sur les pentes aboutissant à la Maronne ont été avant 1850 un repaire de voleurs.

La contribution foncière de Cros-de-Montvert à l'an III, fut de 85.336 livres.

La contribution à l'emprunt forcé de l'an IV, fut de 157.000 livres (1).

---

(1) *Valeur en assignats.*

Commune de Cros-de-Montvert

Maires depuis la Révolution jusqu'à ce jour

1790 (période révolutionnaire) : Puex.
Arnal et Soulier, officiers municipaux.
IXe année de la République à 1844 : Cabanes Antoine, chevalier de la Légion d'Honneur.
1844 à 1848 Reyt Antoine, notaire.
1848 à 1852 Gustave Salvy.
1852 à 1870 Soulié Christophe.
1870 à 1871 Cabanes Edouard, notaire à Aurillac.
1871 à 1872 Rey Antoine, notaire.
1872 à 1874 Grammont Jean-Jacques.
1874 à 1876 Justin Four.
1876 à 1885 Grammont Jean-Jacques.
1885 à 1904 Léon Féniès.
1904 à .... Joseph Vacarie, Officier d'Académie, juge de paix.

Cros-de-Montvert en 1912

Superficie de la commune: 1.765 hectares.
Population: 819 habitants. — Electeurs: 257.
Contribution directe: 8.827 fr. 38.
Maire: M. Vacarie Joseph. — *Adjoint:* M. Conort Antonin.
Curé : M. Daucet.
Instituteur : M. Arnal.
Institutrice : Mme Perthus. — *Adjointe:* Mme Verdier.
Postes et Téléphone : Facteur-receveur, M. Murret.
Syndicat agricole : Président, M. Vacarie, maire; Vice-Président, MM. Gladine et Féniès, propriétaires; secrétaire, M. Arnal; Trésorier, M. Conort.
Foire : 3 mai.
Fête patronale : 29 juin.
Courrier : Cros-de-Montvert à Laroquebrou : départ à 4 h. 30 matin; arrivée à Laroquebrou à 7 h. matin; départ à 7 h. 30; arrivée à Cros à 9 h. 50; départ à 1 h. du soir; arrivée à Laroquebrou à 3 h. 15; départ à 4 h.; arrivée à Cros à 7 h. 20 du s.
Distance du chef-lieu de canton : 15 kilomètres.

Tours de Merle

MERLE

La forteresse de Merle qui était sise sur les marches de l'Auvergne et du Limousin, mais qui appartient à cette dernière province, se rattache toutefois à l'Auvergne, étant donné que deux des cinq coseigneurs qui se la partageaient appartiennent à ce pays, dont un de ce canton. Ces deux seigneurs sont : les de Noailles de Pénières et les de Pestels, de Tournemire, qui possédaient aussi le château du Rieu, situé non loin de Merle.

Les de Noailles étaient coseigneurs depuis leur alliance, en 1470, avec Gasparde de Merle; la partie de la forteresse leur appartenant est l'un des deux donjons qui porte à la clef de l'unique voûte les armes de la maison de Noailles (1). L'autre donjon est celui des Pestels et l'on y voit aussi leurs armes.

Charles VI, dans une lettre signée de 1389, recommande à Bertrand de Veyrac, la forteresse de Merle (2).

Son emplacement et ses ruines constituent un des sites les plus impressionnants qui se puissent voir.

Au centre d'un vaste cirque clôt par des monts assez élevés, bien en contre-bas se trouve un éperon rocheux que boucle presque complètement une rivière appelée la Maronne. Sur ce rocher l'on aperçoit se faisant vis-à-vis deux superbes tours carrées, avec leur ancien couronnement, l'une d'elles a même son poste de guetteur.

En arrière de ces donjons, sont des façades d'importants bâtiments avec leurs croisées à meneaux; les charpentes ont disparues, de l'intérieur l'œil embrasse tous les étages où se voient quantité de cheminées en pierre.

L'un des donjons contient l'escalier qui est logé dans l'épaisseur du mur, l'on ne peut s'élever que jusqu'au premier étage; arrivé là, l'escalier reprend dans la paroi opposée, la charpente de la pièce ayant disparu il n'est pas possible de le rejoindre.

Les ruines de Merle viennent récemment d'être classées comme monument historique.

De la Roquebrou on va beaucoup visiter les ruines de Merle qui n'en sont éloignées que de 19 kilomètres.

L'Architecture Religieuse

L'Eglise la plus ancienne de notre canton est celle de Montvert.

Elle appartient au déclin de l'architecture bysantine, c'est-à-dire de cette époque où après quelques tentatives heureuses le style ogival se répandit en France; les deux se trouvent représentés dans ce monument.

---

(1) *C'est encore sous ce nom que cette tour figure à l'état des sections de la commune de Saint-Geniez-ô-Merle, sous le* N° 54, *l'autre donjon est le* N° 55.

(2) *La châtellenie de Merle, par Eusèbe Bombal.*

Aucune église romane (1) n'y subsiste; M. de Rochemonteix explique leur absence.

« En dehors de quelques modillons et de restes de sculptures des XIe et XIIe siècles que nous retrouvons à Vic-sur-Cère et à Polminhac, il n'y aura rien dans le cours de la Cère jusqu'à sa sortie du département au-dessous de la Roquebrou qui rappelle l'époque romane, Lacapelle-Viescamp, Saint-Etienne-Cantalès, Saint-Gérons, la Roquebrou portent les marques des XIVe, XVe et XVIe siècles, mais pas une ne rappelle le XIe et XIIe siècles.

Quelles raisons donner de l'absence de tout édifice roman dans cette contrée relevant du Carladès, tandis que les vallées de la Jordanne et de l'Authre ont conservés partout leurs édifices du XIIe siècle?

Lorsque en 1265 les paysans du Falgoux, sous la conduite de leurs seigneurs, le sire d'Apchon, se ruèrent sur la vallée de la Cère, en franchissant à l'Ouest et à l'Est les passes du Puy-Mary, tout ce qui se trouvait sur leur passage, maisons, châteaux, églises, fut impitoyablement brûlé, rasé.

Arrêtées par Eustache de Beaumarchais, alors bailli des montagnes d'Auvergne, qui était intervenu sur l'appel du vicomte de Murat, du seigneur de Tournemire et d'autres, puis enfin refoulées, ces hordes sans cohésion, sans discipline depuis l'arrestation de Guillaume Comptour d'Apchon, leur chef, furent d'finitivement anéanties dans une répression sans merci que justifie grandement l'état d'anarchie dans lequel se trouvait alors le pays. Mais le mal était fait, tous les édifices romans et autres détruits » (2).

Il relève quelques vestiges romans subsistant de l'ancien monument, sans doute détruit, de Glénat.

« A Glénat, de l'église primitive romane dédiée à Saint-Blaize, il ne reste absolument rien, si ce n'est quelques bases de colonnes d'un caractère particulier pouvant dater de la fin du XIIe siècle » (3).

Il ne fait que citer l'Eglise de la Roquebrou qu'il dit être « un spécimen convenable de l'architecture du XIVe siècle; par contre il fait l'éloge de celle de Siran « la très jolie et coquette église qui peut remonter à la fin du XVIe siècle (4). Cette dernière est à une seule nef sous voûtes d'ogives divisées en trois travées et suivie d'un chœur pentagonal voûté de même. Des contrefort à pinacle appuyent ses poussées intérieures » (5).

En plus des vandales, le temps a aussi accompli son œuvre

(1) *Avec ses ouvertures à plein cintre, Saint-Victor semblerait avoir le caractère roman, c'est un travail bien primitif et entièrement dépourvu d'ornementation.*

(2) *Les Eglises romanes de la Haute-Auvergne, par Ad. de Chalvet de Rochemonteix.*

(3) *Les Eglises romanes de la Haute-Auvergne, op. cit., page* 146.

(4) *Comme on peut le voir à l'article Siran, il fait erreur de deux siècles sur cette origine.*

(5) *Page* 375.

de destruction envers certaines; c'est le cas de l'Eglise de Brou, la cité primitive qui a précédé la Roquebrou et qui n'a pu parvenir jusqu'à nous, s'étant écroulée après 1700.

A une délibération du corps commun des habitants, en 1765, « plusieurs notables leur font observer qu'ils pourraient tirer de la vente des pierres, matériaux et débris de l'ancienne église de Brou un prix considérable en obligeant plusieurs particuliers, qui de leur autorité, s'en sont servis pour leur usage, à les payer » (1).

Nous ne relevons au sujet d'aucune autre église de notre canton, de mention particulière, si ce n'est encore pour celle de la Roquebrou, que M. Ajalbert dit que « dans sa vétusté elle vaut que l'on se mette à la portière du chemin de fer du train qui va s'engouffrer dans les gorges épiques de la Cère » (2).

Le mot vétusté y est maintenant impropre, depuis l'époque où ont été écrites ces lignes, l'église a été l'objet des restaurations appropriées au caractère de cet édifice.

Archives du Canton

Extraits des rapports de l'Archiviste départemental (3) 1905. *Laroquebrou :* Grâce au zèle de l'instituteur, secrétaire de mairie (M. Puéchavy), grâce aussi à l'intérêt que porte l'adjoint au maire, M. Calle, à tout ce qui concerne l'histoire de sa petite ville, les archives de la Roquebrou sont parfaitement tenues et classées. L'inventaire en est fait.

Les registres paroissiaux qui remontent à 1623 (4) sont fort intéressants, parce qu'ils ne se bornent pas à de simples mentions d'actes de l'état civil, mais parce que ceux qui les ont tenus y ont consignés tous les faits-divers de la paroisse, si bien qu'ils forment un véritable journal.

M. Amé, ancien architecte départemental, en avait extrait le récit de la mort et des obsèques de M. de Montal, en 1631. L'un de mes prédécesseurs, M. Aubépin, avait inséré dans ses rapports d'autres passages curieux. Je me borne à indiquer que ces registres renferment, entre autres choses, un certain nombre d'abjurations de protestants, soit au moment de se marier, soit sur leur lit de mort. De plus, le curé de la Roquebrou a pris soin de mentionner les dons faits à l'église par les décédés, ces dernières mentions sont en général en latin et parfois assez longuement rapportées.

Les titres de la maison de Montal ont été, pour la plupart brûlés sur la place publique pendant la Révolution. Quelques-uns se trouvent encore aux archives départementales (Série E, fonds de famille), et aux archives communales d'Aurillac.

---

(1) *Minutes de M*[re] *Denevers, not. royal* (16 mai 1756).

(2) *L'Auvergne, par Jean Ajalbert, page* 185.

(3) *Conseil Général, 2*[e] *session de juin* 1905, *page* 488 (*rapport de M. Esquer, archiviste départemental*).

(4) *C'est une ordonnance de François I*[er], *dite de Villers-Coterets, de 1530, qui prescrivit la tenue des registres de l'état civil.*

Les registres des délibérations commencent au 16 août 1789 et fournissent un tableau fort curieux de la vie municipale à la Roquebrou pendant la période révolutionnaire. Un volume (5 frimaire an IV, 15 thermidor, an VI), se trouve aux archives départementales.

Ces archives renferment divers documents anciens, d'un certain intérêt pour l'histoire locale. Ce sont : le *Livre des biens et rentes de l'hôpital de la Roquebrou établi audit lieu depuis* 1300 (1750-67). *La recette des biens et revenus de l'hôpital de la Roquebrou* (1732-1828). *Les comptes-rendus par les bailes de l'église collégiale Notre-Dame de la Miséricorde* (1608-1609). *Les Rôles de la contribution foncière de* 1791-1793. *Le registre des rentes de la Communauté des prêtres de l'église Notre-Dame de Miséricorde,* XVIIe et XVIIIe siècles, qui renferme l'*Etat des droits de lods reçus par ladite communauté, avec les extraits des ventes* (1761-1775).

1911 (1) .Mon prédécesseur marquait l'excellent état où se trouvaient les archives de cette commune, grâce au diligent intérêt que porte l'Adjoint au maire, M. Calle, à tout ce qui concerne l'histoire de la petite ville. Cette situation ne pouvait péricliter en de si bonnes mains et aujourd'hui comme alors, les archives de la Roquebrou sont parfaitement tenues et classées. M. Esquer et M. Aubépin ont montré l'intérêt que présentent les registres paroissiaux, « véritable journal » qui remontent à 1623. M. Calle a pu reconstituer la collection complète des registres de délibérations municipales depuis 1789.

A la série de documents anciens, signalés en 1905, sont venus s'ajouter : Liève en patois de la paroisse de la Roquebrou (1617). Egalation de l'affar de Bardet pour les chapelains de la Trémolière (1681). Liève des cens et rentes desdits chapelains (1789). Nominations et prise de possession des chapellenies de la Trémolière (1776-1777). Actes divers concernant les « frairies » de la paroisse 16 pièces (XVIIe-XVIIIe siècles). Copie du XVIIe siècle, de la charte de commune de la Roquebrou (12 février 1281). Transaction passée entre Amaury de Montal et les manants de la baronnie de la Roquebrou, pour raison de la taille, vinades, bois, manœuvres et guet (25 août 1487). Hommage et reconnaissance rendus aux Montal (1502-1748). Transaction entre Messire Charles d'Escars de Montal de Merville, baron de Carbonnières et les habitants de la Roquebrou (1673), etc.. Un grand registre de déclarations des propriétés, en 1743, contenant des déclarations intéressantes sur les facultés des habitants à cette époque.

Classement partiel

Lacapelle-Viescamp. — Les archives n'ont pas d'inventaire. Délibération depuis 1838. Registres de l'état civil depuis 1686, reliés à partir de 1755. A signaler un inventaire des papiers de l'église de Lacapelle-Viescamp, contenant les objets serviables dans ladite église (1624-1656), les reinages en l'honneur

(1) *Conseil général, 2e session ordinaire de* 1911, *page* 11 (*rapport de M. Delmas, archiviste départemental*).

du T. S. Sacrement pour l'année 1684, trois anciens rôles de contributions nobiliaires (1791 à 1793), un registre de déclarations de la nature et contenance des propriétés foncières (début du XIXe siècle.

Montvert. — Archives sans inventaire. Classement partiel des collections. Délibérations depuis 1843. Registres de l'état civil, reliés depuis 1694. (Un registre des délibérations de la Municipalité de Montvert de l'époque révolutionnaire contenant 376 feuillets, était possédé il y a une quinzaine d'années, par un habitant du bourg) (1).

Nieudan. — Les archives de cette commune qui ne sont l'objet d'aucun classement ni inventaire, comprennent les délibérations depuis 1838 et les registres de l'état civil depuis 1646.

Rouffiac. — Archives non classées. Délibération depuis 1838. D'après un inventaire dressé en 1854, et les rapports de 1884, les registres de l'état civil remontaient à 1660. Il n'existe aujourd'hui que ceux des années 1760 à 1769, 1790 et 1791 (en très mauvais état). La collection n'est complète et reliée que depuis 1893. (M. le Secrétaire doit faire des recherches pour retrouver les années disparues).

Saint-Etienne-Cantalès. — Ni inventaire ni classement. Délibérations depuis 1847. Les registres de l'état civil datent de 1673, la période antérieure à 1810 et un registre de délibérations de l'époque révolutionnaire (1772-1794) absents, doivent rentrer par le soin de M. le Maire. Le maire de Saint-Etienne-Cantalès conserve plusieurs rôles de taille et de vingtième (1776-1790), une matrice de 1791, un rôle de contributions foncières pour l'an V.

Saint-Gérons. — Pas d'inventaire. Classement partiel. Délibérations depuis 1838. Quelques-unes sur feuilles volantes datent de 1814. Registres de l'état civil reliés depuis 1647.

Saint-Santin-Cantalès. — Archives classées et en bon ordre, pas d'inventaire. Délibérations depuis 1838. Registres de l'état civil reliés depuis 1632. La mairie de Saint-Santin conserve un registre de déclarations de propriétés pour l'assiette de l'impôt (1742) qui présente un intérêt au point de vue économique, droits féodaux, impôts royaux, etc.

Saint-Victor. — Ni classement, ni inventaire des archives. Délibérations depuis 1858. Registres de l'état civil depuis 1646, avec lacune de 1648 à 1669. Ils sont reliés à partir de 1740.

Arnac. — Pas d'inventaire. Délibérations depuis 1837; registres de l'état civil complètement reliés depuis 1670. Classement des collections.

Ayrens. — Nul inventaire. Délibérations depuis le 9 pluviôse an 2. Les registres paroissiaux remontent à 1623. De nombreuses lacunes existent pour le XVIIe siècle. La série est complète depuis 1699, sauf pour l'année 1746, qui manque et reliée depuis 1760. Classement général des collections.

(1) *Revue de la* Haute-Auvergne, *tome* 10, *page* 420.

Cros-de-Montvert. — Ni classement ni inventaire. Délibérations du 10 mai 1819 au 15 mai 1824, du 8 novembre 1835 au 8 mai 1837, de 1838 à ce jour. Registres de l'état civil depuis 1628, reliés depuis 1674. La mairie de Montvert conserve un registre de déclarations de propriétés pour l'assiette des impôts (1724), plusieurs rôles de dixième et de vingtième de la fin du XVIIIe siècle, des matrices des contributions foncière et mobilière, de 1791 à 1793.

Siran. — Les archives de la mairie de Siran comprennent les registres de l'état civil depuis 1617, les registres des délibérations depuis 1864 seulement. Il y a aussi un registre de déclarations des propriétés et des revenus du XVIIe siècle.

Glénat. — Les registres de l'état civil de la commune de Glénat remontent à 1616, on y relève l'existence du foyer de protestantisme dont nous avons parlé à sa notice.

Les registres des délibérations de la Municipalité datent de 1790.

Ceux de l'état civil de l'ancienne commune d'Espinadel commencent à 1641 pour finir en 1829 ; il n'y a pas de registre de délibération pour cette dernière.

Glénat possède une collection du « Décadaire », journal cantalien de la période révolutionnaire.

Chemin des Gorges de la Cère

SUBVENTIONS

Conseil général du Cantal	500 fr.
Touring-Club de France	500 »
Commune de Laroquebrou	300 »
Chambre de Commerce du Cantal	100 »
Ville d'Aurillac	100 »
Un Anonyme	100 »
Amicale du Canton, à Paris	20 »
Commune de Siran	50 »
Compagnie d'Orléans (fers pour la construction des ponts et exécution du chemin dans ses emprises) estimés	1.500 »

SUBVENTIONS AU SYNDICAT D'INITIATIVE

1909	Commune de	Laroquebrou	100 fr.
—	—	Siran	10 »
—	—	Saint-Gérons	10 »
—	—	Glénat	5 »
—	—	Saint-Santin	5 »
—	—	Lacapelle-Viescamp	5 »
1910	Commune de	Laroquebrou	100 fr.
—	—	Siran	10 »
—	—	Saint-Gérons	5 »
—	—	Nieudan	5 »
—	—	Cros-de-Montvert	5 »
—	—	Ayrens	5 »
—	—	Lacapelle-Viescamp	5 »
—	—	Saint-Santin	5 »
—	—	Glénat	5 »

1911	Commune de	Laroquebrou	100 fr.
—	—	Siran	10 »
—	—	Glénat	5 »
—	—	Lacapelle-Viescamp	5 »
—	—	Rouffiac	5 »
—	—	Cros-de-Montvert	5 »
—	—	Saint-Santin	5 »
—	—	Saint-Gérons	5 »

RAPPORT DU TRESORIER

Il a encaissé à ce jour 3.059 fr. 70. Les dépenses diverses, correspondances, recouvrements, factures. etc., s'élèvent à 70 fr. 65.

EXTRAIT DES STATUTS

DU

SYNDICAT D'INITIATIVE

De Laroquebrou

Article premier. — Le Syndicat d'Initiative de Laroquebrou est institué dans le but d'étudier les mesures qui peuvent tendre à augmenter d'une manière générale la prospérité de Laroquebrou et du Canton et d'en poursuivre la réalisation.

Il s'efforce, notamment, d'attirer les visiteurs étrangers dans cette ville, et de leur en rendre le séjour agréable.

Ses moyens d'action sont : la publicité, articles, itinéraires, etc.; la mise en valeur des sites et leur conservation.

Article 2. — Il se compose de membres honoraires et de membres actifs.

Article 3. — Les membres honoraires acquittent une cotisation unique de cent francs versés en une fois; les membres actifs acquittent une cotisation de cinq francs par an.

Séance du 29 Octobre 1911

Le 29 octobre, à 3 heures du soir, a eu lieu, à la Mairie, l'Assemblée générale du *Syndicat d'Initiative de Laroquebrou.*

MM. les Membres du Bureau et la majorité des adhérents y assistaient.

M. le Président expose à l'Assemblée que depuis la dernière réunion le Syndicat a grandi, le nombre de ses membres a sensiblement augmenté; il regrette que les commerçants ne viennent pas plus nombreux au Syndicat, ils sont cependant les plus intéressés au but poursuivi.

Notre association, dit-il, a eu récemment à intervenir pour un cas porté dans nos statuts. Vous savez que ceux-ci prévoient la conservation des sites de notre région. Or, un site qui doit nous être particulièrement cher, les ruines de notre vieux château, a été menacé.

Un projet d'établissement d'une école libre comportait le rasement de cette partie de tour avancée, autrefois la principale du château qui domine pittoresquement la Cité.

Le Bureau du Syndicat a cru devoir intervenir auprès du propriétaire dans un but de conservation, et celui-ci a bien voulu renoncer au projet de démolition, si le Syndicat voulait prendre à sa charge les frais indispensables de consolidation.

Le Bureau a accepté cette proposition et a fait établir un devis de la dépense par un architecte; celle-ci devait s'élever à 545 francs, pour la réalisation de laquelle il a ouvert une souscription qui a donné les résultats suivants :

Le *Touring-Club de France*	100 fr.
M. Fenaille, à Paris	50 »
M. le Duc de la Salle de Rochemaure	50 »
M. Joseph de Parieu	20 »
M. le Docteur Carnus	50 »
M. Charmes, sénateur	50 »
Un Anonyme	50 »
M. Lintilhac, sénateur	20 »
M. Aymar de Bonafos	20 »
Un Anonyme	25 »
M. Calle, président du Syndicat	20 »
M. Veyrine, vice-président	20 »
M. Sarrauste de Menthières, vice-président	20 »
Total	545 fr.

La somme nécessaire étant recueillie, la souscription a été close et les travaux ont été exécutés.

En cette circonstance, le Syndicat a affirmé sa vitalité, sa raison d'être, son utilité; il n'y avait qu'un Syndicat d'Initiative pour pouvoir sauver ces intéressants restes qui, grâce à lui, continueront à être le décor de la ville et à rappeler le passé.

Les membres du Syndicat d'Initiative félicitent le Bureau pour l'activité qu'il a déployée en cette circonstance et adressent leurs plus sincères remerciements aux généreux souscripteurs qui ont bien voulu collaborer à cette œuvre.

Rappelant ensuite le but principal que poursuit l'Association : l'ouverture du chemin qui doit permettre la visite des pittoresques « Gorges de la Cère », il dit qu'il est heureux de pouvoir donner communication d'aussi bons résultats que les précédents. L'accord au sujet du tracé est complet avec la Compagnie d'Orléans et les travaux vont être adjugés (1).

Parlant de la période touristique dernière, le Président dit que celle-ci s'affirme encore en progression sensible, le nombre des étrangers villégiaturant à Laroquebrou allant croissant.

Le Bureau continuera la publicité qui contribue certainement à ce résultat et répondra à toutes les demandes de renseignements qui continueront à lui parvenir.

Tous les membres du bureau en fonction sont ensuite réélus.

Président : M. Calle, adjoint au maire de Laroquebrou.

Vice-Présidents : MM. Veyrine, notaire; Paul Sarrauste de Menthières.

Trésorier : M. Lacaze, Conducteur des Ponts et Chaussées.

Secrétaire : M. Dumas, greffier.

M. Astorgis, maire, est nommé Président honoraire du Syndicat.

(1) *Ceux-ci ont été exécutés; en août 1912 il a été livré à la circulation le trajet compris entre les stations de Laroquebrou et de Siran.*

LISTE DES MEMBRES
du Syndicat d'Initiative de Laroquebrou

MEMBRES HONORAIRES

Mme Veuve *Fargues*, à Périgueux.
M. *Puech*, propriétaire à Puechmiseri, près Laroquebrou.

MEMBRES ACTIFS

MM. *Astorgis*, maire.
Calle, adjoint.
Veyrine, notaire, président de la Chambre des Notaires.
Paul *Sarrauste de Menthière*, propriétaire.
Lacaze, conducteur des Ponts et Chaussées.
Emile *Dumas*, greffier.
Arsène *Basset*, propriétaire à Siran.
le *Duc de la Salle de Rochemaure*, au château de Clavières, Ayrens .
le Docteur *Calle*, à Saint-Céré (Lot).
Guignabert, pharmacien, à Pauliac (Gironde).
le Docteur *Carnus*, à Paris.
Biron d'Albinet, à Chaudesaigues.
Croizet, architecte à Aurillac.
Balthazar, maire de Siran.
le Docteur *Four*.
Combes, pharmacien.
Pailhol, buraliste.
Denevers, frères, épiciers.
Gouzou, propriétaire à Aulhac, commune de Siran.
Gervais, conseiller municipal.
Chanut, rentier.
Dacier, château de Messac.
Jean *Rieu*, rentier.
Lafon, négociant à Paris.
Axfaux, rentier.
Mousset, conseiller municipal.
François *Four*, conseiller municipal.
Clamagirand, conseiller municipal.
Delbert, conseiller municipal.
Faule de Barayrac, conseiller municipal.
Paul *Rieu*, conseiller municipal.
Dabernat, conseiller municipal.
Serre, percepteur.
Seval Basile, voiturier.
Aurliaguet, huissier.
Chevalier, hôtel.

Pitot, avoué à Aurillac.
L'*Amicale* du Canton de Laroquebrou, à Paris.
Duguet, conseiller d'arrondissement.
Singlar, entrepreneur à Cransac.
De Chabrinhac, château de Cavaroque.
Bos, électricien, à Aurillac.
De Bonnafos, maire de Lacapelle-Viescamp.
l'Abbé *Lacroix.*
le Docteur *Croutes,* à Vervins.
Vic, juge de paix.
Vayssières, receveur des Contributions ind., en retraite.
Couderc, à Paris.
Mousset, à Lyon.
Dumas-Chopy.
Farges, marchand de vins.
Touzet, à Paris.
Mme *Destanne de Bernis.*
MM. *Colomb,* pharmacien, à Paris.
Colomb, percepteur en retraite à Siran.
Lair, receveur de l'Enregistrement.
Fenaille, à Paris.
Ange *Bugnato,* négociant.
le Capitaine *Brunie.*
Rentier, rentier.
Boubel, à Saint-Germain-en-Laye.
Spitz, brasseur à Poissac (Tulle).
Mlle *Croizille,* château de Garches (Seine-et-Oise).
MM. Louis *Clot,* négociant à Maurs.
Bardon, à Clermont-Ferrand.
Volpilhac, receveur de l'Enregistrement.
Latour, fils, usinier.
Astorgis, chapelier.
Martin, receveur des Indirectes.
Borderie, propriétaire.

Ouvroir Municipal de Laroquebrou

Fondation de Chabrier (cotisations : 3 francs par an).

Directrice : Mme Puéchavy.

Dames patronesses :

Mme Vve Astorgis, anc maire.
Mlles Calle Sophie.
Astorgis, marchande.
Veyrine, notaire.
Mmes Clamagirand-Fontanges.
Four François.
Dabernat.
Vic.
Lacaze.
Mousset.
Bugnatto.
Marque.
Vve Prunet.
Delbert.
Clamagirand-Max.

Dames patronesses honoraires : (1) Mmes Vve Dessales Firmin; Jouglard; Zizart.

(1) *Dames ayant prêté leur concours à l'Œuvre et ne résidant plus dans la localité.*

TABLEAU

des Bienfaiteurs de l'Hospice de la Roquebrou :

Etienne FARGUES, président à Aurillac, en 1693.......	30.000
Bonaventure d'ESCARS, en 1764....................	1.975
De BEAUCLAIR, de Messac, en 1775.................	860
Guillaume FÈRES, fondeur, en 1804.................	100
Veuve HUART, en 1805.............................	3.000
Madeleine PRADAL, en 1811........................	200
Jean-Baptiste CHABLAT, en 1813...................	100
Suzanne MESPOULHES, en 1816......................	600
Victorine HAAU, en 1818..........................	300
Hugue FOUR, prêtre, en 1819......................	200
Antoine DUBOYER (Maroncles), en 1820.............	100
Madeleine TORET, en 1825.........................	375
Antoine DAUSSET, en 1826.........................	200
Françoise POUGET, en 1830........................	300
Pierre CONTHE (Nieudan), en 1830.................	600
Hélène BOYSSET (Roudette), en 1832...............	500
Etienne POULHES, curé de la Roquebrou, en 1832.....	2.000
Géraud LESTRADE, (Saint-Santin), en 1832.........	100
Cécile VABRET, en 1833...........................	300
De LEROU, juge de paix, en 1834..................	300
LADURANTYE, prêtre, en 1836......................	1.000
BOYSSET (La Roquebrou), en 1836..................	800
Marie MOUSSET, en 1837...........................	100
Barthélemy MESPOULHES, conseiller général, en 1837.	200
Catherine VIGIER, en 1837........................	100
CHABLAT, teinturier, en 1839.....................	200
Marianne MESPOULHES, en 1840.....................	2.000
Veuve LEROU, en 1840.............................	2.000
F.-Victor FOUR, médecin, en 1841.................	500
Elisabeth LABORIE, en 1853.......................	100
Guillaume FAYET, curé de la Roquebrou, en 1854....	300
Guillaume MERLE, en 1859.........................	100
TEULIERE (Rayssou), en 1870......................	6.000
BOUDET (Pompidou), en 1872.......................	100
Victor de FALVELLY, ancien capitaine des mobiles, en 1873	1.000
Joseph LATOUR, prêtre, en 1875...................	1.000
Barthélemy FABREGUES (Saint-Gérons), en 1877......	2.000
Jeanne CHABLAT, en 1877..........................	2.000
Julienne CORS, en 1884...........................	200
Julie CASSAGNADE, Vve Vaysse, en 1888............	2.000
Jean TEULIERE, chaudronnier, en 1888.............	200
LAPORTE, en 1888.................................	200

Marie CHABLAT, en 1893	2.000
Symphorien BAC, horloger, en 1894	300
Catherine CUEILLES (Bordeaux), en 1894	15.000
Louise RICHARD, en 1896	200
Laurent ASTORGIS (Paris), en 1900	1.000
Jenny DAUSSET, en 1900	500
Vve Pierre DABERNAT (Paris), en 1903	10.000
Guillaume TABEL, en 1905	500
Vve Lodoïc CASSAGNADE, en 1907	100
Marianne ASTORGIS, en 1908	600
J.-B. ALAYRANGUE, en 1908	100
ANONYME, en 1911	1.100
Pierre CARSAC, prêtre (fondation pour Arnac)	1.800
VERDIER, (fondation pour Nieudan)	1.700
VERNIS (Monédières), (fondation pour Saint-Santin)	2.000
ANONYME (fondation pour Saint-Santin)	1.000

L'*Ouvroir* municipal de Laroquebrou a été fondé en 1900, grâce à un legs de 20.000 francs, de M. DE CHABRIER, ancien Sénateur inamovible, donné par lui en mémoire de son épouse, née de Comarque, originaire de cette ville.

APPENDICE

(Notes omises au cours de cette monographie)

SIRAN. — En 1750, les habitants du *Roudier* ont fait reconnaissance à Dame de Lastic, veuve de Bonaventure d'Escars, seigneur de la Roquebrou, au cens annuel de 5 setiers de seigle, 6 setiers d'avoine, 2 quartes de pois, 35 sols argent, un mouton à laine, deux gélines, deux poulets, soixante œufs, quatre charrettes de bois et 26 sols deniers (1).

LAROQUEBROU. — La traduction du nom primitif de cette ville *Rupès Bérulphi* est Rocher de Bérulph.

Jacques d'Escars de Laroquebrou et ses funérailles. — C'est Rigaud de Lavaur, Abbé Général de l'Abbaye de Gramond, en Limousin, 1603-1631, qui présidait, quelques jours avant sa mort, aux funérailles de Jacques, marquis de Merville (2).

La veuve, Madeleine de Bourbon, épousa en 1636, Jean de Pestels, Comte de Caylus, seigneur de Branzac, cosseigneur de Pleaux, Salers, Fontanges, Saint-Martin-Valmeroux. Elle est morte le 11 mars 1639, au château de Montal.

Atelier de charité. — En 1780, les habitants de la Roquebrou solliscitent de M. de Chazerat, intendant de la province, un atelier de charité qui aurait le double avantage de soulager la misère qui est excessive dans le canton et de leur procurer *un embranchement du chemin qui irait joindre la grande route allant d'Aurillac à Tulle.*

Cet atelier fut accordé l'année suivante. Mme de Polignac d'Escars a remercié, en sollicitant d'autres bontés envers cette localité (3).

En 1634 le village de Couderc de l'ancienne paroisse de Brou, a refusé d'acquiter aux seigneurs de la Laroquebrou les redevances accoutumées.

Dame Madeleine de Bourbon, veuve de Jacques d'Escars de Merville en a appelé au parlement et au Roy. Par une ordonnance de l'année suivante (1635) le roi déclare prendre « notre aimée Madeleine de Bourbon sous notre protection et sauvegarde » et condamne le village de Couderc à lui acquiter le cens annuel et censive de 8 setiers et deux cartes de blé seigle, cinq setiers et trois cartes avoine, mesures de la Roquebrou, 4 livres, 14 sols argent, un agneau, 2 gélines, 2 poulets, 60 œufs, 4 charrettes de bois, une livre de cire (4).

---

(1) *Archives départementales*, *Lagarrigue, notaire. Nous devons à M. Arsène Basset, ancien adjoint au maire de Siran et lauréat d'un concours de félibres, plusieurs communications relatives à la commune de Siran.*

(2) *Saint-Etienne-de-Muret et les Abbés Généraux de Gramond, par le Baron de Scorraille* (*Revue de la* Haute-Auvergne, 1912, page 172).

(3) *L'assistance par le travail, au XVIIe siècle, Louis Jalenques. Revue de la* Haute-Auvergne. *Année* 1910, *page* 245.

(4) *Guirbal, notaire.*

Château. — En 1843, lors des démolitions au château, les exécuteurs de cette œuvre étaient stimulés par l'espoir de la découverte du trésor des anciens seigneurs par eux délaissé à leur départ précipité à la Révolution.

Ils eurent un moment la satisfaction de voir leurs désirs se réaliser. La chute d'une grosse poutre de la grande salle entraîna celle d'une quantité de pièces d'or. Le trésor amassé, on partit immédiatement le porter à la ville. Arrivés au quartier de la Barrière ils s'arrêtèrent à la boutique de M. Symphorien Bac, bijoutier, pour soumettre à son examen la trouvaille.

Notre expérimenté prédécesseur confrère, après examen de quelques pièces, déclara qu'elles n'étaient qu'en argent doré. On conçoit le désappointement que provoqua cette déclaration. Finalement le parquet d'Aurillac qui eut connaissance de cette découverte, fit saisir ces pièces qui constituaient une fausse monnaie. M. Picard, d Aurillac (1) en conserve plusieurs qui sont à l'effigie de Louis XVI.

Quelques années plus tard, dans la tour du Nord, il fut découvert tout un attirail de faux-monnayeur, poinçons, laminoir et creuset. Une dame de la ville se trouvait par la suite détenir ces objets, on lui insinua avec raison qu'ils étaient de nature compromettante et elle s'empressa de les jeter à la rivière.

La rumeur publique accusait alors (peut-être bien à tort) un personnage dont l'existence avait été mouvementée et qui avait résidé au château, après la Révolution, d'avoir été le réel propriétaire de l'atelier en question.

Bâtiments modernes. — L'Ecole des filles a été construite en 1889 (Chièze, architecte) et l'Ecole des garçons en 1906 (Croizet, architecte).

La *Gare* fut édifiée en 1890. D'après un premier projet elle devait être au champ de Jalènes, à l'emplacement actuel du cimetière où les sondages préliminaires furent exécutés.

Ce projet aurait eu l'avantage de mettre en vue le viaduc de la Cère et aurait évité l'amoncellement considérable de terres pour y former la plate-forme de la gare actuelle qui a retréci la vallée; de plus l'exposition eut été meilleure.

La *Brasserie* fut installée en 1886, à Floret, attenante à cette grande résidence à la façade Empire, que fit construire le notaire Denevers, et qui touche à la ville.

Altitude. — Laroquebrou est situé à 444 mètres au-dessus du niveau de la mer (mesurée au pont).

ARNAC. — Saint Laurent est le patron d'Arnac et sa fête y est célébrée le 10 août (non le 25 juillet).

SAINT-VICTOR. — Extérieurement autour de l'Eglise on voit une *litre* où sont apparentes d'anciennes armoiries.

---

(1) *M. Jules Picard, né à la Roquebrou, archéologue distingué et collectionneur éclairé, a fait don au musée local de cette ville, de l'ancien poinçon de la marque des cuirs, du sceau de la Société populaire à la Révolution et de plusieurs anciens boulets des couleuvrines.*

GLÉNAT. — L'Abbé Raymond Four, originaire de ce lieu, est un de nos plus distingués félibres et est aussi l'auteur de plusieurs intéressantes notices, publiées dans diverses revues.

SAINT-ETIENNE-CANTALES. — Par ordre du Comité de sûreté générale de la Convention du 14 Messidor, Falvelly, ex-prêtre, avec 17 autres personnes, devait être conduit de brigade en brigade, à la maison de la Force, à Paris (La Révolution du Cantal). La critique de cet arrêté (en renvoi dans l'ouvrage) dit qu'il y avait deux frères Falvelly prêtres; l'un, le plus jeune, très petit, qui vivait à Maurs, et l'autre, très grand, qui résidait à Gresses. L'arrêt du 14 messidor n'en désignait aucun personnellement. La Commission révolutionnaire choisit l'aîné, parce que s'agissant de le faire raccourcir, elle a préféré le plus grand des deux (1). M. de Falvelly n'approuva pas ce procédé et se déroba par la fuite.

NIEUDAN. — M. Bouillet signale dans l'ouvrage : « Description historique et scientifique de la Haute-Auvergne» (2), que dans le bois du *Mont*, aux abords de Peyre-levade et de Nieudan, sont « plusieurs pierres tumulaires qui sont taillées, et auxquelles tiennent de gros anneaux de fer; elles ont à peu près deux mètres de longueur sur une largeur d'un mètre; on leur a donné le nom de : *Tombes des Huguenots* ».

Ces pierres ont disparues et personnes dans la région ne sait ce qu'elles sont devenues.

Il s'y trouve aussi une description du « *Roc Cobolaïre* » de la Margide et le dessin reproduit ci-dessous :

Le ROC COBOLAIRE

Les dénominations : *Prentegarde, Avisetoi, Passevite*, appliquées à des maisons isolées en bordure de la route nationale, semblent indiquer qu'autrefois ces landes étaient mal fréquentées (3).

(1) *La Révolution du Cantal page* 69.
(2) *J.-B. Baillière, éditeur, Paris* 1834.
(3) *Guide Boule et Farges* (page 293).

SAINT-SANTIN. — Le village de *Pruns* de cette commune est bâti sur des prismes de basalte, dont plusieurs sont articulés (Bouillet).

Pierres dénommées. — En plus des *peyre levade, roc Cobolaïre* et *roc des capelots,* que nous savons avoir été des monuments mégalithiques, on trouve fréquemment sur le sol de ce Canton, des blocs de grande dimension, le plus souvent en granit, dont la présence ne s'explique que par ce fait que, lors des convulsions des premiers âges de la terre, ceux-ci sont partis du centre comme du reste tous les matériaux qui constituent l'écorce terrestre et étant animés d'une plus grande propulsion, ont dépassé le but (1).

Par leur volume et leur poids, ces blocs constituant des points fixes, certains sont utilisés comme bornes séparatives, repères, etc... et comme tels sont dénommés dans les anciens actes.

C'est ainsi qu'on y trouve des *pierre aplanie, pierre de la trève* (revenant), *pièce plate, pierre cayrade* (carrée), *pierre bénie,* y indiquant des divisions séparatives ou désignant des parcelles (2).

Etangs poissonneux. — Etant donné anciennement l'observance rigoureuse des préceptes du carême, il était nécessaire d'avoir sous la main, une nourriture conforme aux règles; de là la présence de ces grands barrages ruinés, qui ne retiennent plus les eaux des ruisseaux, qui formaient autrefois de vastes étangs à poissons.

On retrouve de ces importants vestiges aux anciens prieurés de Griffeuille et d'Escalmels, à Viescamp (3), à la Fabrie (4), au Vernis (5).

Les seigneurs de la Roquebrou en possédaient deux : l'étang de la Peyrade et celui de Paupipan (6).

Celui des seigneurs de Pénières subiste encore et est très poissonneux.

Contribution de l'an III. — MM. Plougeaut, de Pradel, commune de Saint-Etienne-Cantalès ; Lalande, de Saint-Illide; Azémar, de Siran, furent nommés agents municipaux de leur commune, près l'Administration Municipale du Canton de Laroquebrou, lors d'élections partielles.

---

(1) *Suivant d'autres; leur déplacement serait l'œuvre des anciens glaciers.*

(2) *Un archéologue qui a fait cette même observation dans la région de Paris, a découvert que, des quartiers de la Capitale doivent leur nom à la présence jadis de blocs analogues, tel le quartier du Gros-Caillou.*

(3) *Le poète Vermenouze le cite dans* Flour de Brousso.

(4) *Commune de Saint-Gérons il y en avait deux sur le ruisseau de Savy.*

(5) *Près de la Roquebrou.*

(6) *Ce dernier près de Montvert. Suivant un bail de 1656, Charles d'Escars affermait la pêche du carême de l'étang de la Payrade, 250 livres, le fermier devait toutefois y laisser 12 mères carpes et 200 carpettes en présence de M*[re] *Bossac, écuyer du Seigneur Marquis (Guirbal, notaire, acte du 20 décembre 1656).*

DEUXIÈME PARTIE

Les Enfants de Laroquebrou

ASSOCIATION AMICALE ET DE SOLIDARITÉ

Siège Social : chez le Président

27, Rue Guénégaud, PARIS

STATUTS

ARTICLE PREMIER. — Il a été fondé, à Paris, en juin 1905, sous la dénomination : « *Les Enfants du Canton de Laroquebrou* », une association amicale et de solidarité entre tous les originaires du dit canton qui ont adhéré ou adhèreront aux présents statuts.

ART. 2. — Le siège de l'association est à Paris, chez le Président, 27, rue Guénégaud. Il pourra être transporté partout ailleurs, mais dans Paris seulement, par une simple décision du Conseil d'Administration.

ART. 3. — Cette association a pour but :

1° D'établir entre tous les originaires du Canton de Laroquebrou habitant Paris ou les environs des relations amicales, de resserrer et d'étendre les liens d'amitié qui ont été contractés autrefois et d'en créer de nouveaux;

2° De venir en aide aux compatriotes, de seconder par tous les moyens ceux de ses membres qui feront appel à son concours.

Art. 4. — Tous les ans, à la date fixée par le Conseil, il sera organisé un banquet suivi de bal de nuit, auquel seront conviés tous les membres de l'association et leurs familles.

Art. 5. — Le fonds social se compose :

1° Des cotisations annuelles; 2° des dons et legs faits à la Société; 3° des bénéfices réalisés aux fêtes récréatives.

Composition de la Société

Art. 6. — La Société comprend :

1° Des membres actifs;

2° Des membres honoraires;

3° A l'assemblée générale, sur la proposition du Conseil d'Administration, le titre de Président d'honneur pourra être accordé à un ancien Président, et le titre de membre d'honneur à toute personnalité qui se sera spécialement intéressée à la Société.

Art. 7. — Les membres actifs sont tenus de payer une cotisation annuelle, fixée à 3 fr.

Art. 8. — Les membres honoraires sont tenus de verser annuellement une cotisation qui ne peut être inférieure à 10 francs.

Conditions d'admission

Art. 9. — Peuvent seuls faire partie de la Société, les compatriotes originaires du Canton de Laroquebrou, ou nés de parents originaires qui habitent Paris ou la banlieue.

Toutefois, il peut être fait exception en faveur des personnes qui, par leurs liens de famille ou leurs intérêts, se rattachent à notre canton. Les compatriotes habitant le canton de Laroquebrou qui désireraient s'intéresser à l'œuvre peuvent en faire partie également.

Art. 10. — Quiconque demande à entrer dans l'association doit être présenté par un ou deux membres de la Société.

ART. 11. — La démission ou radiation ne donne pas droit au remboursement des sommes versées par le sociétaire, les divers versements effectués par lui restent acquis à la Société.

ART. 12. — La cotisation est fixée à trois francs par an pour les membres actifs et à 10 francs au minimum pour les membres honoraires. Le versement des cotisations doit se faire au commencement de l'année.

ART. 13. — Les sociétaires sous les drapeaux ne sont pas tenus au paiement de leurs cotisations et continuent à faire partie de la Société. De plus, l'Association leur offre une carte gratuite pour le banquet, ou leur envoie 5 francs s'ils ne peuvent y assister.

CONSEIL D'ADMINISTRATION

ART. 14. — La Société est administrée par un Conseil d'Administration qui peut se composer de 25 membres :

Un président; deux vice-présidents; un secrétaire-général; un secrétaire-adjoint; un trésorier; un trésorier-adjoint; une Commission de contrôle de quatre membres et douze autres membres.

Ils sont élus pour un an et rééligibles.

ART. 15. — Dans un but de propagande, il est nommé par le Conseil, un certain nombre de délégués pour chaque commune, qui varie avec l'importance de celle-ci.

ART. 16. — Les membres du Conseil d'Administration sont élus annuellement en assemblée générale qui a lieu au mois de juin ou de juillet.

ART. 17. — Toutes les fonctions sont absolument gratuites. Néanmoins le Conseil d'Administration se réserve une certaine latitude pour assurer l'encaissement des cotisations et l'administration de la Société.

ART. 18. — Le Conseil d'Administration se réunit en séance ordinaire tous les deux mois, et plus souvent si c'est nécessaire. Il délibère sur toutes les questions intéressant la Société.

ART. 19. — Les délibérations sont prises à la majorité des voix, en cas de partage, celle du Président est prépondérante.

ART. 20. — Le Président surveille le fonctionnement de la Société et assure l'exécution des Statuts. Il préside les réunions du Conseil et les assemblées générales, il adresse chaque année à l'autorité compétente le compte-rendu prescrit par la loi. Il signe avec le Secrétaire, tous actes et procès-verbaux de délibérations. Il représente légalement la Société, il donne toutes décharges et quittances.

En cas d'absence du président, un des vice-présidents le remplace dans ses fonctions.

ART. 21. — Le Secrétaire est chargé de la correspondance de la Société et de l'envoi des convocations.

ART. 22. — Le Trésorier est chargé d'encaisser toutes les sommes appartenant à la Société. Il fait tous paiements sur mandats signés du Président.

ASSEMBLÉES GÉNÉRALES

ART. 23. — La Société se réunit tous les ans au mois de juin ou de juillet en assemblée générale pour entendre le rapport du Conseil d'Administration et faire le renouvellement du bureau.

Le Conseil rend compte de la situation morale et financière de la Société, il fait connaître le nombre des sociétaires, les adhésions nouvelles, les démissions, radiations et décès.

Néanmoins une assemblée générale extraordinaire pourra être provoquée à la suite d'une demande faite au Président, signée de 20 sociétaires.

ART. 24. — Les sociétaires sont convoqués par la voie de la presse et par convocation individuelle cinq jours au moins avant la date fixée.

ART. 25. — A la suite de chaque assemblée générale, il sera établi un annuaire contenant les noms et adresses de tous les sociétaires.

ART. 26. — Toute proposition tendant à la modification des présents statuts, doit être formulée par écrit et déposée dix jours au moins avant l'Assemblée générale.

RADIATION — DISSOLUTION — LIQUIDATION

ART. 27. — Tout sociétaire, quel que soit son titre, qui négligera volontairement de payer sa cotisation cessera de faire partie de la Société.

Tout sociétaire qui, par ses paroles, ses actes, aura tenté de porter préjudice à la Société, devra s'expliquer devant le Conseil d'Administration qui pourra, le cas échéant, proposer sa radiation à l'Assemblée générale.

ART. 28. — En cas de décès d'un sociétaire, il sera acheté une couronne et une délégation sera envoyée aux obsèques.

ART. 29. — En cas de dissolution, l'actif, s'il en existe, sera réparti entre les divers bureaux de bienfaisance du Canton et distribués aux pauvres de chaque commune au prorata du nombre de ses sociétaires.

ART. 30. — Toutes discussions politiques et religieuses sont formellement interdites dans la Société.

ART. 31. — Les précédents statuts des « *Enfants du Canton de Laroquebrou* », votés le 4 juin 1905 et revisés le 12 janvier 1908, sont obrogés par les présents statuts qui se composent de 31 paragraphes et qui ont été adoptés en assemblée générale le 25 mai 1912.

BUREAU DE LA SOCIÉTÉ

Président :

M. MARCENAC Etienne, O.I.✿, 27, rue Guénégaud.

Vice-Présidents :

M. BASTIDE Louis,
3, rue des Rigoles.

M. MAGNE Louis,
64, boulevard Beaumarchais.

Secrétaire-général :
M. DABERNAT André,
5, rue des Abbesses.

Trésorier-général :
M. GOURDY Albert,
48, rue Claude-Vellefaux.

Secrétaire-adjoint :
M. CASSAN Jean,
2, rue de Valois.

Trésorier-adjoint :
M. VILETTE Auguste,
37, rue Bréguet.

Archiviste :

M. LISSORGUES Paul,
40, rue Martinval, à Levallois-Perret (Seine).

Membres du Conseil d'Administration :

MM.

BASTIDE (Baptiste), 85, rue d'Aboukir.
BRUNHES (Jean), 5, route de Choisy, à Ivry (Seine).
COUDERC (Auguste), 5, rue des Abbesses.
CUJOU (Félix), 20, rue du Chardon-Lagache.
CROS (Louis), 164, rue de Grenelle.
DESSALES (Elie), 2, rue Pierres-Lescot.
DUCAY (Jean), O. N. I. ✠✠, 337, rue des Pyrénées.
DUGUIÉ (Louis), 38, rue du Chemin-Vert.
FRAIGNAC (Jules), 48, rue Chapon.

MM.

LISSORGUES (Paul), 40, rue Martinval, Levallois-Perret.

MARCENAC (Louis), 31, rue Labordère, Neuilly (Seine).

NARBONDE (Jean), 95, rue de Flandre.

TIRABI Louis), 23, boulevard Saint-Martin.

Délégués des Communes

Laroquebrou:

M. GOURZONNES (Antoine), 6, rue Mercœur.

M. BELAUBRE (Jean), 42, rue du Caire.

Arnac:

M. COR (Antoine, 18, rue Marie-Stuart.

M. BARA (Albert), 47, rue Notre-Dame-de-Nazareth.

Alex-Saint-Victor:

M. PUYBASSET, 2, rue des Petits-Carreaux.

Ayrens:

M. LISSORGUES (Paul), 40, rue Martinval, Levallois-Perret.

Cros-de-Montvert:

M. CASSAN (Jean), 2, rue de Valois.

Glénat:

M. CAVALIÉ, 26, rue Bénard.

M. PUÉBROUSSOU (Bernard), 3, boulevard Richard-Lenoir.

Lacapelle-Viescamp:

M. LAPARRA (Louis), 6, boulevard Saint-Marcel.

Montvert:

M. COR (Alphonse), 14 bis, rue du Landy, à Clichy.

Rouffiac:

M. LAFLORENCY, 15, rue Palestro.

M. FOUR (Antoine), 67, rue Lecourbe.

Saint-Etienne-Cantalès:

M. AUTESSERRE (Louis), 40, avenue de Saint-Mandé,

Saint-Gérons:

M. CONNE (Georges), à Arnac.

M. LAVAL (Pierre), 84, rue Dubois, à Levallois-Perret.

Saint-Santin-Cantalès:

M. BONAFÉ (Antoine), 39, faubourg Saint-Denis.

M. RHODES (Pierre), 13, rue Alibert.

Siran:

M. CAPMAU, 9, rue de Médéah.

M. Robert (A.), 65, rue de Watignies.

Liste des Membres de la Société

LIEUX D'ORIGINE

Membre d'honneur :

M. I. CALLE, O. A. ✿, maire de Laroquebrou.

Membres honoraires :

MM.

Le Baron de BONNAFOS, maire de Lacapelle-Viescamp.

DESTANNE DE BERNIS (Louis), Contrôleur de la Banque de France, 36, r. La Bruyère *Siran*

CHARPENTIER (H.), négociant, 1, boulevard Saint-Martin . . . . *Lacapelle-Viescamp*

FRÉGEAC, attaché à la Société Générale, 42, rue du Théâtre. . . . . *Laroquebrou*

MALLET, Docteur en médecine, 50, rue des Martyrs . . . . *Glénat*

Le DUC DE LA SALLE DE ROCHEMAURE, Majoral du Félibrige, 21, rue de l'Université, Paris, et Château de Clavières. . . . *Ayrens*

MEMBRES ACTIFS

MM. LIEUX D'ORIGINE

ALGAIREZ (Louis), employé, 13, rue des Récollets.... *Arnac*

ASTORGIS, employé de Banque, 26, rue Beautreillis .... *Laroquebrou*

AUSSET (Noé), employé de l'Alimentation, 87, rue des Petit-Champs .... *Laroquebrou*

AUTESSERRE (Louis), employé au Salon des Familles, 40, avenue de Saint-Mandé.............. *Laroquebrou*

BARA (Albert), employé de l'Alimentation, 47, rue Notre-Dame-de-Nazareth .... *Arnac*

BARRIÉ (Firmin), vins-restaurant, 115, rue de Montreuil *Glénat*

BARRIER (Louis), 19, Cité Beauharnais.............. *Siran*

BASTIDE (Baptiste), employé des Postes, 85, rue d'Aboukir .... *Siran*

BASTIDE (Louis), marchand de vins en gros, 3, rue des Rigoles .... *Siran*

BATTUT (Louis), frotteur, 13, rue de Côtte. *St-Santin-Cantalès*

BELAUBRE (Camille), vins-liqueurs, 35, rue de Courcelle, à Levallois-Perret.................... *La Balbarie*

BARDOU (Mme Philippe), caissière, 47, rue Notre-Dame-de-Nazareth .... *Arnac*

BENECH (Edouard), Docteur en médecine, 6, r. Charles-Nodier .... *Rouffiac*

BELAUBRE (Jean), frotteur, 42, rue du Caire.... *Laroquebrou*

BESSONNIES, épicerie, 14, rue Jouffroy............. *Siran*

BONAFÉ (Antoine), employé de l'Alimentation, 39, faubourg Saint-Denis .... *Saint-Santin-Cntalès*

BONAFÉ (Louis), employé de l'Alimentation, 12, cité Riverin .... *Saint-Santin-Cantalès*

BONAFÉ (Félix), étudiant en droit, soldat.. *St-Santin-Cantalès*

BONEFONS, Robes et Manteaux, 16, rue Taitbout. *Laroquebrou*

BOIS (G.), boulanger, 5, rue de l'Ancienne Mairie, Clichy .... *Laroquebrou*

BONNEFONS (Rémy), employé au Salon des Familles, 40, avenue de Saint-Mandé............... *Laroquebrou*

BOUYGUES (Frédéric), négociant en métaux, 31, passage Thiéré .... *Ayrens*

BOUYSSE (Louis), vins-restaurant, 111, rue Ordener.. *Glénat*

BOUYSSE, laitier-nourrisseur, 140, rue Victor-Hugo, Boulogne-sur-Seine .... *Saint-Santin-Cantalès*

MM.

BRUNHES (Jean), pommes de terre en gros, 2, rue Pierre-Lescot . . . . *Glénat*

BRUNO (Gabencel), propriétaire, 5, r. des Abbesses *Laroquebrou*

BRUEL (Firmin), ouvrier en bâtiment, 142, avenue Ledru-Rollin . . . . *Laroquebrou*

BRUEL (Alexandre), employé de l'alimentation, 33, rue Quincampois . . . . *Ayrens*

BUDRYK (Adam), rentier, 56, boul. de Reuilly. . *Laroquebrou*

BUC, vins-charbon, 33, rue du Poitou. . . *Nieudan-Saint-Victor*

CASSAN (Félix), vins-restaurant, 133, Quai Valmy. . . . . . *Siran*

CANIS, vins-restaurant, 33, rue Quincampois . . . . . . *Nieudan*

CALVAGNAC (Louis), employé du bâtiment, 3, passage Thiéré . . . . *Laroquebrou*

CALDEMAISON (Elie), vins-hôtel, 6, rue de la Verrerie. *Glénat*

CALDEMAISOU (Louis), vins-liqueur, 48, rue d'Orsel. . . . *Siran*

CALVÉ (François), employé, 41 bis, boulevard Montparnasse . . . . *Laroquebrou*

CAPMAU, artiste-peintre, 9, rue de Médéah. . . . . *Siran*

CASSAN (Jean), limonadier, 2, rue de Valois. *Cros-de-Montvert*

CAPEL (Antoine), Salaison d'Auvergne, 2, rue des Carbonnets, Colombes . . . . *Laroquebrou*

CAPEL (Auguste), Salaison d'Auvergne, 73, rue Saint-Denis, à Colombes. . . . . *Laroquebrou*

CAPMAUX (Louis), vins-restaurant, 80, Cours de Vincennes . . . . *Laroquebrou*

CARRIER (Pierre), conseiller municipal, vins en gros, à Rouffiac

CAYLA (Martin), bal-musette, 21, rue de Lappe *Lacapelle-Viescamp*

CAYROL (Frédéric), employé de l'Alimentation, 5, rue Beauregard . . . . *Siran*

CAVALIÉ (Joseph), employé, 26, rue Bénard. . . . . *Siran*

CAVALIÉ (Firmin), employé, 8, faubourg Saint-Denis. . *Siran*

CAVALIÉ (Baptiste), vins-restaurant, 26, rue Bénard. . . . *Siran*

COURBOU (Pierre), vins-hôtel, 28, rue Nansouty. . . . . *Siran*

CHIEZAL (P.), vins-restaurant, 107, rue Amelot. . . . . . *Siran*

CLERMONT (Jean), laitier-nourrisseur, 19, rue des Tanneries . . . . *Saint-Santin-Cantalès*

COR (Alphonse), laitier, 14 bis, rue du Landy, à Clichy. *Arnac*

COR (Antoine), employé de l'Alimentation, 18, r. Marie-Stuart . . . . *Arnac*

CONNE (Georges), propriétaire à Vabre d'Arnac. *Saint-Gérons*

COURBOU (Baptiste), cuisinier, 54, rue Chapon. . . . . . *Glénat*

CONNANGLE (Emile), comptable, 16, rue Pradier. *Laroquebrou*

MM.

CONNE (Sylvain), vins-restaurant, 48, rue du Faubourg Saint-Denis . . . . *Arnac*

COUDERC (Flabien), mécanicien, 91, rue Gide, à Levallois-Perret . . . . *Montvert*

CROS (Louis), vins-restaurant, 164, rue de Grenelle. . *Siran*

CROS (Mlle Gabrielle), caissière, 7, rue Notre-Dame-de-Nazareth . . . . *Siran*

CROS (Florentin), employé, 164, rue de Grenelle. . . . . *Siran*

COUDERC (Auguste), café, 5, rue des Abbesses. . . . . *Siran*

COUDERC (J.-B.), vins-charbon, 21, rue Antoinette. . . . *Siran*

COUILLAUD (Joseph), vins-liqueurs, 65, avenue de Courbevoie, Asnières . . . . *Ayrens*

CROUZILLE (Louis), employé de l'Alimentation. Soldat. *Laroquebrou*

CUJOU (Félix), instituteur, 20, rue du Chardon-Lagache . . . . *Saint-Santin-Cantalès*

DABERNAT (Louis), restaurant-hôtel, adjoint au maire . . . . *Laroquebrou*

DABERNAT (André), fonctionnaire du Ministère de l'Intérieur, 5, rue des Abbesses. . . . . *Laroquebrou*

DABERTRAND (Camille), M. A. ✠ maire de *Rouffiac.*

DAUSSET, laitier à Chennevières-s.-M[e].. *Saint-Santin-Cantalès*

DARSES (Firmin), employé de l'Alimentation, 33, rue de Tandou . . . . *Glénat*

DÉORA (François), vins-restaurant, 165, boulevard Saint-Germain . . . . *Glénat*

DELRIEU (René), café-vins, 9, place d'Aligre. . . . *Laroquebrou*

DESSALES (Elie), pommes de terre en gros, 2, rue Pierre-Lescot . . . . *Glénat*

DUCAY (Jean), O. N. I. ✠✠, pharmacien, 337, rue des Pyrénées . . . . *Laroquebrou*

DUGUIÉ (Louis), rédacteur à l'*Auvergnat de Paris*, 38, rue du Chemin-Vert. . . . . *Siran*

DUCLAUD (Pierre-Alphonse), employé à la Préfecture de la Seine, 40, rue de Châlon. . . . . *Siran*

DURAND (A.), vins-liqueurs, 3, rue des Ecouffes. . . . . . *Siran*

FÈRES, café, 153, rue d'Alésia. . . . . *Siran*

FONTETE (Louis), employé à l'Institut Pasteur, 9, rue Adolphe-Focillon . . . . *Ayrens*

FONTANGES (Louis), négociant en comestibles, 95, rue de Flandre . . . . *Laroquebrou*

FOUR (Antoine), employé à la Cie du Nord, 67, rue Lecourbe . . . . *Rouffiac*

FRAIGNAC (Jules), Agent de fabrique, 48, rue Chapon *Rouffiac*

MM.

GARDES (E.), restaurant, 42 bis, boulevard Bonne-Nouvelle . . . . *Glénat*

GILOT (Madame), gérante d'immeubles, 66, rue du faubourg Saint-Honoré . . . . *Laroquebrou*

GOURDY (Albert), agent commercial, 48, rue Claude-Vellefaux . . . . *Arnac*

GOUZOU (I.), O. A. ✵ rédacteur principal au ministère des Finances, 1, rue de l'Orient, Versailles . . . . *Laroquebrou*

GOURZONNES (Antoine), employé à la Cie d'Orléans, 6, rue Mercœur . . . . *Laroquebrou*

GOUZOU (Paul), vins-tabacs, 242, rue de Tolbiac . . . . . . *Siran*

ICHER (Antoine), employé de l'Alimentation, 66, rue Mazarine . . . . *Ayrens*

IQUILLE (Paul), employé de commerce, 31, rue de la Harpe . . . . *Laroquebrou*

JOURDES (Arsène), Sous-Chef de Bureau au Ministère des Finances, 51, rue Montparnasse . . . *St-Santin-Cantalès*

LABROUSSE (Louis), vins-restaurant, 46, quai de la Marne . . . . *Siran*

LABORIE (Eug.), beurre et œufs, 9, rue Petion . . *Laroquebrou*

LACOSTE (Justin), électricien, 4, rue Hermel . . . . *Arnac*

LAFLORENCY (Louis), négociant en parapluies, 15, rue Palestro . . . . *Rouffiac*

LARRIBE (Camille), vins-restaurant, 26, rue de Seine . . . . *Siran-Lamativie*

LARRIBE (Joseph), sommelier, 63, boulevard Montparnasse . . . . *Glénat*

LAPARRA (Adolphe), employé de l'Alimentation, 84, boulevard Magenta . . . . *Saint-Santin-Cantalès*

LANTUEJOUL (Firmin), imprimeur, 18, passage de la Folie-Regnault . . . . *Nieudan*

LAPARRA (Louis), café-liqueurs, 6, boulevard Saint-Marcel . . . . *Lacapelle-Viescamp*

LASFARGUES (G.), employé, 22, rue Cabanis . . . . *Siran*

LARRIVE (Georges), commis des postes, 92, rue Oberkamp . . . . *Alex-Saint-Victor*

LAVAL (Pierre), cabrettaïre, hôtel, 84, rue Dubois, à Levallois-Perret . . . . *Saint-Gérons*

LAVERGNE (Théodore), vins-charbons, 5, rue Sévigné. *Glénat*

LEVEQUE (Madame Alphonse), 4, rue Taine *St-Santin-Cantalès*

LEGUERNY (Jules), vins-tabacs, place de la Gare, à Alfortville . . . . *Laroquebrou*

MM.

LOUBIERES (Frédéric), vins, 40, rue Saint-Sébastien.. *Arnac*

LAMBERTIE (Marcel), restaurant, 10, rue Mazagran.. *Siran*

LAVERGNE (Amable), employé de l'Alimentation, 5, rue Sévigné .... *Glénat*

LISSORGUES (Paul), employé, 40, rue Martinval, Levallois-Perret .... *Ayrens*

MAGNE (Louis), employé des postes, 4, rue Saint-Gilles .... *Laroquebrou*

MAGNE (Henri), frotteur, 19, faubourg du Temple *Laroquebrou*

MARCENAC (Etienne), O. I. ❁, homme de lettres, 27, rue Guénégaud.................................. *Arnac*

MARCENAC (Louis), employé de commerce, 31, rue Labordère, Neuilly (Seine)........................ *Arnac*

MALBOS (Mademoiselle Marie), Robes et Manteaux, 101, rue des Bourguignons, Asnières............ *Laroquebrou*

MARTIN (Joseph), employé de commerce, 35, rue des Trois-Bornes .... *Arnac*

MURAT (Jean), garçon laitier, 66, rue de Neuilly, Clichy .... *Ayrens*

MAS (Jean), garçon laitier, 66, rue de Neuilly, Clichy. *Ayrens*

MAS (Jean), employé, 101, rue de Passy......... *Laroquebrou*

MONTIN, restaurateur, 118, rue de Charonne *St-Santin-Cantalès*

MONTEIL (Jean), sommeiller, 63, boulevard Montparnasse .... *Glénat*

MONDERNACH (Pierre), employé de commerce, 78, rue de la Folie-Regnault .... *Nieudan-Saint-Victor*

MÉNARDIE (Edouard), employé de commerce, 29, rue des Taillandiers .... *Arnac*

NARBONDE (Jean), négociant en comestibles, 95, rue de Flandre .... *Laroquebrou*

NEGREVERGNE (Jean), mécanicien, diplômé A. C. F., 36, rue du Mont-Thabor .... *Cros-de-Montvert*

NISSOU (Guy), ingénieur des Arts et Manufactures, 7 bis, rue Damrémont............ *Saint-Santin-Cantalès*

NOYES (Jean), employé, 11, rue Marcadet............ *Arnac*

ORSAL (Jean-Baptiste), vins-charbon, 9, passage Saint-Avoye .... *Laroquebrou*

PENOD (Henri), photographe, 33, rue Quincampois..

PLACE (Jean), limonadier, 30, rue de l'Arbre-Sec .... *Cros-de-Montvert*

PLACE (François), employé à la Cie du Nord, 152, rue de la Chapelle.................................. *Laroquebrou*

MM.

PUÉBROUSSOU (Bernard), vins-liqueurs, 3, boulevard Richard-Lenoir . . . . *Glénat*

PEYROU (Joseph), employé de commerce, 13, rue Saint-Placide . . . . *Rouffiac*

PEYROU (Joseph), employé de l'Alimentation, 48, rue Claude-Vellefaux . . . . *Arnac*

PUYBASSET (Léopold), employé de commerce, 2, rue des Petits-Carreaux . . . . *Alex-Saint-Victor*

PRINTIGNAC (Louis), employé, 19, rue des Poissonniers . . . . *Arnac*

ROBERT (Aimé), propriétaire, 65, rue des Watignies. . *Siran*

RODHES (Pierre), employé de l'Alimentation, 13, rue Alibert . . . . *Saint-Santin-Cantalès*

RIEU (Mlle Clémentine), employée, 25, rue Croix-des-Petits-Champs . . . . *Saint-Santin-Cantalès*

RIEU (Sylvain), employé, 25, rue Crois-des-Petits-Champs . . . . *Saint-Santin-Cantalès*

RIEU (Jean), employé de commerce, 35, rue des Trois-Bornes . . . . *Arnac*

RENTIER (Clément), café-bar, 1, rue Ramey. . . . . *Arnac*

SAINRAMES (Louis), rentier. . . . . *Saint-Santin-Cantalès*

SAINRAMES (Philippe), café-brasserie, 4, avenue d'Antin . . . . *Nieudan*

SAULAS (Madame Marie), vins-restaurants, 86, boulevard de l'Hôpital. . . . . *Arnac*

SALAVERT (Joseph), pommes de terres en gros, 9, rue Coquilière . . . . *Laroquebrou*

SALABERT (Antoine), employé, 129, boulevard de la Villette . . . . *Siran*

SALABERT (Paul), cuisinier, 129, boulevard de la Villette . . . . *Siran*

TERRISSE (Louis), maison Damoy, boulevard Sébastopol . . . . *Saint-Santin-Cantalès*

THERM (Clément), vins-charbon, 5, rue Neuve-des-Boulets . . . . *Nieudan*

THEIL (Jean), café-bar, 22, rue Cujas. . . . *Lacapelle-Viescamp*

TILINAT (Paul), tonnelier, 3, rue Sauval. . . . . *Arnac*

TIRABI (Louis), représentant de commerce, 23, boulevard Saint-Martin . . . . *Siran*

VABRE (Antoine), employé de l'Alimentation, 19, rue des Canettes . . . . *Glénat*

MM.

VALADOU (François), fabricant d'appareils automatiques, 24, avenue de Saint-Ouen .... *Glénat*

VAYSSIERES (Léopold), employé de l'Alimentation, 4, rue Tardieu .... *Siran*

VAYSSIERE (Joseph), employé de l'Alimentation, 121, rue Saint-Lazare .... *Siran*

VEYSSIERE (Victor), employé à la Cie du Nord, 8, avenue du Parc, à Saint-Leu-Taverny (S.-et-O.) ...... *Siran*

VEYSSIERE, café-tabacs, 230, rue de Vaugirard .... *Siran*

VERNHES (Jean-Marie), beurre et œufs, 22, rue des Halles .... *Ayrens*

VERNHES (Philippe), instituteur à Villejuif (Seine) .. *Ayrens*

VIALARD (André), comptable, 42, rue du Château-d'Eau .... *Siran*

VIALARD (Alexandre), comptable, 37, rue Notre-Dame-de-Nazareth .... *Siran*

VIALARD (Jean), café-bar, 114 bis, rue de Tocqueville. *Siran*

VIDALINC (Pierre), épicier, 15, rue Emile-Lepeu. *Laroquebrou*

VIERSOU (Louis), vins-restaurant, 22, rue Moreau...... *Siran*

VILETTE (Auguste), employé de commerce, 37, rue Bréguet .... *Rouffiac*

Sociétaire décédé en 1912

M. BESSIÈRES (Eugène), gardien de la paix, 5, rue Myrrha, à Paris.

Notre regretté et sympathique compatriote fut le premier secrétaire-général de notre Société.

Fondation de la Société

PREMIERS BUREAUX

Comme c'est le premier annuaire que publie la Société et sans doute le dernier d'aussi important qu'elle publiera, tous nos compatriotes nous saurons gré de prendre ici la Société à sa fondation et de publier, année par année, le compte-rendu de chacun de ses banquets et principales fêtes, la situation financière et la composition de ses Bureaux qui se sont succédés jusqu'au Bureau en fonction, ce qui sera en quelque sorte l'historique de notre *Amicale*.

A l'exemple des *Enfants de Maurs*, des *Goudots*, de *Montsalvy*, etc., qui avaient déjà fondé leur Amicale, nos compatriotes du canton de Laroquebrou ont donné dans ce but leur première réunion préparatoire, le dimanche 2 avril 1905, à 2 heures, salle Chanal, 13, rue Aumaire.

Etaient présents : M. et Mme Courboulès, M. et Mme Battut, Seryès, L. Bonnet, directeur de l'*Auvergnat de Paris;* Valadou; Cance, Brunhes, Chevalier, Jourdes, Clermont (Philippe), Lacarrière, Lacambre, Vidal (François), Belaubre, Bros, J. Fraignac, Soliliage, A. Gourdy, Eug. Bessières, Gramond (Durand), Grammond (Pierre), Maury, Billoux, Sainrames père, Sainrames fils, et Cujou.

Un bureau provisoire fut ainsi composé :

Président : M. SERYES, ancien maire de Nieudan;
Vice-Président : M. SAINRAMES fils;
Secrétaire : M. CUJOU, instituteur.

Le dimanche, 4 juin, nos compatriotes se sont réunis en assemblée générale, à 9 heures du soir, café Roquette, 1, rue d'Arcole et, après avoir voté des statuts présentés par une commission nommée à cet effet, ils ont procédé à l'élection des membres du Conseil d'Administration, qui a été ainsi composé:

Président d'Honneur : M. LINTILHAC, Sénateur, Conseiller général du Canton de Laroquebrou;
Présirent : M. le Docteur CARNUS;
Vice-Présidents : MM. SERYES et Louis SAINRAMES;
Secrétaire : M. Eug. BESSIERES;
Secrétaire-adjoint : M. CUJOU (Félix);
Trésorier : M. CLERGUES (Laurent);
Trésorier-adjoint : M. CALMEL.

Commission de Contrôle

M. CHEVALIER, de Laroquebrou.
M. CLERMONT (Jean), de Saint-Santin-Cantalès.

Membres du Comité

MM. FAU (Paulin) et CANCE, de Laroquebrou.
FRAIGNAC et COURBOULES, de Rouffiac.
CAUPEIL (Louis) et GOURDY (Albert), d'Arnac.
ROBERT (Antonin), de Cros-de-Montvert.
FONTETE (Louis), d'Ayrens.
VALADOU, de Glénat.
GOUZOU, de Siran.

Après quelques mots aimables du président, l'Assemblée s'est séparée après avoir voté des félicitations à tous ceux qui ont pris une part active à la fondation de l'*Amicale des Enfants du Canton de Laroquebrou,* et particulièrement à M. Sainrames, vice-président, qui en a été le véritable fondateur.

(Extrait du procès-verbal de la séance.)

Au cours de cette année jusqu'au premier banquet, nos compatriotes se sont encore réunis le 5 novembre chez M. Calmel, rue Saint-Antoine; le 7 février, chez M. Louis Caupeil, 31, rue Clignancourt, où a été nommée la Commission des Fêtes pour le prochain banquet; le 11 mars, à la salle Magnieu, 73, boulevard Magenta.

Année 1906

LE PREMIER BANQUET DE L'AMICALE

Le dimanche 25 mars, il a eu lieu dans les salons du restaurant de l'Hippodrome.

Cette réunion, toute empreinte de cordialité, a groupé la plupart de nos compatriotes et ceux-ci en ont emporté le meilleur souvenir.

A la table d'honneur avaient pris place : M. le Sénateur Lintilhac, président du banquet, conseiller général du canton. A ses côtés : M. le docteur Carnus, président de la Société; M. le duc de La Salle de Rochemaure, membre honoraire; M. Trémoulière, président de la *Mutuelle Cantalienne* et des *Enfants de Saint-Mamet;* M. Louis Farges, chef du bureau historique au ministère des affaires étrangères, secrétaire général des syndicats d'initiative du Sud-Centre, délégué du Touring-Club en France; M. de La Salle fils; M. Ginet, ingénieur, secrétaire de M. le duc de La Salle; M. Seryès, vice-président de la Société; M. Gramont, président du comité des fêtes; M. Bouygues, maire de Siran; M. Montarnal, président des *Enfants de Montsalvy;* M. le docteur Darses, maire de Parlan; M. Théron, président des bals-musettes et du jury du concours de bourrée; M. Charpentier, de Lacapelle-Viescamp, membre honoraire; M. Albert Darses, M. Sainrames, vice-président de la Société.

Remarqués dans la salle : Mme Lintilhac, Mme Fernand Brun, Mme Louis Bonnet, Mme Carnus mère, M. et Mme Fraignac, secrétaire; M. et Mme Cujou, secrétaire-adjoint et leur nièce;

M. Salavert, trésorier; M. et Mme Calmel, trésorier-adjoint ; Mlles Marie et Anna Malbos; M. Brunhes, M. Valadou, M. Sainrames père, M. et Mme Potet, Mme François, M. Badia, M. Fontanges, M. Cance, M. Mallet, étudiant en médecine, M. et Mme Battut, M. Latour, M. Bros, M. et Mme Lacarrière, Mme et M. Duclos, M. Robert, M. et Mme Robert, M. Elie Dessales, M. et Mlles Layrangues, M., Mme et Mlle Albuisson, Mme Gilot, M. Joachim Carnus, M. Duguié, M. Béal, Mlle Mespoulhès, M. Capmau, M. Brunhes, M. Caupeil, Mme et Mlles Bernet, M. Gineste, M. Coudert, M. Tchit, Mme Mas, M. Bouysse, Mme Gramont, M. Lacassagne, M. Moissinac, M. Cinqualbre, M. Place, M. Bouygues, M. Fontête, M. Ruscassie, M. Fraignac, père, etc., etc... La presse était représentée par l'*Indépendant du Cantal,* l'*Avenir,* le *Nouvelliste d'Aurillac,* l'*Auvergnat de Paris,* la *Presse,* la *Patrie* et le *J'apprends tout,* de Paris.

Au champagne, M. le Doctur Carnus prononce un discours très applaudi, au cours duquel il remercie M. le Sénateur Lintilhac, d'avoir accepté la présidence du premier banquet des *Enfants de Laroquebrou,* les représentants de *Amicales Cantaliennes,* les membres de la presse et ses dévoués collaborateurs du bureau.

M. le Sénateur Lintilhac, dans une brillante improvisation, félicite le président de la Société et le remercie de l'avoir convié à une aussi brillante fête. Reprenant sa thèse, il assure la Société de son dévouement, vante et admire la solidarité des Roquets, décerne un mot aimable à tous les convives de la table d'honneur, et en particulier à son vieil ami, le Dr Darses, et M. le duc de La Salle, et boit à la prospérité des Enfants de Laroquebrou.

M. Louis Farges, qui lui succède, rappelle avec sa verve habituelle et son élégante facilité d'élocution qu'il est heureux de posséder chez lui des échantillons de l'industrie locale de Laroquebrou, des pots que nombre de ses amis admirent comme de superbes céramiques. Il se rappelle avec une bonne humeur que dénote une certaine gratitude qu'il a parcouru tous les sentiers du canton de Laroquebrou, chaussé de souliers de Laroque. Aussi invite-t-il M. le Sénateur à insister auprès de M. le Ministre de la guerre pour favoriser le développement de l'industrie de la chaussure à Laroquebrou. Il termine en souhaitant qu'à l'instar de Vic, Laroquebrou devienne un centre fréquenté de touristes.

Notre dévoué compatriote, M. Robert, de Cros-de-Montvert, membre du bureau, a lu ensuite une poésie. M. Tichit lui succède par une jolie poésie patoise.

A la fin du banquet une quête faite en faveur des victimes de Courrières, a produit la somme de quarante francs.

De tout le programme de la fête, la partie la plus intéressante a été le concours de bourrées qui n'a pas groupé moins de soixante candidats.

Le jury, présidé par M. Théron, a distribué six prix :

1er prix, Mlle Anna Malbos, de Laroquebrou; 2e prix, M. Auduy Martin; 3e prix, M. Bonnal; 4e prix, M. Gouteredonde ;

5e prix, Mlle Marty; 6e prix, Mme Duclos. Une ovation a été faite au petit Gouteredonde, âgé de sept ans, le plus jeune lauréat de la fête.

Année 1907

Une assemblée générale a eu lieu le 21 janvier 1907, salle Graves, rue Saint-Denis. Au cours de cette réunion, M. H. Charpentier a été nommé vice-président, en remplacement de M. Seryès, démissionnaire. MM. Fontanges (Louis) est élu trésorier, et Gourdy (Albert) trésorier-adjoint.

M. Sainrames (Louis) a été nommé président de la Commission des Fêtes, pour le prochain banquet, et membres : MM. Valadou, Astorgis (Jean), Astorgis (Antoine), Gourdy, Belaubre, Narbonde et Castor, auxquels ont été adjointes, à la séance du 17 février, salle Roquette, Mmes Gilot et Duclaut, comme vice-présidentes de la Commission.

NOTRE DEUXIÈME BANQUET

Le deuxième banquet des *Enfants de Laroquebrou* a eu lieu le dimanche soir, 10 mars 1907, au restaurant Vantier, 8, avenue de Clichy, sous la présidence de M. le Duc de La Salle de Rochemaure, membres honoraire de la Société.

A la table d'honneur on remarquait, à côté du duc de la Salle : MM. le Dr Carnus, président de la Société; Lintilhac, sénateur; Rigal, F. Brun, députés; Trémoulière, président des *Enfants de Saint-Mamet;* Boyer, de la Société l'*Auvergne ;* Gratacap, président des *Enfants de Maurs;* H. Bastid, président des *Gooudots;* A. Bastide, président des *Enfants de Montsalvy;* Marc de la Salle; Latour, architecte; H. Charpentier, membre honoraire et vice-président de la Société; Serre, président de la *Gentiane;* Faliès, de *Pierrefort;* Et. Marcenac; J. Fraignac; A. Gourdy, etc...

La presse était représentée par MM. L. Bonnet, de l'*Auvergnat de Paris;* A. Meyniel, de l'*Indépendant du Cantal;* Lescure, du *Progrès du Cantal;* Robert, de l'*Avenir;* Groslier, de *Paris-Auvergne.*

Le menu composé en patois fut exquis.

MENU

Poutatzi
Printounier royal — Sen-Germen
Ors d'Obrés
Rélévat
Peïssou dé lo Cèro
Entrée
Filé dé bioul ô lo mouodo do lo Roquo
Légumés
Obricots berts do Rouffiat
Fabos tendroï do Cros cuétzos din dés toupis do lo Roquo

Roustis

Poulardoï do Siron
Poulétos do Son Tziron
Solado do Glénat

Intrémets

Boumboï gloçados dol puét dé los Corbros
Porfait gloça del ro dé lo Taoulo

Desserts

Masso frutzo do Sento Crou do Mounber
Biscuits do Péiro Lébado
Fouossous do lo Roquo
Froumatzi dé fourmo do Sen Sonti

Bis

Bi blon do Miétzo Conosto
Bi routzi do Sont Istéfé
Modéro dol ponont dé Lo Copélo
Chompogno del costel do Clobieïro

Cofé d'Oïren

Ayo dé bido d'Ornat
Ayo minéralo dé Vic oufferto per moussu Fayet

Les dames y étaient également nombreuses et charmantes.

Enfin nous devons ajouter que la Commission des Fêtes avait bien fait les choses.

Au dessert, ont tour à tour pris la parole : M. le duc de la Salle de Rochemaure, qui, tantôt en français, tantôt en patois, a charmé les nombreux convives; MM. Lintilhac, Rigal, Brun, Meyniel et le Dr Carnus qui, dans une longue et brillante improvisation, a félicité M. de la Salle, les représentants du Cantal, et des Amicales, les membres de la presse et du bureau pour leur concours qui a assuré le succès de cette belle fête, laquelle a été en effet plus réussie que la première.

On lira avec plaisir la belle et savoureuse allocution qu'a prononcée le distingué président du banquet et qui fut partilièrement applaudie.

TOAST DU DUC DE LA SALLE

Mes chers Compatriotes,

Je remercie tout d'abord votre Comité de l'honneur qu'il m'a fait en me conviant à présider cette belle réunion Cantalienne, du devoir flatteur qu'il m'impose d'être votre interprête auprès de nos Représentants au Sénat et à la Chambre (1).

Si intimidant que me soit le voisinage de notre Sénateur, ce virtuose de la plume et de la parole, de nos Députés accoutumés aux joutes oratoires du Parlement, je veux leur exprimer, sans art aucun, mais avec une sincérité spontanéité, notre gratitude de leur présence au milieu de nous.

Monsieur Lintilhac, mon aîné et mon camarade au vieux collège d'Aurillac, m'entendra citer sans déplaisir, je pense, un vieil adage de philosophie médiévale qui me paraît résumer noblement votre idéal et votre rôle, Messieurs nos Représen-

---

(1) *M. Lintilhac, sénateur du Cantal; Messieurs Rigal et Brun, députés.*

tants. « In certis unitas, in dubüs libertas, in omnibus caritas », *que je traduis largement « Unité de principes, liberté d'initiative, constant amour de la chose publique ».*

Vos convictions, votre foi politique à tous, sont également indéfectibles. Chacun de vous entend marcher aussi énergiquement vers le progrès social, l'un, peut-être, d'une allure plus hardie, l'autre d'un pas plus mesuré. Tous, j'en suis persuadé, vous voulez fermement rivaliser de dévouement à vos mandants dans le culte de la grande et de la petite patrie. Volontairement étranger aux débats politiques, rigoureusement exclus de cette réunion familiale, passionnément libéral, je suis fort à l'aise pour vous souhaiter patriotiquement de travailler à nous faire un avenir de Saine justice sociale, de mutuelle tolérance et de sage liberté.

Aro qu'ai fa lou deber, tot hounestomen qu'ai pougut, ol moundé grond, querzé pas dé fa fasti o digus, en bous douna noubellos del poïs din lo lengo qué sé parlo ô Loroquo! — Tont piré pés Porisiens qu'eou ouplida lou potaï; lour offourtissé qué leïs ensourdorai pas un brioui.

Obal, per 'os camps de Son Paou, pes trobers d'o Sen Betou, pes puets d'à Nioudon; d'o Sen Senti o Siron, cadun bondo lou naz per espia si lo primo benre leeu.

Diou gardo que siasse pas oubourioubo! — leis estaples soun boretchiars de bestiaous et de bestiogou, leis grongios soun boïdo, lo feniou n'onat! — Lo secado dé l'estiou possat, en rousti lo coudeno et teri leis fouonts, e fa tiouné é bufforel lou boursicou del peison; li démouro gaires rés per crompa del fé. — Ottobé digus n'ero ottemat o fa troutusso pes Cornobals.

L'i ourio besoun, obal, de caouco Mutuello coumo n'esisto ô Poris.

Eici, aro, quond un deïs nostres es pel pobas de les carrieros; « Ne possédant plus rien que le désespoir », lo Mutuello li donno odutcho, lo fo courtiéou, e l'ome torne penré élon.

Les tréboliaires de lo terro, oquétchiés que souco e trimo o l'ooura, enseta, medre, dolia, cou besoun otobe de ticouon onn trouba de que possa uno meissent-houro son bendré ol dégora gro é bestiaou. Se parlo Ourliat d'uno Bonco Agricolo en fourmoçiou. – Beste s'estoplisse é puesco prouspera, moncossias pas quond pouériés, de li douna un couop d'espallo et d'encourotchia oquell'obro que pouot rondre gronds serbices ois bourriairés, e ois pitchious.

En bous beire ottroupelats omasso coumo sès baoutres etei oquesté ser, sé sent que de reste que leis soucis, leis coicepos'cap de lo bido d'ô Poris, bous feou ouplida lou pois de bouostré bret, qué li gordai omistat e ses toujiours prestès o li fa serbicé.

C'est dans la cordialité de réunions comme celle-ci, que chacun de nous peut venir se retremper agréablement dans l'attachement au sol natal, trouver, au contact de compatriotes mieux connus et appréciés, l'oubli de ce qui divise, atténuer bien des idées préconçues, aviver ce sentiment de solidarité entre fils de la même terre qui doit dominer toujours et partout toutes divergences d'opinions et de croyances.

C'est à cette mutualité de sympathies, à cette solidarité affec-

tueuse que je bois, mes chers Compatriotes, à la cordiale union des originaires du canton de Laroquebrou.

Puis la parole passa à l'orchestre et à la cabrette qui firent danser avec beaucoup d'entrain nos compatriotes jusqu'au premier sourire de l'aube printanière.

***

Présidence : Dr Carnus.

DEPENSES

du 1er juillet 1905 au 9 mars 1907

Estampe (Imprimés)	6,75
Chevalier	17,50
Pallice	4,10
Estampe (Imprimés) 26 fr. et 6 fr. 75	32,75
Bessières	11,25
Carnus, 5 fr. 60 et 3 fr. 45	9,05
Estampe (Imprimés)	18,00
Bessières	7,50
Schiffer (Imprimés)	118,90
Courrière (quête)	40,95
Fraignac	5,15
Salavert (Deberny, gravure)	44,35
Lacarrière	10,00
Droit des Pauvres	10,00
Contrôleurs (entrée banquet)	10,00
Contrôleur (Salavert)	5,00
Frais de recouvrements	2,00
Déplacements, trésorier	5,00
Consommations, musiciens	1,50
Artistes-chanteurs	50,00
Musiciens (Cabrette)	36,00
Prix du Concours de Bourrée	50,00
Dépenses Fraignac (note Salavert)	11,50
Capmau	38,00
Banquet	600,00
Invitations (Théron et Nouvelliste)	12,00
Droits d'Auteurs	12,00
Total	1.169,25

RECETTES

Cotisations membres actifs	311,00
Cotisations membres honoraires	30,00
Cartes de banquet, 25 mars 1906	474,00
Cartes de bal, 25 mars 1906	66,00
Quête pour Courrières, 25 mars 1906	40,95
Sommes avancées par M. Sainrames	74,00
Sommes avancées par M. le Dr Carnus	173,30
Total	1.169,25

Sommes restant dues :

à M. Sainrame	74,00
au Dr Carnus	173,30
Total	247,20

Vu pour la vérification des Comptes et approuvé.

Paris, le 9 mars 1907 *Le Contrôleur :* CUJOU.

Présidence : Dr Carnus.

RECETTES
du 10 mars 1907 au 10 octobre 1907

Cartes de banquet (145 à 6 fr.)	870,00
Cartes de banquet, enfants (3 à 2 fr. 50)	7,50
Cartes d'entrée au bal (58 à 1 fr. 50)	87,00
Reçu du Dr Carnus	150,00
Don (Gillot)	25,00
Total	1.139,50

DEPENSES

Facture Vedrine	905,00
— Galeries Clignancourt	27,00
— Berthier	24,00
— Mauchain	14,00
— Pilé	30,00
— Carré	10,00
— Musettes	30,00
— Pianiste	20,00
— Chef d'orchestre	45,00
— Contrôleurs	10,00
— Concours de Bourrée	33,00
— Fouossous do Lo Roquo	8,50
Total	1.156,50

Vu et approuvé pour la vérification de ce compte.

Paris, le 10 octobre 1907.

Le Contrôleur : CUJOU.

Le Trésorier : FONTANGES.

ASSEMBLÉE GÉNÉRALE DE L'ANNÉE 1907

A l'assemblée générale qui a eu lieu le dimanche 5 mai, salle Roquette, 1, rue d'Arcole, M. le Dr Carnus ne pouvant plus rester président à cause de ses nombreuse occupations, le bureau a été renouvelé et composé de la façon suivante :

Président : M. SAINRAMES (Louis).
Vice-Présidents : MM. CHARPENTIER (H.), et FRAIGNAC (Jules).
Secrétaire : M. FONTETE (Louis).
Secrétaire-adjoint : M. CUJOU.
Trésorier : M. GOURDY (Albert).
Trésorier-adjoint : M. BELAUBRE (Jean).

Le même jour, en matinée, M. Antonin Meyniel, correspondant parisien de l'*Indépendant du Cantal,* et Secrétaire du Comité du monument Brayat, dont il fut le véritable promoteur, a fait chez nos compatriotes, salle Roquette, une intéressante causerie patoise en faveur du monument à élever au poète de la châtaigneraie. Nos compatriotes y étaient nombreux et chacun a apporté son obole à la glorification du poète.

Il ne nous est pas possible de reproduire toute la causerie de M. Meyniel à cause de la place qui nous est limitée, mais nos compatriotes liront avec plaisir ces quelques passages qui en sont les plus caractéristiques et qui furent des plus goûtés :

« *Brabés poys, poulidos poysos,*

Yéou sei bingut ici, oquesté ser per bous porla dei bostres belets et del bostré contoun.

Dé moun tin, ol billatgé, quon bouyon obeire un toupi plo soulidé, un toupinel per ona sul fio son dongier, un toupinou per fa coufi los papos ou les fleoùs deis efontous del bret, un toupi on duei berlios per fa counosé lo soupo os caoùs, ou uno simplo toupino son cat dé berlio per counserba lou froumatzi picayré — qué lo mio beleto aimabo ton, — lo nostro momo les fosio béni de Loroco des Toupis, dé tchaz moussu Astorgis, s'ai bouno mémoirio.

Les bourdiquins de tchaz baoutrés érou bé otobé plo récoumondat : un porel tout soul bous durabo maï que trés porels croumpas tza les rébindayrés d'Ourliat. Es berta qué per bint ou bint o dous sos, obion oléro un boun porel d'esclots pountchus qué, plo guirlas et plos forras, on deï fers d'asé, nous fosious duos ou trés mésados, quon les ouplidosions pas peï rious, pes prats ou pel los stoulios.

Les bostres belets n'erou pas toutes démouras peysons : erou oubriers et bouns oubriers in toupis et in souliers. Los probos sou inquéro oti. Aï intendut diré que, dé tout tin, les Rouquets se sou plos soustingut et qu'ou toutzours aïma miel lou boun bi que l'aï dé lo Cèro, maugré qué siasco plo condo.

O Poris, baoutrés obes pourtado los quolitats des onciens. Obés fatzo une Omicalo plo crâno, per mo fé! Et y oplicaï lo soulidoritat qu'obés su popié.

. . . .

In 1793 nosquet, o Bouisset, un efontou qu'oppellerou Juon-Botisto Broyat, coumo soun payré. Oquesté hobitabo lou bilatzi do Merlet et éro jugé royal. Obio déjà 9 fillos quond ouet oquel masclé. Proubablé y séro otémat : bouyo un gorçou, l'ouet. Les Costognayres sous del brabé moundé, — coui lo nostro fenno que mé où dit, — mais quond où uno idéio, dé troufo ou de bufo caù que lo fascou possa.

Juon-Botisto n'obio pas qué 19 ons quond perdet son payré. Lei sores y monquabou pas. Coù y impochés pas d'aima uno Morgoutounel qué pus tard y dounet un Broyotou. Lou fil del jugé studiet lou loti on lou curat do Bouisset et portiguet oprès o Mounpellier per fa so médicino et tournet ol poys quon séguet reçegut médéci. Foguèt soun mestié on balcoup de cur, sougnabo et sognabo *les sieous malaudos on lo mêmo bounta qué lou poguessou ou que lou poguessou pas. Per les omusat et per s'omusa fosio « dei berbes », coumpousabo des* couontés bertodiés *su lei* menettos; *sus* homés d'offairés, *sus* obarés, *sur lei* bellos-mayrés *et sus lei* noros. *Broyat, bouyo gorit les défauts de lo nostro raço in sé foutre doquetgés qué n'in sou inféchis. Tira, les o pas goris toutes. Mais y* caù sinti gras *d'obeire essotza de nous oméliouratas, y* caù sinti gra *surtout d'estré estat* un des premiers félibrés del Contau. *O porla lo lingo del bret, lo lingo meyralo. Y debon un grond morcés.*

Oquel grond morcés lou boulon quilla o Bouisset tzou lo fouormo d'un busté. Lou Coumitat o otroupellat détjà 900 et cauqués froncs. Nous monquo inquéro un cinténat. M'excusores dé fa lou tunayré. Oaro caï fini de botolia, bau fairé coumo oquetzés qué fau donsa les ours, bau fairé lou tour de l'aimablo souciétat.

Lo festo de Broyat qué séro présidado per Moussu Lintilhac, counselier général do Loroco, se foro lou 11 *d'Os qué bé. Y sés toutes imbita. Bous espérorai o lo garo, ol trin de* 10 *houros.*

*Lou Busté dé Broyat es exp**ousa dimpiei diçate, ol Solon : oti obés soun pourtrait — yéou trobé qué n'o pas l'air d'un asé et bautrés mé dirés déqué n'in pinsai quon l'ouret exominat? »*

***

Nous devons à l'obligeance de M. Antonin Meyniel, l'auteur de *Auvergne et Auvergnats* (1), la reproduction de la pièce suivante qui est une des plus curieuses et des plus caractéristiques de Brayat.

(1) *Auvergne et Auvergnats, Ficker, éditeur, 6, rue de Savoie, Paris.*

LO NORO

Lou lien de lo soucietat
Moun fil, oqouos lo coritat.
N'es pas besoun que bous repète
Que Diou bous n'o fat un precepte.
Mais oquel deber, seloun iou,
S'ocouordo ombe l'enclinotiou.
Ogochon oqouo que se passo
Dins l'oustaou de certeno classo :
Benount de morida l'ainat,
Et un cadun n'es plo couifat.
« Lo poulido noro qu'obount preso
Es diligento et soumeso,
O de l'esprit et des tolonts
Malgré que n'atcho que bingt ons ».
Lo maïre n'es ton sotisfado
Que creï que Diou lo li o embouiado
Et penso que serio prou richo
Quond n'aurio pas que lo comicho
Maïs dins un mes, pas d'obontage,
Lo maïre combio de lengage
Et dis aquaou lo bou entendre
Que so noro baou pas lou pendre,
Qu'oqouos n'es qu'un estrofouissoun,
Omistouso coumo un bouissoun.
Ausez lo dounc porta enquèro,
Oquelo amablo bello mèro :
« Oco n'est qu'uno malhounesto,
« Baou coumença de fa lo mestro,
« Car, hier, me monquèt de respect
« Per un sinne que me foguèt.
« « Elo s'inpinco et s'odouniso
« Coumo s'ocou èro uno morquiso,
« Et iou, per montene l'oustau
« Pode pas croumpa un domontaou.
« Fouguèt coumbengut ol countrat
« Que tenrio pas qu'un onoucat
« Et huei boou tene uno poulo
« Et mongea lous ious touto soulo.
« Obont qu'oquel ofa lenguèsso
« Pregorio Diou que me prenguèsso.
« Elo ourio lous meliours boucis,
« Et per iou sounco lous soucis.
« Boou faire los escoundillados.
« Hier, me ponèt douos counouillados,
« Sons porla d'un monel de lono,
« Que, plo estirat, forio uno cono.
« Es gourmondo coumo uno cato;
« Quond trobo un toupin lou descato,
« Et, sio ombe lou det ou lo lengo,
« Lo bilaino caou que ne prengo.
« Oprès qu'aï birado l'esquino
« D'obord lo podèlo bouzino;

« Enbento quaouco fricosseïo
« Ou bouto d'iaus à l'estubeïo,
« Et, par dessus, jurlo del bi,
« Quond l'home lou li boou fourni.
« Pueis, quond iou bene de gorda,
« Soui en peno de que mongea,
« Car lou pus soubent, sons ebecho,
« Me caou treichi lo soupo frecho.
« Plo segur, se oquo duro gaïre,
« Lo baou ronbouya chas soun païre.
« Que ne fasco sauço et postet
« Iou bole resta dins moun dret. »

Maïs ausez garo lou discours
Que bous fo lo noro ô son tour :
Bous dis que per so bello maïre
Hier ni jomaïs n'o bolut gaïre;
Qu'aïmo lou bi eu lou fricot,
Que soulo debourorio un piot;
« Opueis qu'es braboment sodoulo
« L'obez que parlo touto soulo,
« Crido, juro, tempesto
« Dirias qu'o perdudo lo testo,
« Et, dusquo qu'o cubat lou bi,
« Lou diable s'en pot pas benchi.
« Quond soun paure morit bibio,
« Tont braboment que lou botio,
« Et plo soubent tout lou bilage
« Ero olormat de lour tompage.
« En oquel aïsse cornobal
« Iou me fise pas maïs que cal,
« Car, hier, per quaoucos poraulotes,
« Me pourtèt lou poung ô los pouotos,
« Et tont plo que m'aurio tustado,
« Se l'home m'obio pas porado.
« Me dis que li aï gostat l'efont,
« Que toutes dous nous entendons,
« Et que despueis que m'o espousado
« Elo se trobo mesprisado.
« Quaou bourias bous que demourèsso
« Ombe un diable d'oquelo espeço?
« Aimorio maï bioure ombe lous ours
« Que de possa omb elo mous jours.
« Bole fa legi moun countràt,
« Per beïre coumo es possat.
« Et oquouos qu'es recounegut
« Me rondrount dusquos un escut.
« Ombe oquouo que m'obount pres
« Iou pode bioure sons fa res.
« M'en baou tourna chas moun pèro,
« Sabe que me recebro enquèro.
« Oti seraï maïs countento
« Qu'aici de faire lo serbento. »
Ol pourtrait que bene de faïre
Besez lou genre et lou bel païre.

Oquouos sount loïs mêmos douçours,
O l'exceptioun qu'aici lo trico
Combio lou soun de lo musico.
Opueis que se sount plo coumbats,
Cridount, hurlount coumo des fats.
De beïre talo soucietat
L'onge gordien s'es retirat.
Car chaz des couquins tont etronges
N'obito pas Diou ni lous onges.
Li obem lo fenno et lou morit
Que jamaïs n'aou finit.
Per trota un sujiet tont bel,
Caurio un libre coumo un missel.
Opueisso lo leï del portage
Aici be courouna l'oubrage.
Cadun bouau portogea soun be,
Et jomaïs oquouos s'en debe.
Quond l'ouperotiou es facho,
L'un se reï et l'autre se facho;
Lou lot de Peire es maïs grond
D'un brabe tros qu'oquel de Juon.
Et l'expert, que li o plo suzat,
Per pogoment est ensultat,
Et oquouos que maïs lou chogrino
Li copount l'orpont sur l'esquino.
Procouo per acte oprès se quitount
Et jomaïs plus se bisitount.

Ah! conaillo que bautres sez,
Que, per un res, bous destrusez!
Ol lio d'estre en pax, miserables,
Bous turmentas coumo des diables,
Car iou n'aï bistes maïs de quatre
Quita lo taule per se batre.
L'un sauto ol londier tout bulin
Et lou saco ô l'autre pel tin.
Lo fenno, escument de ratcho,
De colo biro lo bolacho.
N'i o un qu'o serbit l'empire
Qu'enquéro ne forio de pire.
Soul, orma d'un coutel de casso,
Un regiment li forio plaço.
Iou, besent prepora oquel bal,
Jontoment sorte de l'oustal;
Car ombe de los gens tont fouolos,
Es maïs prudent d'estre de fouoros!
Quond li aurio qualcos pecodillos,
Qu'ocouo reste dins lo fomillo;
Oquel que ne faï lou concon
Es plo coupable, moun efont,
Car per so lengo trop moubilo
D'un pécat ne fo faïre milo,
Et probo, clar coumo lou jour,
Que n'o ni boun sens ni pudour.

J.-B. BRAYAT.

BANQUET DU 7 MARS 1908

Nos compatriotes se sont réunis le 6 octobre 1907 et le 12 janvier 1908, salle Roquette, 1, rue d'Arcole.

Au cours de cette dernière réunion, où les Statuts ont été revisés, l'assemblée a fixé au samedi 7 mars la date du banquet annuel qui eut lieu au Salon des Familles. La Commission des Fêtes a été composée comme il suit :

Président : M. Et. MARCENAC.

Commissaires : MM. Cujou, Magne Louis, A. Gourdy et G. Peyrou.

La Fête des Enfants de Laroquebrou

Ainsi que nous l'avions annoncé, l'amicale des *Enfants de Laroquebrou*, dont le siège social est situé rue d'Arcole, a célébré sa fête annuelle samedi dernier, 7 mars.

Un magnifique banquet, suivi de bal, a eu lieu au Salon des Familles, 40, rue Saint-Mandé, sous la présidence de M. le Docteur Réniac, maire d'Ayrens, président du Conseil d'Arrondissement d'Aurillac.

L'estimé président, M. Sainrames, et son dévoué secrétaire, M. Fontête, avaient fait un appel vibrant aux enfants de Laroquebrou; ils ont été largement récompensés de leur peine par la présence au banquet de nombreux compatriotes.

Autour de la table d'honneur avaient pris place, aux côtés du docteur Réniac : MM. Ranvier, conseiller municipal du XIe arrondissement; Sainrames, président; Serre, de la *Gentiane;* Muratet, Faliès, Et. et L. Marcenac, Gratacap, le docteur Carnus, Ravenet, architecte.

Remarqué dans la salle : MM. Calmel et Mme Calmel; Lazare, des *Gooudots;* Arnal, vice-président de l'*Aurillacoise;* Louis Bonnet, de l'*Auvergnat;* Fraignac, Michel Mas, Larive, etc., etc...

Les multiples occupations de nos représentants ne leur ont pas permis d'assister au banquet.

Le menu était excellent et le service parfait, le tout à l'honneur des dévoués organisateurs qui n'avaient rien négligé, aussi les félicitons-nous en passant.

Le repas fut empreint de la plus franche gaieté. D'habiles musiciens, sous la direction de M. Gros, nous charmèrent durant tout le repas après avoir exécuté, au début, la *Marseillaise* écoutée par tous les convives debout.

PROGRAMME DE LA PARTIE MUSICALE

1. *La Marseillaise* .... Rouget de l'Isle
2. *Marche des Diables* .... Buridant
3. *Réséda* (Gavotte) .... Lebert
4. *Valse du Printemps* .... Rollé
5. *Carmen* (Fantaisie) .... Bizet
6. *Jabots et Dentelles* (Gavotte) .... Collet
7. *Pour une Fleur* .... Bron

Une surprise agréable nous était réservée pour la fin du repas, par M. Etienne Marcenac, l'illustre poète d'Arnac, dans la chanson : *La Roquebrousienne* (musique de René de Buxeuil). Composée pour la circonstance, elle a été chantée en chœur par les auteurs, et Mlle Malbos, MM. Jules Fraignac, Michel Mas, Larrive, etc., etc...

Cette marche, dont les paroles rendent si bien l'attachement au terroir et la musique la douceur des bords de la Cère, obtint un succès considérable auprès des assistants.

La voici in-extenso :

LA ROQUEBROUSIENNE

(Marche)

I

Du pays qu'arrose la Cère
Nous sommes les joyeux enfants,
Restant fidèles à la terre
Où nous attendent nos parents.
A Paris, dans la capitale,
Nous savons nous retrouver tous
Pour la chanter d'une voix mâle
Et nous soutenir entre nous!

Refrain

Chantons au son de la musette
Le cher pays de nos amours,
Chantons, chantons le cœur en fête,
La terre où l'on revient toujours.
Chantons au son de la musette
Le cher pays de nos amours,
Chantons, chantons le cœur en fête,
La terre où l'on revient toujours.

II

Chantons nos bois, nos bois de chênes,
Où nous fûmes pâtres jadis;
Nos verts coteaux, nos grandes plaines
Où le vent berce les épis.
Chantons notre chère chaumine,
Au bord de quelque vieux chemin,
Qui réjouira notre mine
Quand nous la reverrons, demain.

III

Chantons aussi nos belles filles
Qui vont de Rouffiac à Siran
Danser à l'ombre des charmilles
Lorsque l'on fête la Saint-Jean.
Pendant l'hiver, à la veillée,
Où le grillon veille à son tour,
Elles filent leur quenouillée
En attendant notre retour.

IV

Quand le pavé de la grand'ville
A pâli notre teint vermeil
Nous revenons, le corps débile,
Nous retremper à son soleil.
Et plus tard, tous cassés par l'âge,
Vers lui nous revenons encor
Pour finir en paix le voyage
Au bout duquel chacun s'endort.

Les applaudissements unanimes couvrent les derniers couplets de cette œuvre d'un Enfant de Laroquebrou.

Après quelques poésies et chansons de MM. Marcenac, Mas, Rapellin et Tichit, l'estimé président, M. Sainrames, prononce un long discours fréquemment applaudi, où il retrace l'organisation de la Société, sa marche progressive, et fait l'éloge de tous ses collaborateurs.

Puis, M. le Docteur Réniac, en sa qualité de membre honoraire, prend la parole. Il remercie de l'honneur qu'on lui a fait de l'appeler à la présidence de ce banquet et assure qu'il est touché de ce témoignage de sympathie; il compare la vigueur de notre race montagnarde avec la splendeur de nos sites et nous fait part de sa joie de se trouver au milieu de ses compatriotes. En termes éloquents et empreints d'une admirable courtoisie, il salue les dames présentes à cette fête et les félicite de leur dévouement à la cause des Amicales.

La causerie franchement familiale de M. le docteur Réniac fut chaleureusement et longuement applaudie.

Il était minuit quand le bal a commencé; inutile de dire si nos danseurs et danseuses en attendaient l'ouverture avec impatience. Il fut très animé et au petit jour on y dansait encore.

(*Progrès du Cantal*). P.

Exercice de l'année 1908

Présidence : L. Sainrames.

RECETTES

63 cotisations à 3 fr.	189,00
5 cotisations (membres honoraires)	90,00
12 adhesions nouvelles à 5 fr.	60,00
Banquet du 7 mars 1907	
73 cartes de banquet à 6 fr.	438,00
40 entrées de bal à 1 fr. 50	60,00
Avances faites par L. Sainrames, Président	30,15
Chanson « Laroquebrousienne » (vente)	35,10
Total	902,25

DEPENSES

Banquet du 7 mars 1908	728,50
Imprimerie	107,05
Couronnes mortuaires (sociétaires décédés)	19,25
Frais du trésorier	31,60
Frais du secrétaire	15,85
Total	902,25

Balance pour l'exercice 1908.

Paris, le 1er juillet 1908.

Le Trésorier :
A. GOURDY.

***

Composition du Bureau pour 1908

Cette année-là, l'assemblée générale a eu lieu le dimanche 5 avril, salle Roquette, et le bureau a été composé comme il suit :

Président : M. SAINRAMES (Louis).
Vice-Présidents : MM. V. VEYSSIERES et Et. MARCENAC.
Secrétaire-général : M. FONTETE.
Secrétaires-adjoints : MM. CUJOU et MAGNE.
Trésorier : M. A. GOURDY.
Trésorier-adjoint : M. MÉNARDIE (Edouard).
Archiviste et délégué à la Fédération des Amicales : M. J. FRAIGNAC.

Le 8 novembre 1908 et le 24 janvier 1909, les membres du bureau se sont réunis pour l'organisation du banquet qui fut fixé au samedi 6 février, Restaurant de Paris, 18, rue Montpensier (Palais-Royal).

La Commission des Fêtes fut constituée de la façon suivante:
Président : M. Et. MARCENAC.
Membres : MM. Gourdy, Printignac, J. Fraignac, Ménardie.

NOTRE QUATRIÈME BANQUET

Ainsi qu'il avait été décidé, il a eu lieu, le samedi 6 février, sous la présidence de M. Justin Rigal, député du Cantal, dans les Salons du Restaurant de Paris, 18, rue Montpensier (Palais-Royal).

Aux côtés de M. Rigal avaient pris place: MM. Louis Sainrames, Président de la Société; Hugon, F. Brun, Baduel, députés; le Dr Carnus, H. Charpentier, membre honoraire de la Société; Et. Marcenac et M. Veyssière, vice-présidents; MM. H. Bastid, Président des *Gooudots;* Destruels, des *Enfants de Maurs;* A. Bastide, Président des *Enfants de Montsalvy;* Dubois, Président de la *Gentiane ;* Muratet, Président des Enfants de *Saint-Mamet;* Maurel, Président de l'*Aurillacoise;* Faliès, Président des *Enfants de Pierrefort.*

La presse était représentée par MM. Louis Bonnet, directeur de l'*Auvergnat de Paris;* L. Verny, directeur de *Paris-Auver-*

gne; P. Lissorgues, du *Progrès du Cantal;* H. Bonnet, directeur de l'*Indépendant du Cantal;* Robert, de l'*Avenir.*

Remarqués dans la salle : Mmes F. Brun, H. Charpentier, Et. Marcenac, Ruscassie, Graffeuille, Mlles Anna et Marie Malbos, Mmes Veyssières, Ménardie, J. Fraignac, L. Bastide, A. Raynal, Laporte; MM. L. et B. Bastide, Louis Marcenac, J. Fraignac, A. Gourdy, Ed. Ménardie, Cujou, Fontête, Printignac, P. et L. Laflorency, le peintre Capmau, L. Tirabi, Laporte, Bouysse, Robert, etc...

Le menu, rédigé en patois, eut beaucoup de succès.

Bonquel deis Efonts do Loroquo des Toupis, tzou lo Présidinço dé M. Rigal, Députa del Contaou

MENUT

Poutatzis
Pésorados do Clomart-Topioca

Défoiro d'Obro
Pitzious postets dé boulalios trufados
on dé los trufos del Caussé

Réllébado
Troutzos de lo Cèro, pescados
ô Locopello-Biecon, sauço do Clobieyro
d'Oyrins

Dintrados
Filè dè Bioù ô lo mouodo do lo Loroquo

Roustis
Poulets do Sent-Sonti, ol creissélou dé
lei gourtzos de lo Cèro

Solados
Del pé de l'augre do Mounsauby

Légumés
Fabos bertos d'Ornac
Pésès do Cros

Intrémets
Lou Puiet Mory in décimbré

Desserts
Poumos do Mounbert
Pèros do Rouffiac
Poumpous do Glénat
Crocants do Nioudon
Postissous do Sen-Girons et de Sent-Bétou
Cobesous do Siron et de Sent-Etèfe

Bis
Bis de Limogno, Mocoun et Choblis
Modèro Sent-Estèphè
Tchompagno
Cofet, Aygo ordent
Aygo de lo fouon do Loroco

Pendant le dîner, où ne cessa de régner la plus franche cordialité, l'excellent orchestre Gros se fit applaudir dans un choix de morceaux dont quelques-uns intéressaient particulièrement notre pays.

Voici le programme qui fut exécuté pendant et après le banquet :

CONCERT :

(Première Partie)

1. *La Marseillaise* .... Rouget de l'Isle.
2. *Marche d'Auvergne* .... Ganne
3. *Bourrée Fantasque* .... E. Chabrier.
4. *Rapsodie d'Auvergne* .... Saint-Saëns.
5. *Réséda* (Gavotte) .... Lebert

(Deuxième Partie)

1. Mme LE FLOCH, des Concerts Colonne.
2. Mme Eug. GONNET, du Conservatoire.
3. G. PERDUGET, de la Lune Rousse, dans ses œuvres.
4. René DE BUXEUIL, Chansonnier-Compositeur.
5. Etienne MARCENAC, poète Cantalien.
6. Michel MAS, dans ses ouvres.
7. J. FRAIGNAC, dans les Vieilles Chansons d'Auvergne.
8. *Chœur des Enfants de Laroquebrou.*

***

Au dessert, M. Rigal remercia avec beaucoup d'amabilité les *Enfants de Laroquebrou*, de l'honneur qu'ils lui avaient fait en l'appelant à présider leur banquet qui était vraiment une fête familiale et d'où ils devaient bannir, en effet, tout ce qui divise et n'avoir d'autre but que de faire fraterniser ensemble tous les enfants d'un même canton. Il dit aussi son attachement au canton de Laroquebrou et félicita chaleureusement le poète Et. Marcenac et le peintre Capmau, deux enfants du canton, qui se distinguaient l'un par la plume et l'autre par le pinceau.

M. Rigal fut très applaudi, ainsi que M. Bastid qui parla au nom des *Amicales Cantaliennes*, et M. Sainrames qui remercia en termes heureux ses invités et ses collaborateurs du bureau de leur dévoué concours et de leurs vives sympathies.

Vers minuit le bal commença au son du brillant orchestre, de la musette et de la vielle, pour ne se terminer qu'au matin. Le bal fut également très réussi.

Exercice de l'année 1909

Présidence : L. Sainrames.

RECETTES

60 cotisations à 3 fr.	180,00
5 cotisations membres honoraires	90,00
22 adhésions nouvelles à 5 fr.	110,00
Banquet du 6 février 1909	
46 cartes de banquet, à 6 fr.	276,00
33 entrées de bal à 1 fr. 50	79,50
Chanson « Laroquebrousienne » (vente)	2,50
Total	738,00

DEPENSES

Banquet du 6 février 1909	515,40
Imprimerie	27,45
Secrétaire	15,00
Trésorier	41,20
Avances faites par M. L. Sainrames en 1908 et remboursables en 1909	30,15
Total	629,20
En caisse le 1er juillet 1909	108,80

Le Trésorier :
A. GOURDY.

***

Bureau pour l'Année 1909

L'Assemblée générale a eu lieu le dimanche 18 avril, à 2 heures, Salle Roquette, 1, rue d'Arcole, où était alors le siège de la Société.

Au renouvellement du bureau, ont été nommés :

Président : M. L. SAINRAMES, 16, rue Saint-Placide.
Vice-Présidents : MM. VEYSSIERE, 41, rue des Maturins, et MARCENAC (Etienne), 27, rue Guénégaud.
Secrétaire-général : M. Ed. MÉNARDIE, 49, rue de la Roquette.
Secrétaire-adjoint : M. L. PRINTIGNAC, 50, rue Caulaincour.
Trésorier : M. A. GOURDY, 69, boulevard de la Villette.
Trésorier-adjoint : M. F. CUJOU, 20, rue du Chardon-Lagache.
Censeurs : MM. JOURDES, 51, rue Montparnasse, CUJOU (Félix).

Le dimanche, 5 décembre, les membres du bureau se sont réunis au siège social, en vue de l'organisation du prochain banquet, qui a été fixé au samedi 5 février, au Restaurant de Paris, 18, rue Montpensier (Palais-Royal).

La Commission des Fêtes a été ainsi composée :

Président : M. Et. MARCENAC.
Membres : MM. Bros, Pradal, Ménardie (fils), Lasfargues, A. Gourdy, Printignac.

NOTRE CINQUIÈME BANQUET

Le samedi, 5 février 1910, notre cinquième banquet a eu lieu sous la présidence du sympathique maire de Lacapelle-Viescamp, M. le baron Aymar de Bonnafos, membre honoraire de notre Société.

C'était l'hiver des inondations et le banquet des *Enfants de Laroquebrou,* comme ceux des autres Amicales, du reste, se ressentit des désastres dont souffrirent Paris et la banlieue. Néanmoins, grâce aux sympathies que compte M. de Bonnafos dans notre Amicale, près de 80 convives se groupaient au tour de lui le soir du banquet.

A la table d'honneur, on remarquait aux côtés du Président: M. Etienne Marcenac, vice-président de la Société, remplaçant M. Sainrames, retenu au chevet de son père, gravement malade; MM. le Dr Carnus; Henry Bastid, juge d'Instruction et Président des *Gooudots;* H. Charpentier, Destanne de Bernis, membres honoraires de la Société; Dubois, Président de la *Gentiane;* Destruels, Président des *Enfants de Maurs;* V. Veyssières, Vice-Président de notre Société; Maurel, Président de l'*Aurillacoise.*

On remarquait encore dans la salle : Mme L. Bastide et Mlle B. Bastide; Mmes Et. Marcenac, J. Fraignac, V. Veyssière, Ménardie; Mlle Marie Malbos; Mme Ruscassis; MM. L. et B. Bastide, Louis Marcenac, A. Gourdy, J. Fraignac, L. Tirabi, Ménardie, Fontête, Cujou, Bouysse, Robert, etc...

La presse était représentée par MM. L. Bonnet, Directeur de l'*Auvergnat de Paris;* H. Bonnet, Directeur de l'*Indépendant du Cantal;* Lissorgues, du *Progrès du Cantal;* Grolier, rédacteur à *Paris-Auvergne;* A. Robert, de l'*Avenir du Cantal.*

MENU

Potages
Tapioca, Clamart
Hors d'œuvres
Bouchées de volaille truffées
Relevé
Truite Saumonée sauve Vénitienne
Entrées
Filet de Bœuf Montpensier
Rôti
Chapon de Bresse au cresson
Salade de saison
Légumes
Haricots verts Maître-d'Hôtel
Petits pois à la paysanne
Entremets
Bombe panachée
Desserts variés
Vins
Madère, Mâcon, Chablis, St-Julien, Champagne
Café - Liqueurs

Les beaux salons du Restaurant de Paris étaient éclairés avec des bougies, car, hélas! depuis des semaines l'électricité était noyée au Palais-Royal, mais, bien que cela n'eût rien de régence, la bonne humeur et la plus franche cordialité ne cessèrent de régner pendant le banquet.

Au dessert, M. le baron de Bonnafos remercia l'Amicale des *Enfants de Laroquebrou* de l'avoir appelé à présider leur fête annuelle. Il fit avec beaucoup d'éloquence l'éloge de notre race dont le travail et l'économie sont les vertus dominantes. Il termina son improvisation qui fut très applaudie en complimentant les dames présentes et en buvant à la prospérité des *Enfants de Laroquebrou.*

M. H. Bastide parla au nom des *Amicales Cantaliennes,* et M. Henry Bonnet au nom de la presse. M. Et. Marcenac termina la série des discours en remerciant M. de Bonnafos d'être accouru à leur appel, malgré les intempéries, pour présider la fête des Enfants de son canton, en leur apportant le salut de leurs vieux parents restés au pays, et leva son verre en souhaitant un prompt retour à la santé à M. Sainrames père.

Puis le bal commença pour ne se terminer qu'à six heures du matin.

Exercice de l'année 1910

Présidence : L. Sainrames.

RECETTES

En caisse le 1er juillet 1909	108,80
45 cotisations à 3 fr.	135,00
5 cotisations membres honoraires	90,00
4 adhésions nouvelles à 5 fr.	20,00
Banquet du 5 février 1910	
42 cartes de banquet à 6 fr.	252,00
21 cartes de bal à 1 fr. 50	31,50
Don Sainrames, Président	27,30
Total	664,60

DEPENSES

Banquet du 5 février 1910	467,20
Imprimerie	137,00
Secrétaire	30,00
Trésorier	24,30
Sauterie du 18 juin 1910 : Présidence, Et. Marcenac	6,00
Total	664,60

Balance pour l'année 1910.

Le Trésorier :
A. GOURDY.

ASSEMBLEE GENERALE DE 1910

L'Assemblée générale de 1910 eut lieu le dimanche, 22 mai, Salle Roquette, et le Bureau fut composé comme il suit :

Président : M. Etienne MARCENAC.
Vice-Présidents : MM. Louis BASTIDE et Louis MAGNE.
Secrétaire : M. Edouard MÉNARDIE.
Secrétaire-adjoint : M. Eug. BESSIÈRE.
Trésorier : M. Albert GOURDY.
Trésorier-adjoint : M. G. LARRIVE.
Archiviste : M. A. ROBERT.
Archiviste-adjoint : M. Paul LISSORGUES.
Censeurs : MM. B. BASTIDE, CUJOU, Emile MÉNARDIE, A. ROBERT.

Liste des Sociétaires en 1910

MEMBRES HONORAIRES

MM.
Le baron Aymard DE BONNAFOS, Maire de Lacapelle-Viescamp.
CHARPENTIER (H.), 1, boulevard Saint-Martin, Paris.
FRÉGEAC, 42, rue du Théâtre, Paris.
DESTANNE DE BERNIS, 36, rue Labruyère, Paris.
Duc de la Salle de ROCHEMAURE, 21, rue de l'Université, Paris.

MEMBRES ACTIFS

MM.
ALGAIREZ (Louis), 28, rue de Douai, Paris.
ASTORGIS, 26, rue Beautreillis, Paris.
BARRIÉ, 115, rue de Montreuil, Paris.
BASTIDE (Louis), 3, rue des Rigoles, Paris.
BASTIDE (Baptiste), 85, rue d'Aboukir, Paris.
BRUEL (Firmin), 142, avenue Ledru-Rollin, Paris.
BESSIÈRE (Eug.), 5, rue Myrrha, Paris.
BARRIÉ (Louis), 107, rue Amelot, Paris.
BRUNHES (Jean), 2, rue Pierre-Lescot, Paris.
BESSONIES, 14, rue Jouffroy, Paris.
BOUYSSE, laitier, avenue Vicctor-Hugo, Boulogne-sur-Seine.
BONNEFONS, 16, rue Taibout, Paris.
CUJOU, 20, rue du Chardon-Lagache, Paris.
COUDERC (Aug.), 5, rue des Abbesses, Paris.
CALDEMAISOU, 48, rue d'Orsel, Paris.
CROS (Louis), 164, rue de Grenelle, Paris.
CAPMAU, artiste-peintre, 9, rue de Médéah, Paris.
CLERMONT, 19, rue des Tanneries, Paris.
COURBOU, 54, rue Chapon, Paris.
CAYROL (F.), 5, rue Beauregard, Paris.
CALVAGNAC (L.), 142, avenue Ledru-Rollin, Paris.
DARSES, 33, rue du Landou, Paris.

DAUSSET, laitier, à Chennevières-sur-Marne.
DUCLAUD, 40, rue de Châlon, Paris.
FONTETE (Louis), 9, rue Adolphe-Focillon, Paris.
GOURDY (Albert), 48 rue Claude-Vellefoux, Paris.
GOUZOU, 242, rue de Tolbiac, Paris.
GOURZONNES (A.), 6, rue Mercœur, Paris.
LISSORGUES (Paul), 68, rue Victor-Hugo, à Levallois-Perret (Seine).
LASFARGUES, 22, rue Cabanis, Paris.
MARCENAC (Etienne), 27, rue Guénégaud, Paris.
MAGNE (Louis), 64, boulevard Beaumarchais, Paris.
MALBOS (Mlle Marie), 101, rue des Bourguignons, à Colombes.
MÉNARDIE (Ed.), 49, rue de la Roquette, Paris.
PUYBASSET, 2, rue des Petits-Carreaux, Paris.
PRINTIGNAC (Louis), 50, rue Caulaincour, Paris.
PLACE, 10, rue de Chartres, Paris.
ROBERT (Ant.), 56, rue Fontaine-au-Roi, Paris.
RHODES (Pierre), 13, rue Alibert, Paris.
ROBERT, 65, rue des Wattignies, Paris.
SAINRAMES (Louis), 16, rue Saint-Placide, Paris.
SAINRAMES (Philippe), 22, rue Boissy-d'Anglas, Paris.
VEYSSIÈRES, 230, rue de Vaugirard, Paris.
VABRE (Ant.), 22, rue des Canettes, Paris.
VALADOU (F.), 21, avenue de Saint-Ouen, Paris.
VIALARD (J.), 114 bis, rue de Tocqueville, Paris.
VERNHES (Jean-Marie), 22, rue des Halles, Paris.
TIRABI (Louis), 23, boulevard Saint-Martin, Paris.

Nos Soirées Récréatives

Pour donner un nouvel essor à la Société, les membres du bureau ont décidé, au cours de leurs réunions, qui ont lieu au Tambour, 10, place de la Bastille, de donner des matinées et des soirées récréatives. La première a eu lieu, le samedi 18 juin 1910, au Tambour, et a obtenu un succès inespéré. En effet, plus de 150 compatriotes avaient répondu à l'appel des organisateurs. Il est vrai que le programme était des plus engageants.

Mmes Marga et Leroy, du Conservatoire, deux excellentes artistes, interprêtèrent en costume, avec beaucoup de talent, *Le Passant*, de François Coppée. Mme Le Floch, des Concerts Colonne, se fit entendre dans plusieurs mélodies de son répertoire, *La Jolie Bohémiennes*, *Mariette Endormie*, de Et. Marcenac, musique de Louis Cadot. On entendit encore M. Jules Fraignac, dans les vieilles chansons d'Auvergne, *Lo Yoyette*, *Los Très Ménettos*, etc... Le piano était tenu par le compositeur Louis Cadot, qui joua plusieurs de ces jolis morceaux.

Tous ces artistes charmèrent nos compatriotes. Une brillante sauterie au son de la musette et de la vielle termina cette soirée dont chacun emporta le meilleur souvenir.

Notre deuxième soirée récréative eut lieu également au Tambour, le samedi, 12 novembre, et, comme la précédente, elle obtint le plus grand succès. Nos compatriotes y étaient si nombreux qu'il fut jugé nécessaire de chercher une autre salle, beaucoup plus vaste.

Avant le bal, on a applaudi : Mmes Le Floch, des Concerts Colonne; Gourzonnès, M. Etienne Marcenac, dans ses poésies; MM. J. Fraignac, L. Magne, A. Dabernat, J. Ducay, A. Robert, et le compositeur Louis Cadot, qui tint le piano pendant le concert.

Ce fut charmant et familial et l'on se promis de recommencer sans tarder.

***

NOTRE SIXIÈME BANQUET

Au cours d'une réunion préparatoire, qui a eu lieu au café de notre sympathique sociétaire et ami M. Couderc, 5, rue des Abbesses, la Commission des Fêtes a été composée de la façon suivante :

Président : M. Louis MAGNE.

Membres : MM. L. Bastide, A. Gourdy, J. Ducay, A. Dabernat, Lissorgues et Cantoni.

Le banquet a été fixé au samedi, 4 février, restaurant Vianey, 98, quai de la Rappée.

La Fête des Enfants de Laroquebrou

Plus de cent convives avaient répondu à l'appel des organisateurs. Menu excellent, salle décorée avec les écussons de chaque commune et de nombreux drapeaux.

MENU

Potages
Consommé — Soupe aux Choux
Hors d'œuvres
Bœufs et Petit Salé
Relevé
Filets de Soles Vianey
Entrées
Filet de Bœuf Pommes Dauphine
Légumes
Hacicots verts au beurre
Haricots blancs sautés
Rôti
Poulardes de la Bresse au Cresson
Salade
Entremets
Glace, Café, Vanille
Desserts
Fromage du Cantal (de Layole)
Biscuits - Petits Fours
Fruits variés
Vins
Mâcon, Chablis, Bordeaux, Champagne, Café

A la table d'honneur avaient pris place aux côtés du président du banquet, M. Louis Bonnet, directeur de l'*Auvergnat de Paris* : MM. Et. Marcenac, Peuch, conseiller municipal de Paris; Nissou, ingénieur des Arts et Manufactures de l'Etat; Henry Bastid, président des *Goudots;* Dubois, président de la *Gentiane;* Louis Magne et L. Bastide, vice-présidents de la Société; Gardissal, vice-président de la *Sanfloraine;* Mazet, des *Enfants de Figeac;* Prax, vice-président des *Enfants de Saint-Mamet;* Capmau, peintre; Gardy, banquier; Ladevis, secrétaire de M. Python, député du Puy-de-Dôme, etc.

Le champagne donnant le signal des toasts, M. Marcenac, l'un des plus fervents disciples de Vermenouze, qui préside avec tant de succès l'*Amicale*, prononça le discours suivants :

DISCOURS DE M. Et. MARCENAC

Mesdames,
Mes chers Compatriotes,

Laissez-moi vous remercier d'être venus si nombreux à notre fête pour fraterniser dans un toast général en souvenir de la petite patrie.

Par contre, j'ai le regret de vous faire part des excuses de nos compatriotes, MM. Eugène Lintilhac, vice-président du Sénat, Francis Charmes, sénateur; F. Fesq, Bory, Brun, députés; le duc de la Salle de Rochemaure; Duguet, maire de Saint-Santin-Cantalès; Mestrie, directeur du Didot-Bottin; H. Destruel, président l'Amicale de Maurs; *Couzou, rédacteur au ministère des Finances, qui pour des raisons diverses n'ont pu, à leur grand regret, être des nôtres, ce soir.*

Mes chers compatriotes, après l'hiver des inondations dont souffrit notre dernier banquet, je constate avec plaisir qu'un souffle de renouveau a passé sur notre chère Amicale où nous ressentons ce soir, comme le premier frisson de gaîté qui va bientôt faire refleurir notre chère Auvergne.

*Permettez-moi de remercier tout particulièrement notre ami Louis Bonnet, directeur de l'*Auvergnat de Paris, *qui a bien voulu nous faire l'honneur et le plaisir de présider notre sixième banquet. Certes, je n'ai pas à vous présenter M. Bonnet, vous le connaissez tous, mais je croirais manquer à mon devoir si, en cette circonstance je ne vous rappelais pas les services que notre ami a rendu à la colonie Auvergnate. En effet, n'est-il pas, par son journal,* l'Auvergnat de Paris, *un peu le fondateur de ces nombreuses amicales où se rencontrent, en un jour de fête, les enfants d'un même canton, essaimés au hazard dans ce grand Paris? Nous lui devons être aussi particulièrement reconnaissants de la création de ses trains, grâce auxquels la plupart d'entre nous pouvons aller embrasser nos vieux parents, revoir le pays natal un peu plus souvent. Oui, mon cher Bonnet, j'ai assisté moi-même à l'arrivée de vos trains au pays et, à en voir descendre les nombreux compatriotes au teint pâli par un trop long séjour dans quelque sombre rue de la capitale, à voir briller dans leurs yeux la joie du retour, de revoir ceux qui leur étaient chers, l'enclos familier où nous avons joué et grandi, il n'était pas difficile* *de comprendre que vous aviez fait là une œuvre méritoire dont nous vous resterons toujours reconnaissants.*

Je remercie avec non moins de plaisir MM. Peuch, conseiller municipal de Paris, qui, en bon compatriote, est venu fraterniser avec nous; Henry Bastid, président des Gooudots; *Dubois, président de la* Gentiane; *Ladevis, secrétaire de notre ami, M. Python, député du Puy-de-Dôme et président de la* Musette, *qui est retardé par un autre dîner de compatriotes, mais qui viendra finir la soirée avec nous; Gardissal, vice-président de la* Sanfloraine; *Calsac, vice-président des* Enfants de Montsalvy; *Mazet, des* Enfants de Figeac; *Prax, vice-président des* Enfants de Saint-Mamet.

Merci de tout cœur aux membres de la presse, MM. Léon Verny, directeur de Paris-Auvergne, *qui nous a fait le plaisir de venir représenter lui-même son journal; Emile Martin, de la* Démocratie Cantalienne ; *Millaud, de l'*Indépendant du Cantal; *Estampe, du* Progrès du Cantal; *Robert, de l'*Avenir.

Je suis particulièrement heureux de féliciter et de remercier les membres de la Commission des Fêtes, MM. Louis Magne, président; Bastide, Albert Gourdy, Ducay, Dabernat, Lissorgues, Cantoni, grâce auxquels notre société a pris un aspect si vivant; mes meilleures marques de sympathie et d'amitié à tous ces dévoués collaboraeurs qui m'ont si bien secondé dans notre œuvre de concorde et de solidarité.

Enfin je ne veux pas terminer sans lever mon verre à notre cher président, à vous tous, à notre entente qui fera la prospérité de la Société et surtout à vous, mesdames, les fleurs vivantes de notre fête et qui faites, ce soir, le régal de nos yeux par vos charmes innombrables et par votre élégance.

Le discours de M. Marcenac fut longuement applaudi.

TOAST DE M. DUBOIS

M. Dubois, au nom des Amicales, remercia chaleureusement les Enfants de Laroquebrou d'avoir invité les Sociétés sœurs, et particulièrement son président, en lui disant que Vermenouze n'était pas mort, puisque l'Auvergne possédait Marcenac.

M. Mazet, au nom des Enfants de Figeac; *M. Martin, au nom de la Presse, levèrent leurs verres en l'honneur et à la prospérité de l'Amicale.*

TOAST DE M. LOUIS BONNET, Président du banquet

*Le président du banquet, M. Louis Bonnet, directeur de l'*Auvergnat de Paris, *prononça un discours qui fut accueilli par une ovation enthousiaste de la part des convives, ce qui lui prouva une fois de plus, que malgré les passions et la jalousie que suscitent le succès de ses œuvres et de son journal, il est pour l'immense majorité de la colonie auvergnate à Paris, l'homme le plus populaire et le plus aimé.*

Jusqu'à six heures du matin, danseurs et danseuses clôturèrent cette belle fête toute d'amitié et de solidarité.

(*Le Progrès du Cantal*). *Un Gooudot.*

Exercice de l'année 1911

Présidence : Et. Marcenac.

RECETTES

96 cotisations membres actifs, à 3 fr.	288,00
5 cotisations membres honoraires	80,00
Banquet du 4 février 1911	
63 cartes de banquet à 6 fr.	378,00
2 cartes d'enfants à 3 fr.	6,00
59 cartes de bal à 1 fr. 50	88,50
2/4 Obligations Ville de Paris 1905	
2 coupons de septembre 1911	2,75
Total	843,25

DEPENSES

Banquet du 4 février 1911	534,55
Frais d'imprimerie	18,40
Frais du secrétaire	23,60
Frais du trésorier	36,80
Mandat offert à un sociétaire soldat	5,15
Achat de 2 1/4 obligations Ville de Paris emprunt 1905 (N°s 238-131 — 238.132)	188,90
3 soirées récréatives, coût	34,10
Total	841,50
En caisse	1,75

Paris, le 31 décembre 1911.

Le Trésorier :
A. GOURDY.

ASSEMBLÉE GÉNÉRALE DE 1911

Le dimanche, 24 février 1911, une assemblée générale a eu lieu au Café de la Colonne, 14, place de la Bastille et les membres du Bureau et du Conseil d'Administration en fonction y ont été élus.

Le dimanche, 30 avril et le dimanche 12 novembre, la Commission des Fêtes a organisé deux matinées récréatives gratuites chez notre sympathique sociétaire, M. E. Gardes, 42 bis, boulevard Bonne-Nouvelle. Chacune de ses réunions, toutes familiales et empreintes de la meilleure harmonie, a obtenu le plus grand succès. Nous n'exagérons pas en disant que plus de 200 compatriotes s'y sont rendus chaque fois.

Au cours de 1911, les membres du Bureau et du Conseil d'Administration se sont encore réunis chez nos sociétaires débitants : MM. Louis Laparra, 25, boulevard des Batignolles; Louis Cros, 164, rue de Grenelle; Caldemaisou, 48, rue d'Orsel; Vialard, 114 bis, rue de Tocqueville; Gouzou, 242, rue de Tolbiac; Saulas, 86, boulevard de l'Hôpital; Canis, 33, rue Quincampois; Jean Theil, 22, rue Cujas; Veyssière, 230, rue de Vaugirard; Barrié, 115, rue de Montreuil; Buc, 33, rue du Poitou; Chiezal, 107, rue Amelot; Labrousse Louis, 46, quai de la Marne; Therm, 5, rue Neuve-des-Boulets; René Delrieux, 9, place d'Aligre ; Louis Viersou, 22, rue Moreau.

La Commission des Fêtes pour le banquet du samedi, 4 février 1912, a été ainsi composée :

Président : M. Louis MAGNE.

Membres : MM. A. Dabernat; Narbonde, L. Fontanges, A. Gourdy, J. Peyrou, Ausset, Aug. Vilette.

NOTRE SEPTIÈME BANQUET

Le Banquet des Enfants de Laroquebrou

Le banquet des *Enfants de Laroquebrou,* qui a eu lieu le samedi, 8 février, dans les salons de M. Gardes, 42 bis, boulevard Bonne-Nouvelle, dépassa en succès toutes les espérances, et classe cette Société parmi les plus prospères des Amicales Cantaliennes, voire même du Plateau Central.

Dès 8 heures, les invités envahirent la salle du banquet et il fallut toute l'activité des organisateurs pour trouver à chacun une place.

Le banquet était présidé par le distingué et dévoué Président de la Société, M. Etienne Marcenac, l'éminent poète cantalien. A ses côtés prirent place : MM. Python, député; Peuch, conseiller municipal de Paris; Charpentier et Destaune de Bernis, membres honoraires; Magne et Bastide, vice-présidents; Dabernat, secrétaire; Gourdy, trésorier; MM. Duguié, Tirabi, Cros, Bastide, Brunhes, Dessales, Narbondes, membres du Conseil d'Administration; Le Dr Mallet; MM. Dabertrand, maire et Carrier, conseiller municipal de Rouffiac; MM. Carnus, docteur; Capmau, peintre (l'auteur du menu artistique, admiré par tous les convives); M. Bonnet, directeur de l'*Auvergnat de Paris;* les représentants des Amicales; MM. Dubois, de la *Gentiane;* Bastide, de Montsalvy ; Maurel, de l'*Aurillacoise ;* Bastid, des *Gooudots;* Mazet, de Figeac; Pagès, de la *Sanfloraine;* Vanel, des *Enfants de Maurs;* Seragne, de la *Murataise.*

Dans la salle on remarquait : Mmes Et. Marcenac, L. Magne, L. Bastide, L. Cros, H. Magne, Veyssière, A. Gourdy, Gabencel, L. Duguié, Aug. Couderc, J. Martin, L. Tirabi, Caldemaisou, P. Rodhes, Ruscassie, Rieu, A. Vilette, Duclaud, Vialard; Mlles B. Bastide, L. Magne, Caldemaisons, J. Rieu, Malbos, L. Cor, Duclaud, J. Noyes, G. Cros; MM. Veyssières, Antoine et Louis Bonafé, P. Rodhes, F. Bonafé, Joseph Rieu, Chiezals, Jean Rieu, L. Rieu, Jean Noyes, Buc, A. Durand, Villette, C. Larribe, J. Martin, Alph. et Ant. Cor, etc.

Le succès fut parfait, et le menu des plus succulents.

MENU

Potages

Tapioca - Soupe aux choux - Bœuf - Petit Salé

Hors-d'œuvre varié

Poisson

Saumon de la Cère Mousseline

Entrée

Filet de Bœuf piqué - Madère - Champignons

Légumes

Petits pois au beurre - Haricots verts sautés -

Rôti

Poularde de la Bresse - Cresson

Salade

Bombe glacée - Cigarettes

Fromages - Biscuits - Corbeilles de fruits

Desserts

Vins

Café-Liqueurs

Chablis Macon - Saint-Emilion - Champagne

Au champagne, le président donna la parole à MM. Dubois et Mazet, au nom des Amicales. M. Bonnet, directeur de l'*Auvergnat de Paris* et M. Puech, conseiller municipal de Paris, applaudirent au succès de cette grande fête de famille.

A peine le poète Marcenac, en termes émus et éloquents, eut-il remercié les invités d'être venus si nombreux apporter de pareils encouragements aux *Enfants de Laroquebrou,* que l'orchestre, dans le salon du 2e étage, et la musette et la vielle dans les autres salons, appelèrent les nombreux couples des danseurs qui déjà s'impatientaient.

Jusqu'à 6 heures du matin les musiciens n'eurent pas une minute de repos. On se sépara, non sans regrets, et en souhaitant pour bientôt une pareille fête,

N'oublions pas de dire que nous eûmes le plaisir d'y applaudir Mme B. Bizet, une Reine de la Vieille Chanson, élève de Mme Amel du Français, dans la *Fille de Parthenay, La Lisette de Béranger,* etc., et Mme Le Floch, des Concerts Colonne, dans les meilleurs morceaux de son répertoire.

DABERNAT.

DISCOURS DE M. Louis MAGNE,
vice-président

Mesdames, Messieurs,
Mes chers Compatriotes,

Au nom du bureau des Enfants de Laroquebrou, *je tiens à vous remercier d'avoir répondu en si grand nombre à notre invitation.*

Votre commission des Fêtes n'a rien négligé afin que chacun de vous, trouve ici, ce soir, l'accueil le plus sympathique et le maximum de plaisirs.

MM. Dabertrand, maire, et Carrié, conseiller municipal de Rouffiac; Python, député du Puy-de-Dôme; Peuch, conseiller municipal de Paris; Charpentier, Destanne de Bernis, membres honoraires; Bonnet, directeur de l'Auvergnat de Paris, *sont venus nous apporter leurs félicitations et applaudir à notre succès.*

Je remercie également les Présidents ou représentants des Amicales sœurs, dont la présence parmi nous donne un éclat particulier à notre belle fête.

A Laroquebrou nous avons en honneur le culte des relations cordiales et je vous demanderai messieurs d'apporter à vos sociétés respectives notre plus fraternel salut.

Merci à la presse; l'hospitalité si large qui nous est accordée, dans les colonnes des journaux auvergnats est pour nos groupements d'une utilité incontestable, nous devons à ses représentants ici, une reconnaissance d'autant plus grande que leur bienveillance à notre égard va jusqu'à nous tolérer l'abus.

Je n'aurai garde d'oublier mesdames, que vous êtes, de cette salle, le plus bel ornement. Une fête n'est point possible sans vous; vous êtes indispensables; vôtre présence laisse se dégager une atmosphère où s'allie le plus agréablement du monde, et ce pour notre grande joie, le charme, *la* grâce, *la* beauté.

Mon cher Président,

Vous avez su grouper autour de vous toutes les énergies, toutes les bonnes volontés; vos collaborateurs immédiats, nos amis Bastide, vice-président ; Dabernat, secrétaire-général ; Gourdy, notre trésorier, apportent à l'accomplissement de leur mission, un dévouement auquel nous devons un public homage.

Votre Conseil d'Administration en entier; les délégués des différentes communes, dont quelques-uns sont des véritables propagandistes, et tous d'une activité remarquable, forment un corps d'élite, un bloc inébranlable.

Mais à tout corps il faut une âme; et cette âme, c'est le grand poète cantalien, Etienne Marcenac.

Vous êtes, cher ami, le président rêvé; votre caractère tout de douceur et de bonhommie, votre joie de vous rendre utile, et, que votre modestie me le pardonne, *la place que vous occupez dans l'immense colonie auvergnate.*

Il y a longtemps que votre nom a franchi les limites géographiques de notre beau canton et est venu jusqu'à Paris apporter une perle nouvelle au beau lustre des Enfants du Cantal.

Avant-hier, je crois, une pléïade de lettrés (1) *offraient un dîner en l'honneur du poète Marcenac pour fêter sa nomination au grade d'Officier de l'Instruction Publique.*

Aujourd'hui, cher ami, dans une réunion plus simple, mais aussi plus intime, nous fêtons le plus sympathique et le plus dévoué des présidents.

Mesdames, messieurs, chers Compatriotes, encore une fois merci et tous ensemble : « Vive les Enfants de Laroquebrou ».

DISCOURS DE M. Etienne MARCENAC

Mesdames, Messieurs,
Mes chers Compatriotes,

Notre 7e banquet annuel, que j'ai l'honneur de présider, a pris cette année, grâce à la qualité et au nombre des convives, un éclat sans précédent.

Bien que tout ait été dit d'une façon charmante et flatteuse pour moi, je tiens à vous adresser tous mes remerciements les plus sincères.

Aujourd'hui, je parle donc comme président du banquet, ce qui ne privera point cependant du grand plaisir de distribuer quelques fleurs à droite et à gauche, surtout quand je m'adresserai, tout à l'heure, à nos charmantes et gracieuses compatriotes, à nos jolies roquettes qui sont ici.

Mes chers amis, si vous me voyez occuper, ce soir, la place d'une personnalité, je n'ai pas besoin de vous dire, je pense, que je n'ai pas sollicité cet honneur, mais pour toutes sortes de raisons et surtout pour me prouver sa vive sympathie — ce qui était bien inutile — les membres de votre Comité en ont décidé ainsi. Et, devant leur aimable insistance, j'aurais eu vraiment mauvaise grâce de refuser à des amis qui m'ont témoigné tant de sympathie et de dévouement depuis que je suis président de votre Société.

Comme je l'ai déjà dit,je suis particulièrement heureux de vous voir si nombreux et de vous voir fraterniser ensemble d'une façon aussi charmante. Je vois, en effet, à cette table, presque tous ceux qui furent les pionniers de la première heure, ceux aquels nous devons la fondation de notre chère Amicale et pour lesquels, tout à l'heure, nous mêlerons nos applaudissements. Je vous le répète, je suis particulièrement heureux de cette bonne harmonie qui fait la prospérité d'une société, car il me semble que je suis aujourd'hui comme le père d'une grande famille pour lequel il n'y a vraiment pas de fête réussie s'il ne voit point tous les siens réunis à sa table.

Oui, je vous félicite de cet esprit de camaraderie et de solidarité qui doit se développer de plus en plus, pour le plus grand bien de tous, au sein des Amicales. L'effort individuel est souvent stérile et malheur à l'homme seul, a dit le proverbe.

Et! quoi de plus charmant, de plus réconfortant qu'une fête

(1) « La Soupe aux Choux ».

comme celle de ce soir, où se rencontrent presque tous les enfants d'un même canton exilés à Paris? Nous renouons des relations d'enfance qui nous sont les plus chères, nous nous en préparons pour plus tard lorsque nous serons vieux et revenus au village natal, au pied du vieux clocher qui nous a vus naître et grandir et autour duquel nous avons tant joué!

Nous aurons lutté ensemble pour le pain quotidien; nous nous serons associés à nos joies comme à nos peines et nous saurons beaucoup mieux nous apprécier. Car notre but est toujours de revenir là-bas, d'aller dormir à côté des nôtres dans le clos familier, où des mains pieuses les ont couchés. Nous pouvons être bien loin, notre racine plonge dans le sol du pays natal; nos meilleures pensées sont pour lui. Chaque coin, qui fut témoin de nos premières amours, a pour nous des attraits; notre maison, si modeste soit-elle, est toujours la plus chère et rien ne vaut pour nous lou couen dé soun contou, *pour vivre nos derniers rêves! Tout cela ne s'oublie point. Un air de* cabrette *qui pleure un* regret, *une bourrée endiablée, la rencontre d'un ami d'enfance, un mot de patois, de ce vieux patois que nous avons sucé au sein de notre mère, nous voilà heureux, oubliant pour un instant les âpres luttes de l'existence.*

Et voilà pourquoi des fêtes comme celles de ce soir on leur raison d'être.

Je ne veux pas abuser plus longtemps de la parole, mais avant de terminer je tiens cependant à adresser toutes mes félicitations à mon confrère en art, notre sympathique sociétaire, M. Capmau, l'artiste délicat qui fait honneur à notre canton et auquel nous devons le joli dessin qui illustre notre menu.

Cette fine et jeune fileuse cantalienne, qui n'a pas renié le costume de nos grand'mères, est un véritable régal artistique, et, avec ces champs de labour, ce clocher, cette chaumine dans le lointain, nous fait bien évoquer le pays natal dans tout ce qu'il a de plus séduisant, de plus doux et de plus poétique.

Remercions donc notre ami Capmau du joli souvenir que chacun d'entre nous pourra, grâce à lui, emporter de notre fête.

Je lève mon verre à vous d'abord mesdames, qui rivalisez ce soir d'entrain et de beauté et qui nous apportez la grâce de la Parisienne et la fraicheur et l'éclat des fleurs de la terre d'Auvergne, à vous tous mes chers compatriotes et amis, et à la prospérité toujours croissante des Enfants de Laroquebrou.

(*Le Progrès du Cantal*)

Nos dernières réunions

Le dimanche, 14 avril, notre Société a donné sa 5e matinée récréative dans les salons de M. Gardes. Comme les précédentes, malgré le beau temps qui invitait à des parties champêtres, elle fut très réussie.

Le Conseil d'Administration s'est encore réuni depuis le banquet chez nos compatriotes débitants : MM. Bernard Puébroussou, 3, boulevard Richard-Lenoir; Théodore Lavergne, 5, rue de Sévigné; Baptiste Cavalié, 26, rue Bénard; Fères, 153, rue d'Alésia; C. Larrible, 26, rue de Seine; Déora, 155, boulevard Saint-Germain, où a eu lieu le 25 mai, une assemblée générale pour la révision de nos Statuts.

***

Exercice de l'année 1912

Présidence : Et. Marcenac.

RECETTES

En caisse au 1er janvier 1912	1,75
157 cotisations membres actifs à 3 fr.	471,00
5 — membres honoraires	80,00
2 — soldat, gratuites.	
2 — malades (offertes).	
7 — membres actifs, à rentrer.	
1 — membres honoraire, à rentrer.	
174 sociétaires en 1912.	
Banquet du 3 février 1912 :	
107 cartes de banquet à 6 fr.	642,00
1 carte d'enfant, à 2 fr. 50	2,50
117 cartes de bal à 1 fr.	117,00
10 entrées matinée du 14 avril, à 0 fr. 50	5,00
Titres de Rentes	
2 coupons de mars : 2,75	5,50
2 coupons de septembre : 2,75	
Total	1.324,75

DEPENSES

Banquet du 3 février 1912	850,95
Frais d'imprimerie et de clicherie pour l'*Annuaire*	234,00
Frais du secrétaire	19,85
Frais du trésorier	54,80
Couronne funéraire	17,00
Mandats de 2 sociétaires soldats	10,30
Garde de titres 1911-1912	2,00
Matinée du 14 avril 1912 (musiciens)	14,00
Total	1.202,90
En caisse au 1er octobre 1912	121,85

2/4 d'obligations: Ville de Paris 1905 (nos 232.131, 232.132.

Le Trésorier : A. GOURDY.

NOS COMPATRIOTES A PARIS

Indépendamment des Amicales qui groupent nos compatriotes par arrondissement, par canton, voire par commune, il existe à Paris des Sociétés d'Epargne très prospères, comme la *Mutuelle Cantalienne,* que prés:de M. Trémoulière, le sympathique maire d'Omps; l'*Auvergne*, qui vient de fusionner avec la *Ligue Auvergnate;* des Sociétés artistiques et littéraires, dont la plus ancienne et la plus glorieuse est la *Soupe aux Choux,* que préside depuis de longues années, avec beaucoup de dévouement, M. Hippolyte Gomot, sénateur du Puy-de-Dôme, ancien ministre de l'Agriculture; *La Musette,* dont le président est M. Joseph Python, député du Puy-de-Dôme, et le directeur artistique, le poète canta'ien, Etienne Marcenac.

La 1re de ces deux sociétés artistiques réunit ses ahérents en des banquets fréquentés par tout ce que l'Auvergne compte de notabilités; la dernière convie, une fois par mois, ses sociétaires et amis, à des soirées récréatives qui comportent une partie concert et une partie dansante. C'est là que sont interprétées les œuvres des auteurs auvergnats. Il y a aussi les soirées régionalistes de la *Semaine Auvergnate,* qui sont organisées par MM. Emile Bussières et Antonin Meyniel.

En général, nos compatriotes, dont la distraction préférée est la danse, se mêlent peu à la vie parisienne pour laquelle, du reste, ils ne se sentent pas faits.

Nous pourrions citer des quantités de compatriotes qui ont passé 20 ou 30 ans à Paris, où ils ont acquis de petites fortunes, sans être rentrés dans un théâtre. Mais par contre, ils y fondent de nombreuses Sociétés, à tel point que nous pouvons avancer sans crainte d'être contredit que les originaires du Cantal et de l'Aveyron sont ceux de tous les provinciaux qui se reunissent le plus souvent. Ce qu'il faut voir en cela surtout, c'est l'amour du pays natal qui les pousse vers des gens qui ont la même mentalité et une origine commune. N'y cherchez pas une autre raison, car l'Auvergnat aime l'effort individuel, et s'il va dans les Sociétés c'est pour s'y amuser comme au pays et rencontrer des camarades d'enfance, et non pas par spéculation. Les cas contraires sont très rares.

Tandis que l'on déplore en Auvergne la disparition de la cabrette et de la vielle, susplantées l'une et l'autre par l'accordéon, cet instrument étranger qui sent le bas faubourg, les Auvergnats de Paris, au contraire, mettent la cabrette en honneur dans leurs fêtes; elle leur est indispensable, et dans les bals ils la préfèrent aux plus bruyants orchestres. Il faut voir avec quel enthousiasme sont accueillis ses doux *regrets* au milieu de nos banquets, car cette voix, où chante notre âme, nous rappelle le village natal dans tout ce qu'il y a de plus séduisant, de plus poétique.

Autrefois nos compatriotes émigraient en Espagne, à Bordeaux, ou dans les Pays-Bas où ils restaient trois ou quatre ans sans revoir leurs familles. Ils étaient marchands de mulets, de drap, de toile ou de parapluies; quelques-uns étaient cordonniers ou chaudronniers et faisaient des ouvriers très estimés de leurs patrons pour leur assiduité au travail. Mais depuis quelques années Paris seul est devenu le grand centre de l'émigration auvergnate. C'est que les temps ont changé. De nos jours, l'Auvergnat quitte rarement le pays sans emmener avec lui sa jeune compagne. Et, comme la plupart du temps ni l'un ni l'autre n'ont pas de métier et qu'il faut gagner sa vie de suite, ils acceptent les besognes les plus rudes et les plus ingrates. Néanmoins à force de labeur et d'économie beaucoup d'entre eux réussissent à s'établir charbonniers, laitiers, ferrailleurs, marchands de vin. Puis, pendant de longues et laborieuses années, c'est l'esclavage au fond d'une étroite boutique, dans quelque sombre rue privée d'air et de soleil, que coupe de temps en temps un voyage au pays natal par un *Train Bonnet.* Cela tient de l'abnégation, mais c'est aussi pour plus tard, bien plus tard, hélas! le retour triomphal et définitif à la maison ancestrale qu'on a fait surélevée, à mi-coteau, parmi les riants horizons; c'est le retour à l'enclos familial bien embelli. Bref, c'est le repos bien mérité, une vieillesse heureuse et aisée entourée des êtres les plus chers, parmi les choses que l'on aime tant!

Et ce beau rêve se réalise quelquefois pour quelques-uns d'entre eux. Mais combien, hélas! en reste-t-il en route, tués avant l'âge par la ville vorace.

E. M.

SOUSCRIPTEURS A L'ANNUAIRE

La publication de notre annuaire a été favorablement accueillie non seulement par nos sociétaires, mais aussi par un certain nombre de compatriotes qui ont manifesté, dès la première heure, le désir de souscrire à notre ouvrage. Nous sommes heureux de publier ici la liste de ces amis et de les remercier publiquement :

M. Gabriel DESSALES, à Glénat, 2 exemplaires.

Ont souscri pour un exemplaire :

M. Aymard SUBERBIELLE, instituteur à Arnac.
M. Arsène BASSET, propriétaire à Siran.
M. Aymard de BONNAFOS, maire de Lacapelle-Viescamp.
Mlle Emilie FONTANGES, institutrice à Laroquebrou.
Mlle Emilie POUGET, institutrice honoraire, Arnac.
M. Lucien DACIER, propriétaire du Château de Messac.
M. TERRAIL, instituteur à Rouffiac.
M. A. VAYSSIÈRE, receveur des Contributions Indirectes à Laroquebrou.
M. REBEYROL, adjoint au maire de Siran.
Bibliothèque Communale d'Ayrens.
Mme Vve F. FARGUES, 22, rue Taillefer, à Périgueux.
M. le Dr FOUR, à Laroquebrou.
M. CROIZET, architecte à Aurillac.
M. E. BOUBEL, 64, rue du Pain, à Saint-Germain-en-Laye.
M. Roger BOUBAL, à Mézières-en-Brenne (Indre).
M. le Dr Robin MASSÉ, propriétaire du château de Vabret, 67, rue d'Amsterdam, Paris.
M. Alfred MARGUE, gendarme à Laroquebrou.
M. Maurice FENAILLE, propriétaire du château de Montal, 114, rue des Champs-Elysées, Paris.
M. DE CHABRINHAC, avocat, propriétaire du château de Cavaroque.
M. Louis PRUNET, notaire à Pleaux, propriétaire du château de Montvert.
M. Marius LACAZE, Conducteur des Ponts et Chaussées, à Laroquebrou.
M. Louis DABERNAT, adjoint au maire de Laroquebrou.
M. SARRAUSTE DE MENTHIÈRE (Paul), propriétaire du château de Nêpes.
M. A. TAULE DE BARRAYRAC, propriétaire du château de la Margide.
Bibliothèque Communale de Laroquebrou.
M. Gustave DE LABEAU, propriétaire du château de Vals.
M. A. GUIGNABER, pharmacien à Pauillac (Gironde).
M. V. CONTE, instituteur à Saint-Santin-Cantalès.
M. l'Abbe Cl. LACROIX, curé de La Ségalassière.
Désiré VEYRINE, notaire à Laroquebrou.

Mlle Blanche Croisille, 2, rue Barye, Paris.
M. PUÉCHAVY, instituteur à Laroquebrou.
M. l'Abbé Maximin LALANDE, Curé d'Ayrens, membre de la « Société Française d'Archéologie ».
M. l'Abbé MATHIEU, curé de Saint-Victor.
M. l'Abbé PEYTHIEU, vicaire de Siran.
M. Marcel COLOMB, gérant de la Banque.
M. CHAREIRE, à Laroquebrou.
M. Adrien DUGUET, Conseiller d'Arrondissement, Maire de Saint-Santin-Cantalès.
M. LASSUS, instituteur à Glénat.
Bibliothèque Communale de Saint-Santin-Cantalès.
M. Charles PUECH, Ingénieur de l'Arrondissement d'Aurillac.
Mme Vve PUECH, propriétaire du château de Puech-Miséry.
M. Marcel VENTAX, horloger à Laroquebrou.
M. Jules PICARD, archéologue à Aurillac.
MM. CARRIER-GOURDY, négociants à Rouffiac.
M. FÉNIÈS, négociant à Aurillac, propriétaire à Ayrens.

Notre sympathique compatriote, M. le Dr MALLET, membre honoraire de notre Société, vient de s'installer 50, rue des Martyrs. Voici ses heures de consultation : Tous les jours de 2 à 4 h. Mardi et samedi de 8 h. à 9 h. du soir.

MAISONS DE CONFIANCE

Recommandées à nos Compatriotes et Amis

FONTANGES et NARBONDE, à Paris, Comestibles divers. — Spécialité de moutarde, cornichons, etc., 95, rue de Flandre.

***

J. GOURDY, à Rouffiac, Hôtel, Vins en gros. — Agent général : Albert GOURDY, 48, rue Claude-Vellefaux, à Paris.

***

Mme Vve FONTANGES, à Laroquebrou, Vins, Epicerie en gros.

***

Auguste CAPEL, Salaison d'Auvergne. — Provenance directe de Laroquebrou, 2, rue des Carbonnets, Colombes (Seine).

***

LAFLORENCY Louis, Parapluies-Réparations et couvertures taillées, 15, rue Palestro, Paris.

***

Mlles Marie et Anna MALBOS, Robes et Manteaux et haute nouveauté, 101, rue des Bourguignons, Colombes.

***

SALAVERT Joseph, Pommes de terre en gros, 9, rue Coquilière, Paris.

***

VALADOU, Appareils automatiques en tous genres, 21, avenue de Saint-Ouen, Paris.

***

VERNHES J.-M. Beurre et œufs frais. — Provenance directe (livraison à domicile), 22, rue des Halles, Paris.

***

CAPEL François, Salaison d'Auvergne. Provenance directe de Laroquebrou, 73, rue Saint-Denis, Colombes (Seine).

***

A. COIRET, Succr : Imprimerie, Typographie et Lithographie, Travaux en tous genres, Lettres de faire part, etc. — Convois et transports funèbres.

Raymond LANTUÉJOUL, de Nieudan, représentant. Prix spéciaux à nos Sociétaires, 2 et 4, place Armand-Carrel, Paris.

Errata

Page 4, lire tous deux Vice-Présidents.

Page 12, lire enserrant étroitement la Cité.

Page 15, lire la légende S. Béate...

Page 69, lire le titre « *Pétition de Mademoiselle d'Escars* » avant les deux derniers paragraphes de la page précédente.

Page 97, lire au titre « Application de lois *rigoureuses* au lieu de religieuses.

Table des Matières

PAGES

LES COMMUNES

Table par ordre alphabétique

PAGES

TABLE
des Armoiries, Sceaux et Plans

TABLE

des gravures hors texte contenues dans l'Annuaire

DEUXIÈME PARTIE

Canton
de
LAROQUEBROU

Aurillac, imp. R

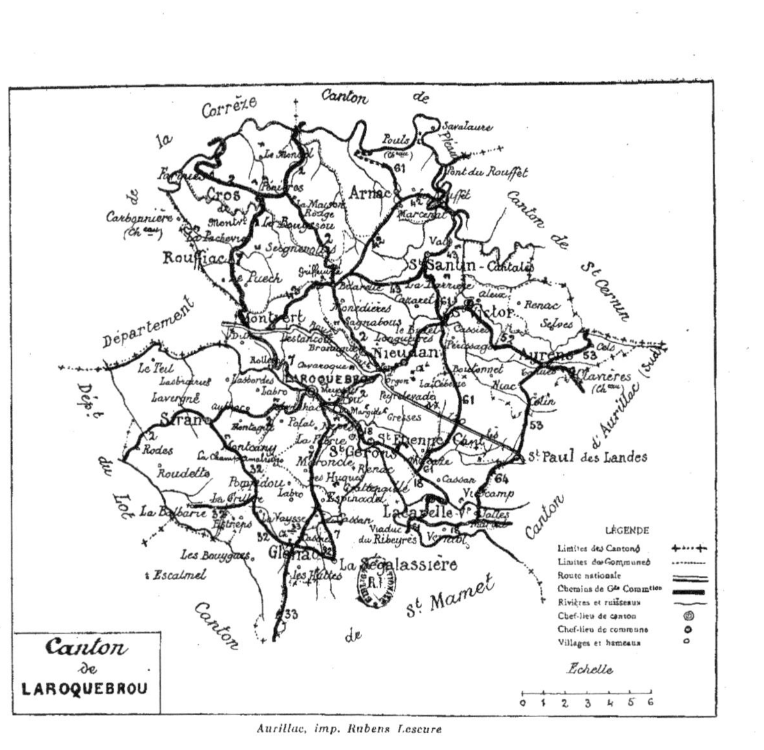

Aurillac, imp. Rubens Lescure

AURILLAC, IMP. RUBENS LESCURE

www.ingramcontent.com/pod-product-compliance
Ingram Content Group UK Ltd.
Pitfield, Milton Keynes, MK11 3LW, UK
UKHW022049260726
13993UKWH00001B/9